U0646133

Maya动画设计与制作

MAYA DONGHUA SHEJI YU ZHIZUO

主　编 ◆ 郑　刚　吴晓玲

副主编 ◆ 辛　欢

北京师范大学出版集团
北京师范大学出版社
BEIJING NORMAL UNIVERSITY PUBLISHING GROUP

图书在版编目(CIP)数据

Maya动画设计与制作/郑刚，吴晓玲主编. —北京：北京师范大学出版社，2020.4
ISBN 978-7-303-13183-9

Ⅰ. ①M… Ⅱ. ①郑… ②吴… Ⅲ. ①三维动画软件，Maya
Ⅳ. ①TP391.41

中国版本图书馆CIP数据核字(2011)第149743号

营 销 中 心 电 话	010-58802181　58805532
北师大出版社科技与经管分社	www.jswsbook.com
电 子 信 箱	jswsbook@163.com

出版发行：北京师范大学出版社　www.bnupg.com
　　　　　北京市西城区新街口外大街12-3号
　　　　　邮政编码：100088
印　　刷：北京京师印务有限公司
经　　销：全国新华书店
开　　本：787 mm×1092 mm　1/16
印　　张：12.5
字　　数：260千字
版印次：2020年4月第1版第3次印刷
定　　价：62.50元

策划编辑：周光明	责任编辑：周光明　华　珍
美术编辑：刘　超	装帧设计：刘　超
责任校对：赵非非	责任印制：赵非非

前 言

　　三维动画制作是近年来新兴的一门学科，是随着数字媒体的普及和发展应运而生的专业。Maya 作为目前世界上最为优秀的三维动画制作软件之一，被广大三维动画制作爱好者所追捧。为了能够使广大三维动画爱好者很好的学习 Maya，我们策划编写了这套入门动画教材。教材分为三部分，分别是《Maya 静帧设计与制作》、《Maya 动画设计与制作》和《Maya 特效设计与制作》。

　　《Maya 动画设计与制作》是《Maya 静帧设计与制作》课的后继课程，同样属于动画专业的必修课程。作者是多年从事一线教学工作的老师，具有丰富的教学和动画制作经验。《Maya 动画设计与制作》采用由浅入深、图文并茂的方式系统地讲解了基础动画、变形器动画、角色动画、粒子动画、刚体与柔体等 Maya 动画的制作方法和技巧。全书共分为 5 章：第 1 章主要介绍了三维动画的产生及发展过程，并对 Maya 的关键帧动画、驱动关键帧动画、路径动画等基础动画制作方式进行了详细的讲述；第 2 章讲述了 Maya 中各种变形器的功能，并通过实例制作介绍变形器动画的制作方法；第 3 章介绍 Maya 角色动画的制作方式；第 4 章介绍了 Maya 粒子的基本属性，并通过实例使读者充分掌握粒子动画的制作方法；第 5 章介绍 Maya 中刚体和柔体的动画制作方法。

　　本书适合作为在校本、专科及高职院校动漫专业教材，也适合作为社会三维动画培训班的教材和广大三维动画爱好者的自学图书。本书的内容主要针对 Maya 的初学者，是一本难易适中的入门图书。

　　由于作者水平有限，对书中的不当之处，恳请批评指正。

编者

目录

第 1 章　基础动画

>>> **学习目的**

　　了解动画的发展简史，熟悉 Maya 关键帧动画、驱动关键帧动画、路径动画等基础动画的创建方式，掌握基础动画的制作方法。

>>> **学习目标**

　　通过本章节的学习，熟练掌握各种基础动画的创建方法。

>>> **学习内容**

　　1. 了解动画发展简史，熟悉动画的基本概念；
　　2. 掌握 Maya 中动画的基本控制工具；
　　3. 掌握关键帧动画的制作方法；
　　4. 熟悉动画曲线控制的调整方法；
　　5. 掌握驱动关键帧的使用方式；
　　6. 掌握路径动画的制作方法。

▶ 1.1　三维动画概述

1.1.1　三维动画概述

1. 三维动画的概念

　　动画是一种综合艺术表现形式，它是集合了绘画、漫画、电影、数字媒体、摄影、音乐、文学等众多艺术门类于一身的艺术表现形式。传统意义的动画是指通过连续拍摄的方式获得一系列单个画面，并以一定的速率播放产生动态视觉的技术和艺术，承载画面的介质主要是胶片。

　　早期的动画表现形式主要以手工绘制为主。随着计算机技术的发展，三维动画技术逐渐成为动画行业中一股新生力量被广泛采用。三维动画又称 3D 动画，是近年来随着计算机软硬件技术的发展而产生的一门新兴技术。三维动画是指动画师借助三维动画软件在计算机中创建一个虚拟的世界，在这个虚拟的世界中动画师可以随意的创建想要表现的对象外观模型以及场景环境，再根据要求为模型场景赋予特定的材质，并建立灯光照明，最后设定模型的运动轨迹、虚拟摄影机的运动和其他动画参数。然后，计算机自动运算并生成最后的动态画面效果。

2. 三维动画发展简史

　　第一部三维动画片《玩具总动员》由迪斯尼和皮克斯合作于 1995 年制作完成，本片首次全部用电脑制作，在主题、技术、处理等多方面均具有革命性意义，花了上亿美

元的成本、历时四年才完成，美国本土票房成绩高达 1.92 亿美元，成为 1995 年美国票房冠军，在全球也创造了 3.6 亿美元的票房纪录。这也标志着三维动画时代的到来，如图 1-1 所示。

从 1995 年到 2000 年之间是三维动画的起步阶段，这个阶段主要以皮克斯动画工作室和迪斯尼制作的三维动画作品为主。在这期间涌现了一批优秀的动画片主要有《虫虫危机》、《玩具总动员 2》等。

2000 年，迪斯尼制作的三维动画电影《恐龙》在全美首映，如图 1-2 所示。这部影片总投资金额将近 2 亿美元。为了制作这部三维动画影片，迪斯尼买下洛克希德公司废弃的飞机厂房，集合了近 350 名的主要制作及技术人员，花费了 12 年的时间筹备和制作。

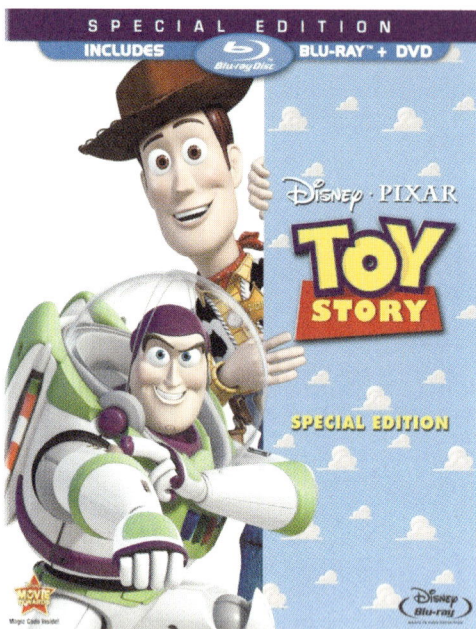

图 1-1　动画电影《玩具总动员》　　　　图 1-2　动画电影《恐龙》

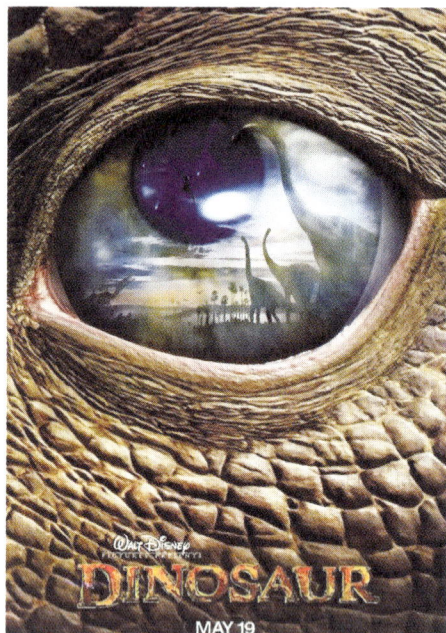

随着《恐龙》的"诞生"三维动画进入了新的发展时期。从 2000 年到 2003 年也是三维动画发展的第二个阶段。在这个阶段中三维动画得到了迅猛发展，除了皮克斯和迪斯尼动画公司以外，由原迪斯尼制片部总裁杰夫利·尼科兹恩伯格、大导演斯皮尔伯格与音乐巨子大卫·盖芬于 1994 年筹组的动画公司梦工厂也在 2001 年推出了三维动画影片《怪物史瑞克》。这一时期优秀的三维动画影片有《怪物公司》、《海底总动员》、《冰河世纪》等。

从 2004 年至今，三维动画影片的发展进入到一个全面发展的时期。大量的电影公司涉足三维动画业，如华纳公司的《极地快车》、哥伦比亚公司的《最终幻想》等。值得一提的是 2006 年，中国深圳环球数码公司推出了三维动画电影《魔比斯环》，如图 1-3 所示，该影片的制作历时 5 年，耗资 1.3 亿元人民币，也是中国动画史上第一部三维制作的动画电影。

图 1-3　动画电影《魔比斯环》

　　《超人总动员》、《汽车总动员》、《丛林大反攻》、《马达加斯加》、《功夫熊猫》等影片就是这一时期的经典之作。

1.1.2　Maya 基础动画功能

　　Maya 的基本动画功能包括动画播放控制、关键帧动画与驱动关键帧动画、路径动画、非线性动画和动作捕捉动画等。

1. 动画播放控制

　　动画播放控制功能包括控制动画的播放、声音和动画预览。这些功能是动画播放控制的基础部分。

2. 关键帧动画与驱动关键帧动画

　　关键帧动画是指某个时间帧上将物体某个属性设置记录为关键帧，从而形成动画的过程。关键帧定义了某个属性在一定时间帧上的数值变化。Maya 会自动在一个关键帧到下一个关键帧之间进行插值，也就是在两个关键帧之间自动产生过渡关键帧。

　　驱动关键帧动画是 Maya 中一种特殊的关键帧，它把一个属性数值与另一个属性数值连接在一起。对于一般的关键帧，Maya 在时间上为属性数值设置关键帧。对于驱动关键帧，Maya 根据"驱动属性"的数值为"被驱动属性"的数值设置关键帧。当"驱动属性"的数值发生变化时，"被驱动属性"的数值也会相应的发生改变。

3. 路径动画

　　路径动画是指物体可以沿一个 NURBS 曲线路径进行运动的动画过程。例如，可以沿一个曲线路径来约束飞机进行运动。我们通过使飞机沿一条曲线运动，可以通过编辑曲线来方便地调节飞机的运动路径。

4. 非线性动画

　　Maya 中的非线性动画编辑器 Trax，可以不受时间限制地非线性地分层和混合角

色动画序列。我们可以分层和混合包括运动捕捉和路径动画在内的任何类型的关键帧动画。把 Trax 编辑器其他的动画工具一起作用,可以开发出复杂的动画效果。Trax 编辑器中 clip 片段就是动画中获取的一段动画内容,它是独立的、可重复使用的,并且可以方便地与其他片断合并和融合。比如把角色的走、跑、跳和翻跟头动画序列都作为 clip 片段存储起来,然后使用 Trax 编辑器以不同的方式来混合和组织它们创建出各种不同的动画效果。

5. 动作捕捉

在动画制作过程当中,很多动画很难用关键帧、非线性或路径动画等技术来创建,包括使用表达式的数学公式。比较简单的方法就是通过动作捕捉设备将角色的动作采集到计算机中,然后把运动捕捉数据输入 Maya 中。然后,在 Maya 中把运动捕捉数据实施到角色上,再使用其他的技术来编辑角色的行动。常见的动作捕捉设备由传感器、信号捕捉设备、数据传输设备、数据处理设备组成。

▶ 1.2 Maya 基础动画

1.2.1 关键帧动画

在 Maya 中关键帧动画的使用非常频繁,下面我们先来了解一下关键帧的相关控制方式。动画控制工具提供了三种时间和关键帧的控制方式,它们是时间滑块(Time Slider)、范围滑块(Rang Slider)和播放控制器(Playback Controls),如图 1-4 所示。

图 1-4 关键帧动画控制工具

1. 时间滑块(Time Slider)

时间滑块(Time Slider)最主要的作用是可以控制动画播放的时间位置或关键帧位置,如图 1-5 所示。

提示:选择"Display→UI Elements→Time Slider"命令可以隐藏或显示时间滑块。

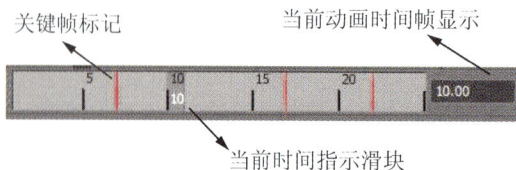

图 1-5 时间滑块(Time Slider)

时间滑块上深灰色方块表示当前动画时间指示器,它表示动画当前所处的时间帧位置,我们可通过鼠标控制它,使其沿整个时间区域内滑动。在时间区域内的任意位置单击鼠标,时间指示滑块就会移动到光标所指示的位置处。

提示:按住键盘上的"k"键,然后在任意视图中水平拖动,动画会随着鼠标的拖动而改变。按住"Shift"键,在时间滑块上单击并水平方向拖动,可以选择时间帧范围。

被选择的时间帧范围在时间滑块上以红色数字显示，开始帧和结束帧以白色数字显示，水平拖动选择区域两端的黑色箭头，可缩放选择区域。水平拖动选择区域中间的双黑色箭头，可移动选择区域。双击时间滑块，可以选择整个时间范围。如图 1-6 所示。

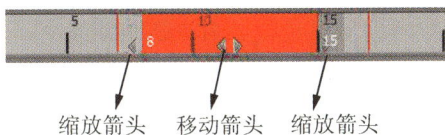

缩放箭头　移动箭头　缩放箭头

图 1-6　改变关键帧区域

2. 范围滑块（Rang Slider）

范围滑块（Rang Slider）最主要的作用是可以控制动画的播放的有效时间帧范围，如图 1-7 所示。

提示：选择"Display→UI Elements→Rang Slider"命令可以隐藏或显示范围滑块。

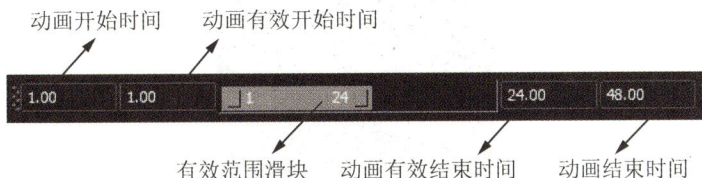

动画开始时间　动画有效开始时间

有效范围滑块　动画有效结束时间　动画结束时间

图 1-7　范围滑块（Rang Slider）

动画开始时间（Animation Start Time）：在这个文本框中输入数值可以控制动画的开始时间。这里的动画开始时间指的是整个动画时间范围。

动画结束时间（Animation End Time）：在这个文本框中输入数可以改变动画的结束时间。

动画有效开始时间（Playback Start Time）：文本框中显示了当前播放范围的开始时间，输入新的数值，可改变播放范围的开始时间。这里的动画有效开始时间指的是可以用来播放预览的动画时间范围。

动画有效结束时间（Playback End Time）：文本框中显示了播放范围的结束时间，输入新的数值，可改变播放范围结束时间。

3. 播放控制器（Playback Controls）

播放控制器（Playback Controls）可以控制动画播放的方式，如图 1-8 所示。

4. 其他动画关键帧控制

除了以上我们介绍的关键帧控制方式以外，在 Maya 中还有角色组和自动建立关键帧控制，如图 1-9 所示。

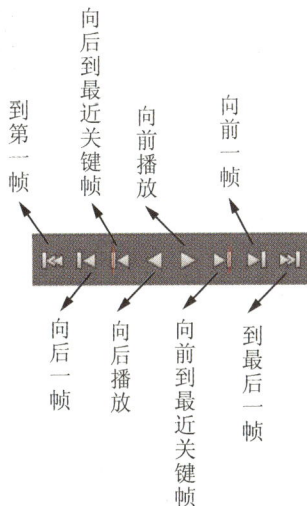

到第一帧　向后到最近关键帧　向前播放　向前一帧

向后一帧　向后播放　向前到最近关键帧　到最后一帧

图 1-8　播放控制器（Playback Controls）

当前动画层　　当前角色组　　动画设置

No Anim Layer　　No Character Set

自动建立关键帧

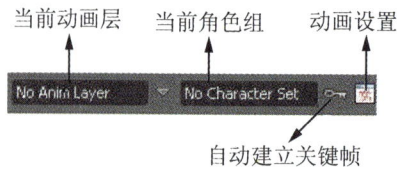

图 1-9　其他关键帧控制

5. 关键帧编辑菜单

将鼠标放置在时间滑块的任意位置上单击右键弹出关键帧编辑菜单。关键帧编辑菜单主要用于操作当前所选择物体的关键帧，如图 1-10 所示。

Cut
Copy
Paste ▶
Delete
Delete FBIK Keys ▶
Snap
Keys ▶
Tangents ▶
Playback Speed ▶
Display Key Ticks ▶
Playback Looping ▶
Set Range to ▶
Sound ▶
Playblast... ☐

图 1-10　关键帧编辑菜单

Cut(剪切)、Copy(复制)和 Delete(删除)改变在当前时间滑块所控制的时间范围内的关键帧，可以对关键帧进行剪切、拷贝、删除的操作。

Paste：把剪切或复制的关键帧粘贴到想要放置的时间帧处。有两种在时间滑块上粘贴关键帧的方式：第一种，在时间滑块上单击被粘贴的关键帧开始的时间。在此时间后的现存的关键帧将被移动，移动距离的大小由被粘贴关键帧的时间范围决定。第二种，放置被粘贴的关键帧到设置的时间范围中，按住 Shift 单击时间滑块来选择一个时间范围。关键帧将被缩放以适应此区域。在选择区域中原有的关键帧将被除去。

Snap：是将选择的关键帧吸附到最近的整数时间上。

Keys：菜单项提供了四种关键帧编辑方式：Convert to Key 把选择的受控制帧转化为正常关键帧；Convert to Breakdown 把正常关键帧转化为受控制帧；Add Inbetween 增加一个中间帧；Remove Inbetween 除去一个中间帧。

Tangents：为处于当前时间的关键帧或选择范围内的所有关键帧设置切线。

Playback Speed：控制动画以什么方式进行播放，直接影响动画的播放速度。有三种播放形式：Real-time 指定动画实时播放；Play Every Frame，Free 以当前动画关键帧的方式进行播放，播放的速度取决于计算机计算和刷新每一帧的速度；Play Every Frame，Max Real-time 以当前动画关键帧的方式进行播放，但采用实时播放的速度计算和刷新每一帧。

Display Key Ticks：控制了动画关键帧的显示方式。

Playback Looping：如果要选择循环播放选项，在时间滑块上右击然后选择"Playback Looping→Once"（播放一次）命令，"Oscillate"（振荡）或"Continuous"（循环）选项。

Set Range To：决定了动画以什么范围开始播放，有五种方式供选择。Start/End 播放范围被设置为数字输入栏中所设置的播放范围；Min/Max 播放范围从场景的第一个关键帧到最后一个关键帧；Selected 播放范围变为在时间滑块上当前所选择的范围；Sound Length 播放范围被设置为当前装入声音的持续时间；Preferences 设置播放范围为参数视窗中设置的播放范围。

Sound：使用这个菜单可选择引入的声音文件，使其显示在时间滑块上。

Playblast：选择此项，打开"Playblast"视窗，选择选项盒，可打开"Playblast"选项视窗。

6. 动画控制的设置

单击自动关键帧旁边的 Animation Preferences（动画参数），打开"动画参数"窗口，用于设置关键帧、播放、声音、时间等动画属性，如图 1-11 所示。

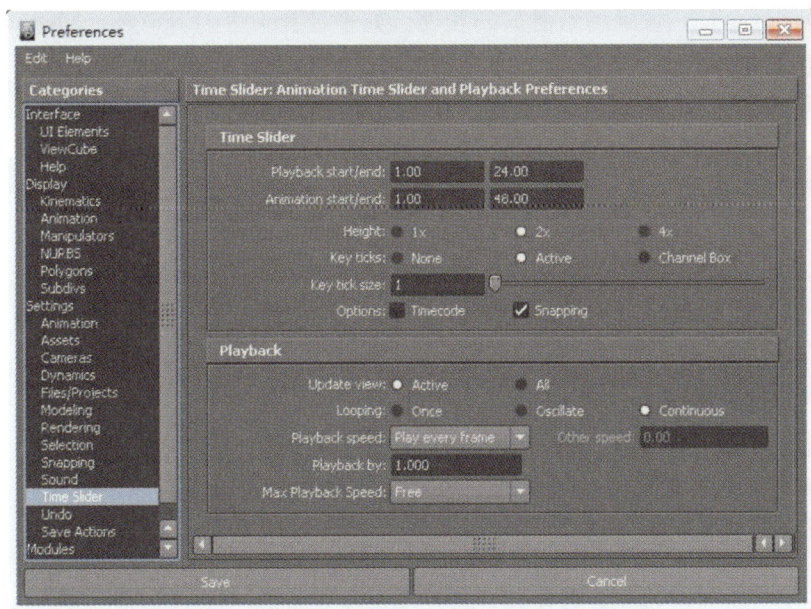

图 1-11　Animation Preferences（动画参数）

● Timeline（时间线）

Playback Start/End：设置播放范围的开始和结束时间。

Animation Start/End：设置动画范围的开始和结束时间。动画开始和结束时间决定了范围滑块的范围。

Height：设置时间滑块的垂直高度。可以选择"1×"正常高度，"2×"双倍高度或"4×4"倍高度。

Key Ticks：设置关键帧标记在时间滑块上的显示方式。None 项使时间滑块不显示关键帧标记。Active 项使关键帧标记显示在时间滑块上，我们可以选择和编辑这些关键帧。使用 Channel Box 项时，只有通道盒中当前被选择通道属性的关键帧标记才可以显示出来。Key Ticks Size 可以通过设置数值来控制关键帧标记大小。

Options：选项包括 Timecode（时间编码）和 Snapping（吸附）。选择命令"Time-code"项时，Maya 会以视频标准的时间编码来显示当前时间；选择命令"Snapping"选项时，Maya 会使用整数时间来播放动画，时间滑块也总是吸附到最近的整数时间上。

● Playback（播放）

Update View：设置在场景播放时，Maya 更新所有的视窗还是只更新激活视窗。可以选择命令"Active"（激活视窗）或"All"（所有视窗）。

Looping：设置当动画向前播放到达播放结束时间或如果向后播放，到达播放开始时间时，Maya 所进行的操作。选择命令"Once"（一次）项时，场景只播放一次，然后停止；选择命令"Oscillate"（振荡）项时，场景向前（或向后）播放，到达结束时间（或开始时间）后，再向后（或向前）播放，直到用户停止播放；选择命令"Continuous"（持续）项时，场景在向前播放到达播放结束时间（或场景向后播放到达播放开始时间）后，再返回从播放开始时间（或播放结束时间）开始继续播放，直到用户停止播放。

Playback Speed：设置场景播放的速度。如果选择命令"Free"项，Maya 会显示所有的帧，也就是在显示下一帧之前更新前一帧。此时播放的速度取决于计算机计算和刷新每一帧的速度。选择命令"Normal"项，则 Maya 会以每秒 30 帧（fps）的速度播放动画；选择命令"Half"项，Maya 以每秒 15 帧（fps）的实时速度播放场景；选择命令"Twice"项，Maya 以每秒 60 帧（fps）的实时速度播放场景；使用"Other"项，可以用一个系数与正常的实时速度（30fps）相乘来决定播放速度。

Playback by：当 Playback Speed（播放速度）项设置为 Free 时，可以使用此项来设置播放的帧增量。例如，如果用户输入 4，则 Maya 每隔 4 帧才显示一帧画面。默认的是 1.000。

7. 建立动画关键帧

通常我们可以通过以下几种方式为物体设置动画关键帧。

第一，通过选择菜单中"Animate→Set Key"命令来设置关键帧。也可以在"Channel Box"通道盒中鼠标右键选择"Key Selected"或"Key All"命令来设置关键帧。

第二，可以通过快捷键"S"创建关键帧；按"Shift＋W"组合键为移动属性设置关键帧；按"Shift＋E"组合键为旋转属性设置关键帧；单击"Shift＋R"组合键为缩放属性设置关键帧。

第三，使用 Auto Key（自动设置关键帧）功能为属性自动设置关键帧。

1.2.2 驱动关键帧动画

在 Maya 的关键帧类型中有一种特殊类型的关键帧，叫做驱动关键帧，它可以用来连接两个不同物体的属性值。当创建驱动关键帧时，其中一个物体的属性值作为"驱动者"存在，而另一个物体属性作为"被驱动者"存在。使用驱动关键帧我们可以创建当一个物体到达门前时，门自动打开的动画效果，得到这种动画效果，我们必须把物体的位移属性和门的旋转属性进行驱动关键帧设置。

选择"Animate→Set Driven Key→Set"命令打开"驱动关键帧编辑"面板，如图1-12所示让我们来认识一下驱动关键帧编辑面板。

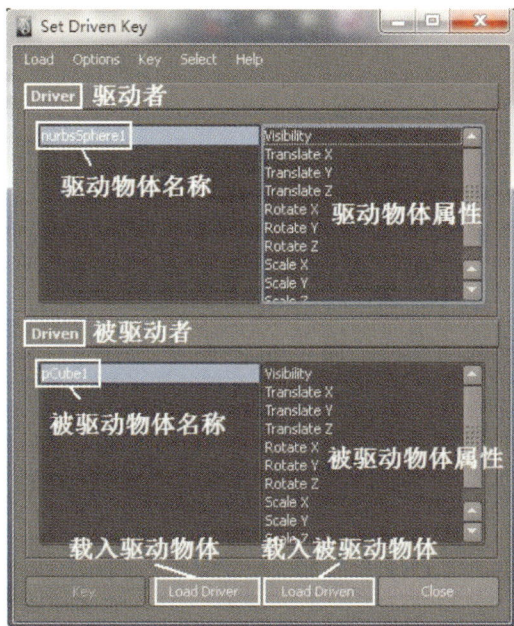

图1-12　"驱动关键帧编辑"面板

● 设置驱动关键帧的具体操作步骤如下：

◆ 选择"Animate→Set Driven Key→Set"命令。如果在选择菜单命令前选择了一个物体，默认的"Set Driven Key"视窗会把选择物体作为被驱动物体载入到视窗中。

◆ 在工作空间中，选择包含驱动属性的物体。

◆ 在"Set Driven Key"视窗中，单击"Load Driver"按钮。物体和它的属性显示在视窗的上半部分。

◆ 在设置驱动关键帧视窗中，选择驱动属性。

◆ 在工作空间中，选择包含被驱动属性的物体。注意具有被驱动属性和驱动属性的物体可以是同一个物体。

◆ 单击"Load Driver"按钮。物体和它的属性会显示在视窗的下半部分中。

◆ 在"Set Driven Key"视窗中，选择被驱动属性。

◆ 在通道盒或其他地方，设置驱动属性和被驱动属性的数值。

◆ 在"Set Driven Key"视窗中单击"Key"按钮。Maya创建了一个关键帧，它使用当前数值把两个属性连接起来。在工作空间中，包含"被驱动属性"的物体显示为洋红色。此颜色表明物体具有被驱动属性。

◆ 为驱动和被驱动属性设置新的数值。

◆ 再次单击Key按钮。

Maya 再次创建一个关键帧，它使用新的数值把属性连接起来。如果必要，可以创建需要数量的关键帧。在这些关键帧之间默认的插值方式是线性的。如果要调节驱动属性和被驱动属性之间的关键帧，可以使用图表编辑器。

同时，我们还可以使用两个或多个驱动属性来控制一个被驱动属性。用户也可以使用相同的驱动属性来驱动多个被驱动属性。

1.2.3　动画曲线控制

在 Maya 里我们可以在"Graph Editor"曲线编辑器里通过修改曲线的形态来达到我们想要的变速效果，当然也可以编辑在动画中需要修改的属性数值。

选择"Window→Animation Editors→Graph Editor"命令来打开"Graph Editor"曲线编辑器，如图 1-13 所示。使用图表编辑器可以用图表的方式操纵动画曲线。动画曲线上的点表示关键帧；关键帧之间的跨度是曲线段；切线描述了曲线段进入和退出关键帧的方式。

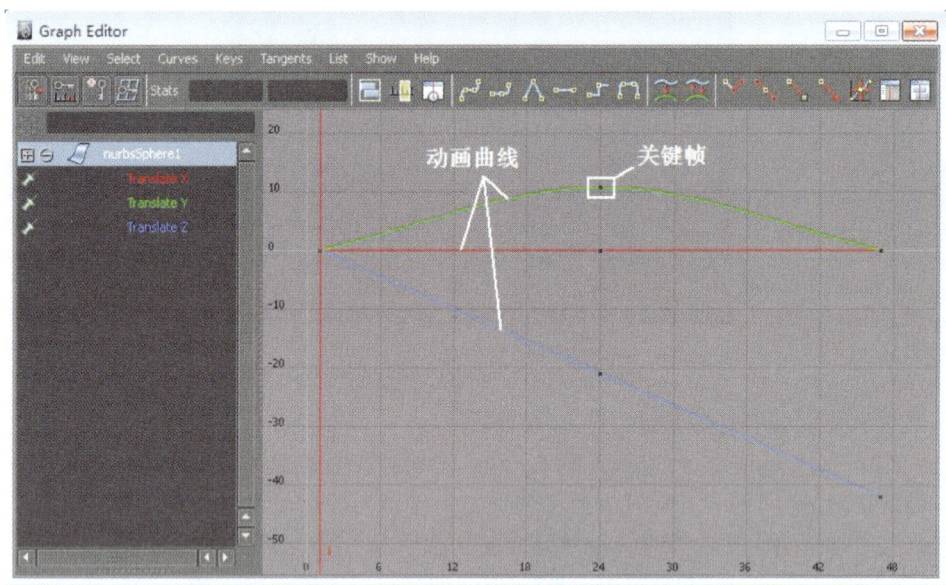

图 1-13　"Graph Editor"曲线编辑器

（1）Move nearest picked key tool ：移动最近的关键帧工具。使用鼠标单独移动关键帧或切线手柄。激活一条动画曲线，使用该工具并选择曲线上的关键帧，鼠标中键可以使动画曲线上距离鼠标最近的点移动或者其切线发生变化。这个工具与移动工具不同。

（2）Insert keys tool ：插入关键帧工具。用于在选择的动画曲线上插入新的关键帧。使用此工具新建的关键帧不会改变原动画曲线的形状。新建关键帧的切线将保持原动画曲线的形状。使用鼠标左键选择要插入关键帧的曲线，按住鼠标中键沿动画曲线拖曳。单击并在插入位置释放中键，在这个位置就会创建一个新的关键帧。

（3）Add keys tool ：添加关键帧工具。用于在选择的动画曲线上任意位置添加关键帧。单击鼠标中键确定新关键帧的位置，释放鼠标中键后，在单击鼠标左键的位置处创建一个新的关键帧，新关键帧与相邻关键帧的切线类型相同。使用这个工具新建的关键帧会改变动画曲线的形状。

（4）Lattice deform keys ▦：关键帧晶格变形。此工具用晶格点来调整动画曲线的形状。使用此工具后，用户选择的曲线或关键帧会被一个晶格包围，用户调整晶格点可以改变动画曲线的形状，如图 1-14 所示。

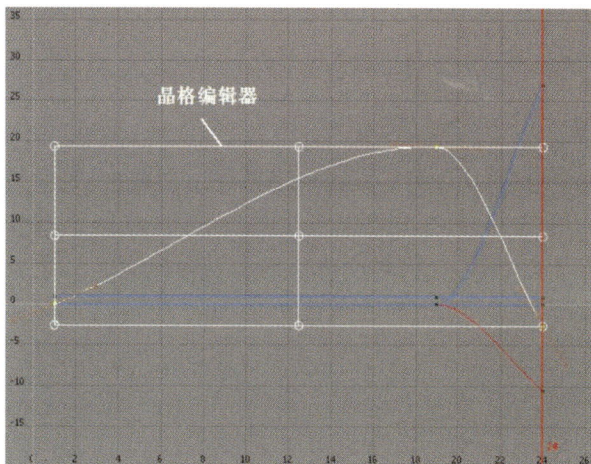

图 1-14 　 "Lattice deform keys"工具

（5）Frame All ▣：满视窗显示整条动画曲线。

（6）Frame playback Range ▣：满视窗显示动画播放范围。

（7）Center the view about the current time ▣：以当前关键帧为中心显示动画曲线。

（8）Spline Tangents ▱：选择动画曲线，该工具可以使两个关键帧之间采用光滑曲线的方式过渡。

（9）Clamped Tangents ▱：夹具切线。创建的动画曲线既有样条曲线的特征，又有直线的特征，这是系统默认的曲线过渡方式。当两个相邻关键帧的属性值非常接近时，它们之间的动画曲线为直线；当两个相邻关键帧的属性值相差较大时，它们之间的动画曲线为样条曲线。

（10）Linear Tangents ▱：线性切线。两个关键帧之间的部分采用直线方式过渡。

（11）Flat Tangents ▱：平直切线。使关键帧的切线入切方向和出切方向均为水平方向，即向量的坡度为零度。

（12）Stepped Tangents ▱：台阶切线。动画关键帧之间不是以渐进的方式过渡，而是跳转。

（13）Plateau Tangents ▱：封顶切线。系统采用曲线方式处理关键帧之间的过渡，当几个关键帧的时间距离很近，参数值变化有很大的时候，很可能出现两帧之间过渡部分的参数值比关键帧最高点的值还要高。使用 Plateau tangents 可以避免这种情况。

（14）Break Tangents ：断开切线关系。将一个关键帧切线的入切手柄和出切手柄分开，可以分别进行单独控制，相互之间不会产生影响。

（15）Unify Tangents ：统一切线。动画曲线关键帧上的切线已经将入切和出切分开控制，用此命令可以将一个关键帧切线的入切手柄和出切手柄连为一体。

（16）Free Tangent Weight ：释放动画曲线切线权重。可以自由调节切线权重，这样调节起来更灵活。

（17）Lock Tangent Weight ：锁定动画曲线切线权重。不容许我们自由的调节切线权重，切线两端保持一致的权重关系。

（18）BufferCurve Snapshot ：快照动画曲线。当我们编辑动画曲线时，可以看到一条灰色的原始曲线。

（19）Swap BufferCurve ：将缓冲曲线与已编辑的动画曲线交换，通过来回交换曲线达到测试动画的目的。

（20）Auto Load Graph Editor On /Off ：自动打开或关闭"Graph Editor"曲线图标编辑器。

（21）Time Snap On/Off ：时间捕捉开关。在移动关键帧时，时间始终捕捉到最近的整数时间单位位置。

（22）Value Snap On/Off ：数值捕捉开关。在移动关键帧时，参数值始终捕捉到最近的整数数值。

（23）动画曲线显示控制 ：决定了动画曲线的显示状态。

（24）动画曲线循环方式控制 ：决定了动画曲线的循环类型。

（25）Unconstrained Drag ：决定了动画移动的类型，鼠标单击后可在垂直、水平或四个方向等类型中切换。

（26）Open the Dope Sheet ：打开"Dope Sheet"窗口，这是另一个修改动画的工具窗口。

（27）Open the Trax Editor ：打开"Trax Editor"窗口，这是一个基于许多动画片段进行非线性编辑的窗口。

1.2.4 路径动画

路径动画是动画物体的移动和旋转属性的一种方式，它指定一条 NURBS 曲线作为运动路径。我们可以使用路径动画来动画 NURBS 或多边形物体、灯光、摄像机、粒子或其他物体。

下面我们来学习一下常用的创建路径动画命令。选择命令"Animate→Motion Paths"可以打开如图 1-15 所示菜单。

（1）Set Motion Path Key：使用"Animate→Motion Paths→Set Motion Path Key"命令可使用关键帧的动画流程来动画物体的位置，这时创建是一个路径动画，而不是动画关键帧曲线。

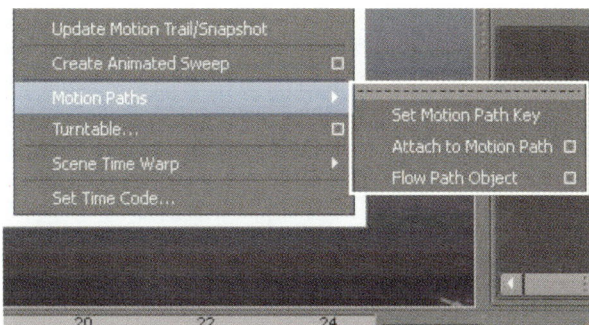

图 1-15　路径动画菜单

创建方法：

◆ 创建一个要动画的物体，移动它到开始位置，并把当前时间设置到第一帧。

◆ 选择"Animate→Motion Paths→Set Motion Path Key"命令。此时，一条含有单个 CV 点的曲线已被创建，并且在时间 1.0 处具有一个位置标记。

◆ 改变当前时间为任意想要的时间位置，如第 10 帧。然后移动物体到时间第 10 帧的位置。

◆ 再次选择"Animate→Motion Paths→Set Motion Path Key"命令。这时一条路径动画曲线被创建。曲线的两端分别标记着时间位置第 1 帧和第 10 帧。

（2）Attach to Motion Path：Attach toMotion Path 是将去物体加入到一条作为动画路径的 NURBS 曲线上，然后物体将沿着曲线进行运动。

选择"Animate→Motion Paths→Attach to Motion Path"命令打开"Attach to Motion Path"的参数面板如图 1-16 所示。

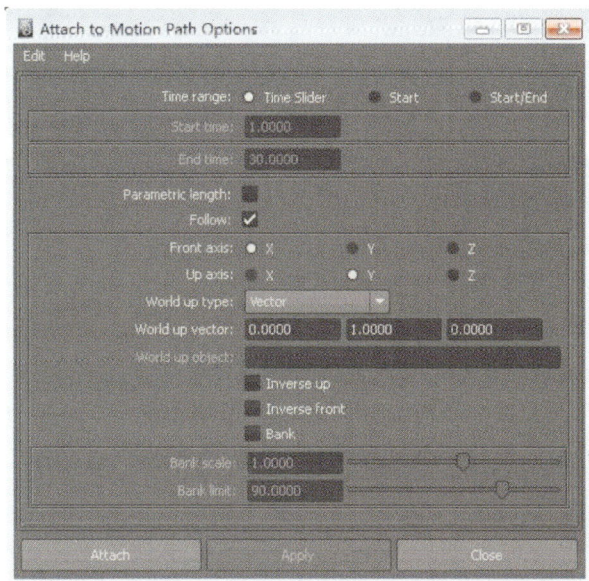

图 1-16　"Attach to Motion Path"参数面板

"Attach toMotion Path"视窗参数如下：

Time Range：这些设置分别定义物体在曲线的开始和结束位置的开始时间和结束时间。选择命令"Time Slider"项时，使用时间滑块中的最小和最大时间作为路径曲线的开始和结束时间；选择命令"Start"项时，在曲线的开始处创建一个标记，它指示物体被定位在曲线开始处的时间。选择命令"Start/End"项时，时间分别指示物体在曲线的开始和结束位置被设定的时间。

Start Time：如果 Time Range 中的"Start"项被设置，那么此项才有效。

End Time：如果 Time Range 中的"Start/End"项被选中，那么此项才有效。

Parametric Length：设置 Maya 沿曲线定位物体的方式，共有两种：参数间距方式和参数长度方式。关闭 Parametric Length 项可选择参数间距方式，打开"Parametric Length"项则选择参数长度方式。

Follow：当此项打开时，Maya 将会计算物体沿曲线运动的方向。

Front Axis：设置物体的局部坐标轴和前向量对齐。当物体沿曲线运动时，设置物体的前向方向。X 对齐局部 X 轴和前向量，并使物体的 X 轴作为物体的前方方向；Y 对齐局部 Y 轴和前向量，并使物体的 Y 轴作为物体的前方方向；Z 对齐局部 Z 轴和前向量，并使物体的 Z 轴作为物体的前方方向。

Up Axis：设置物体的局部坐标轴和顶向量对齐。当物体沿曲线运动时，设置物体的上方方向。顶向量和由 World Up Type 设置的全局顶向量对齐。X 对齐局部 X 轴和顶向量，并设置物体的 X 轴作为物体的上方方向；Y 对齐局部 Y 轴和顶向量，并设置物体的 Y 轴作为物体的上方方向；Z 对齐局部 Z 轴和顶向量，并设置物体的 Z 轴作为物体的上方方向。

World Up Type：设置与顶向量对齐的全局顶向量的类型。其中包括下列选项：Scene Up、Object Up、Object Rotation Up、Vector 和 Normal。

Scene Up：设置与场景上方轴对齐的顶向量，而不是与全局顶向量对齐。全局顶向量被忽略。我们可以在"Preferences"视窗中设置场景的上方轴。默认场景上方轴是全局空间中的 Y 轴正半轴。

Object Up：设置与设置物体的原点对齐而不是与全局顶向量对齐，全局顶向量被忽略。原点与顶向量对齐的物体被称为全局顶物体。可以使用"World Up Object"项来设置全局顶物体。如果没有设置全局顶物体，那么顶向量将会和场景的全局空间原点对齐。

Object Rotation Up：设置定义的全局顶向量与一些相关物体的局部空间对齐，而不是场景的全局空间。在顶向量转换到相关场景全局空间后，它将与全局顶向量对齐。原点与顶向量对齐的物体被称为全局顶物体。可以使用"World Up Object"项来设置全局顶物体。

Vector：设置顶向量与全局顶向量尽可能的对齐。被定义的全局顶向量是和场景的全局空间对应的(这是默认设置)，使用"World Up Vector"项可设置这个全局顶向量的方向。

Normal：物体的上方轴总是尽量匹配路径曲线的法线方向。根据路径曲线是曲面上的曲线，还是在全局空间中的曲线，其法线的插值方式也是不同的。当路径曲线是全局空间中的曲线时，其曲线上某点法线的方向总是指向此点在曲线上的曲率中心。

World Up Vector：设置与场景全局空间对应的全局顶向量的方向。因为在默认状况下，Maya 的全局空间是"Y-up"，所以在全局空间正 Y 轴方向上的全局顶向量点是(0.0000，1.0000，0.0000)。

World Up Object：如果设置 World Up Type 为 Object Up 或 Object Rotation Up，那么该项设置要与物体对齐的全局顶向量。比如，我们可以设置全局顶物体作为一个定位器，它可在物体沿曲线运动时防止物体突然翻转问题的出现。

Inverse Up：翻转物体沿曲线的上方向。选择该项，物体的上方轴总是采用"Up Axis"选项中选择方向的反方向。

Inverse Front：翻转物体沿曲线的前方向。当用户在定位摄像机，以便摄像机沿曲线指向前方时，那么使用该项是非常有用的。比如，有一个沿曲线指向后方的摄像机，但是要使摄像机指向前方却很困难，那么可激活"Inverse Front"项，使摄像机按需要沿曲线指向前方。

Bank：此选项可使物体在运动时，向着曲线的曲率中心倾斜，就好比汽车或摩托车在转弯时总是向里倾斜。该项只有在"Follow"项打开时才有效，并且此选项也会影响物体的旋转运动。路径动画会根据路径曲线的弯曲自动计算出应该出现的倾斜程度。我们可以使用 Bank Scale(倾斜缩放)和 Bank Limit(倾斜限制)调整倾斜度。

Bank Scale：使用此项可以调节倾斜的效果，如果增大设置，则倾斜效果会更明显。例如，如果把 Bank Scale 设置为 2，则物体的倾斜程度是默认程度的 2 倍。

Bank Limit：此选项可以限制倾斜的数量。例如，倾斜缩放的增加可获得显著的倾斜效果，但是这可能导致在曲线弯曲程度大的地方，物体倾斜的程度太大。此项将把倾斜程度限制到设置值范围内。

创建方法：

◆ 创建一条 NURBS 曲线，这条曲线就是物体运动的路径。曲线的方向就是物体运动的方向。

◆ 首先选择物体，然后按住"Shift"键选择曲线。

提示：用户可以通过先选择物体再选择曲线，使多个物体沿同条路径运动。但是必须是最后选择路径曲线。

◆ 选择"Animate→Motion Paths→Attach to Motion Path"命令。

◆ 此时，物体将移动到曲线上，此处就是在当前时间物体在曲线上的位置。同时在曲线上会出现带有数字的两个运动路径标志，这些标记指示物体运动到此处的位置和时间。

◆ 按下"Play"按键播放观看物体路径动画效果。

(3)Flow Path Object：如果已经沿路径曲线动画了几何物体(NURBS 面或者多边形物体)，那么可以通过"Flow Path Object"命令设置物体在运动时，使之随路径曲线形状的改变而改变，从而创建一种比较真实的效果。

使用"Flow Path Object"命令可以围绕在先前路径动画中动画的物体创建晶格。有两种方式来创建晶格：在路径动画的物体上创建晶格；在路径动画的路径曲线上创建

晶格。两种方法都可以达到同样的效果；不过我们会发现：如果以后要在晶格上添加一些变形来达到分层的变形效果，则在这两种方式中有一种将是非常方便的。

选择"Animate→Motion Paths→Flow Path Object"命令打开"Follow Path Object"的参数面板如图 1-17 所示。

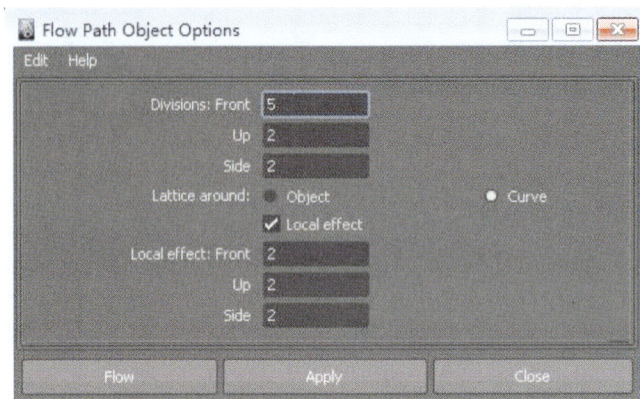

图 1-17　"Flow Path Object"参数面板

"Flow Path Object"视窗参数如下：

Divisions：它的数值代表将要被创建的晶格切片的数目。当路径动画被创建时，Front、Up 和 Side 分别对应于设置的轴。

Lattice Around：选择命令"Object"在物体上创建晶格；选择命令"Curve"在路径曲线上创建晶格。

Local Effect：当在路径曲线上创建晶格时，此选项特别有用。如果当晶格特别大时，我们可能不想一端的晶格点在物体靠近晶格的另一端时仍然影响它。比如，如果选择命令"Lattice Around Curve"项，并把 Front Divisions 设置为 30，这意味着沿路径动画曲线的晶格分割数是 30。当物体移动通过晶格时，它只被 4～5 个分割的晶格围绕。当"Local Effect"项关闭时，则晶格物体中的所有晶格点都会对物体变形有影响。有可能使物体脱离晶格，这是因为即使离物体比较远晶格点也会影响它。

▶ 1.3　基础动画项目实战

1.3.1　跳跃的小球

1. 项目分析

本项目是制作一段关于小球跳跃的动画，这个动画主要表现小球"Ball"的运动过程，Ball 以弹跳的方式通过楼梯来到一扇门前。当 Ball 接近门的时候门被打开，当 Ball 通过门后门又自动关闭。

我们所使用的技术主要是关键帧动画和驱动关键帧动画。在制作动画的时候，最重要的是对于动画时间的把握。同时，对于动作的可以进行适当夸张以便于强化视觉效果，如图 1-18 所示整个动画的分镜头效果。

图 1-18　跳跃的小球

2. 项目实战

步骤一：创建如图 1-19 所示模型效果。模型包括用来动画的小球、楼梯、门等结构。

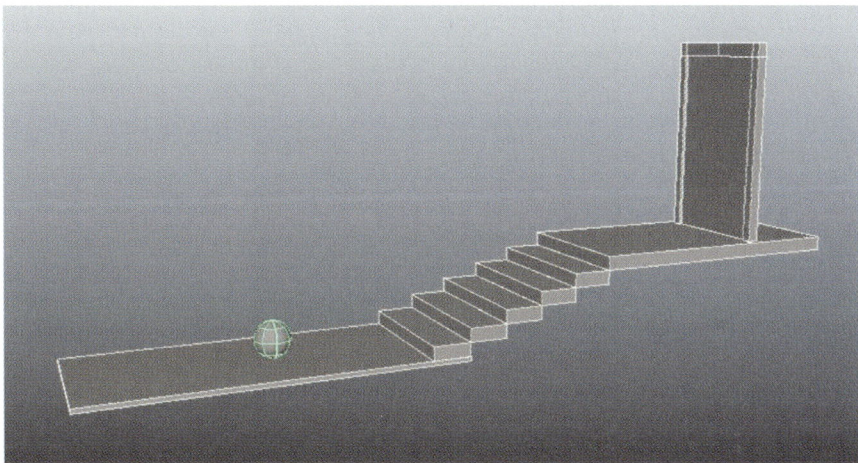

图 1-19　模型效果

步骤二：选择球体，并命名为 Ball。在这个段动画中 Ball 是我们的主角，我们先将 Ball 放置到动画的起始位置并选择"Modify→Freeze Transformations"命令将置换数值归零。然后，将时间滑块拖动到第一帧位置，设置好时间范围，如图 1-20 所示。动画所需时间我们设置为 200 帧。当然，大家可以根据自己的动画内容经过分析计算后确定各自所需的动画时间。

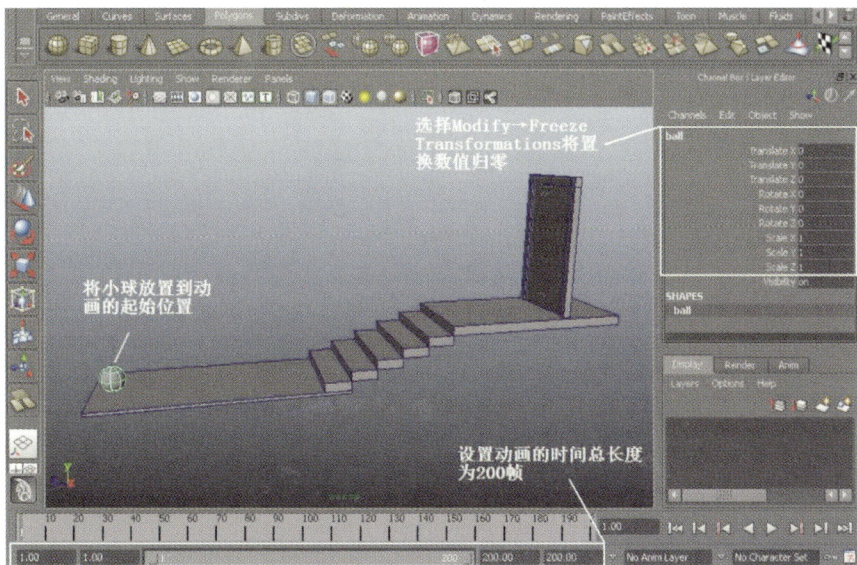

图 1-20　动画前的设置

提示：在具体的动画设置前，我们选择"Edit→Delete by Type→History"命令将不需要保留的模型历史记录的清除；选择"Modify→Freeze Transformations"命令将参与动画设置的物体的置换参数归零。这些操作将有利于我们的动画设置。

步骤三：小球 Ball 关键帧动画设置。选择小球 Ball 在时间的第一帧处设置关键帧。在设置关键帧时为了减少计算量，通常我们会将参与动画的参数进行关键帧设置，不参与动画的参数不进行关键帧的设置。当前小球的运动变化中仅仅涉及 Translate 位移参数，所以我们仅对 TranslateX，Y，Z 参数进行关键帧的设置，如图 1-21 所示。

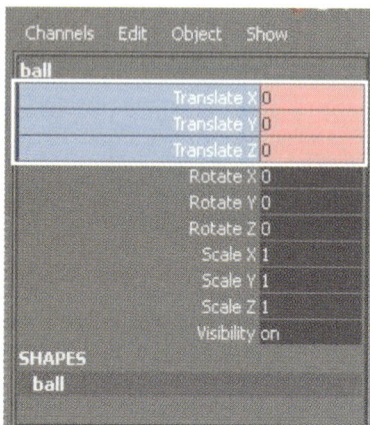

图 1-21　为起始动作设置关键帧

选择小球 Ball，将时间滑块拖动到第 24 帧的位置，改变 Translate Z 数值为－18。按下"Shift＋W"组合键为当前的位移动作建立关键帧，如图 1-22 所示。

提示：我们也可以通过在当前时间帧显示处输入数值，将时间滑块放置到数值所指向时间位置。

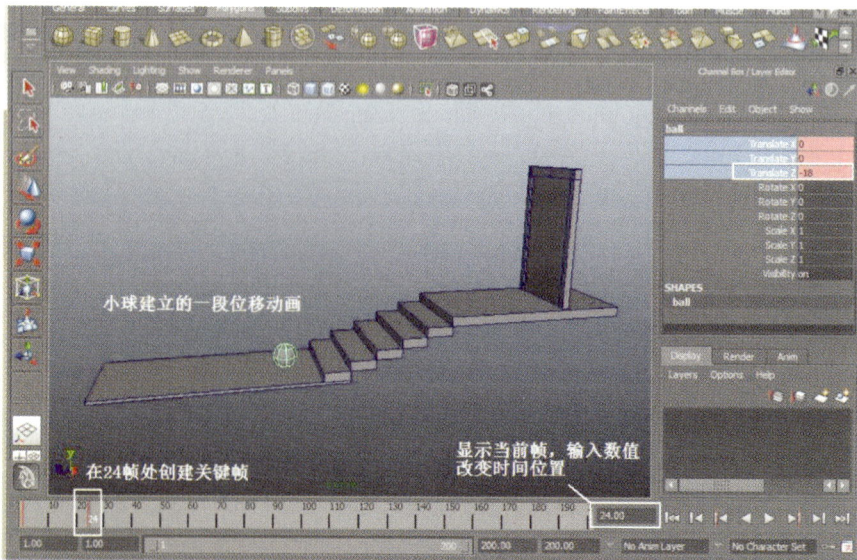

图 1-22　小球在 Z 轴的负方向产生运动

下面我们的小球 Ball 将要通过弹跳的方式通过楼梯。将时间滑块拖动到 38 帧处后，将小球 Ball 放置到第二个楼梯台阶处并按下"Shift＋W"组合键记录关键帧，如图 1-23 所示。

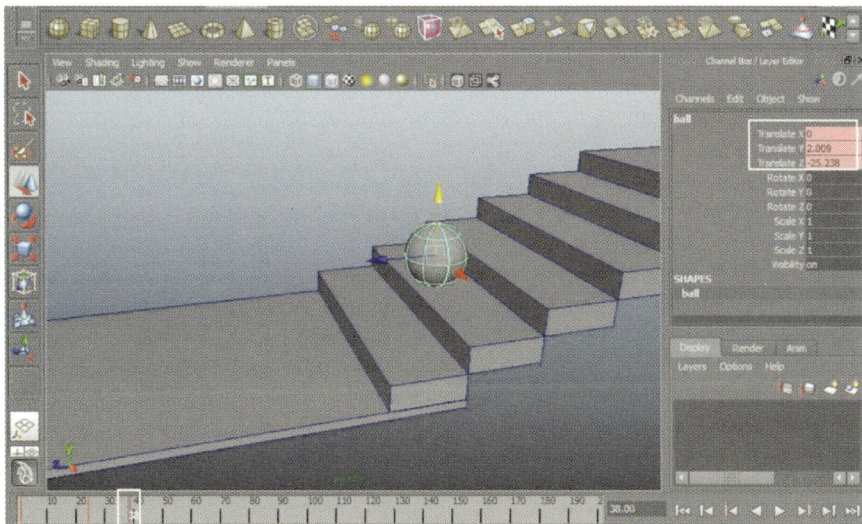

图 1-23　小球在 Z 轴方向产生的弹跳

鼠标拖动时间滑块到 31 帧处，将小球 Ball 沿 Y 轴向上移动改变 Translate Y 数值为 4.5，按下"Shift＋W"组合键记录关键帧，如图 1-24 所示。这样我们就完成了初步的小球 Ball 弹跳动画。采用同样的方法分别在 52、66 帧处制作出小球 Ball 向第四和第六个台阶弹跳的动画效果，如图 1-25 所示。大家在调整小球弹跳的高度时，注意每一次弹跳的高度的一致性。在后面我们会通过"Graph Editor"曲线编辑器对于弹跳的速度进行调整。

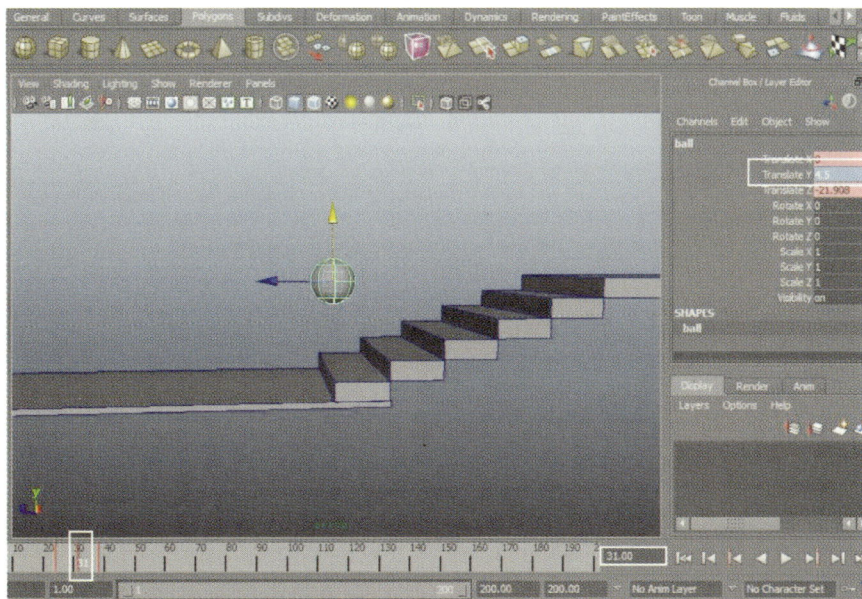

图 1-24　小球向上移动

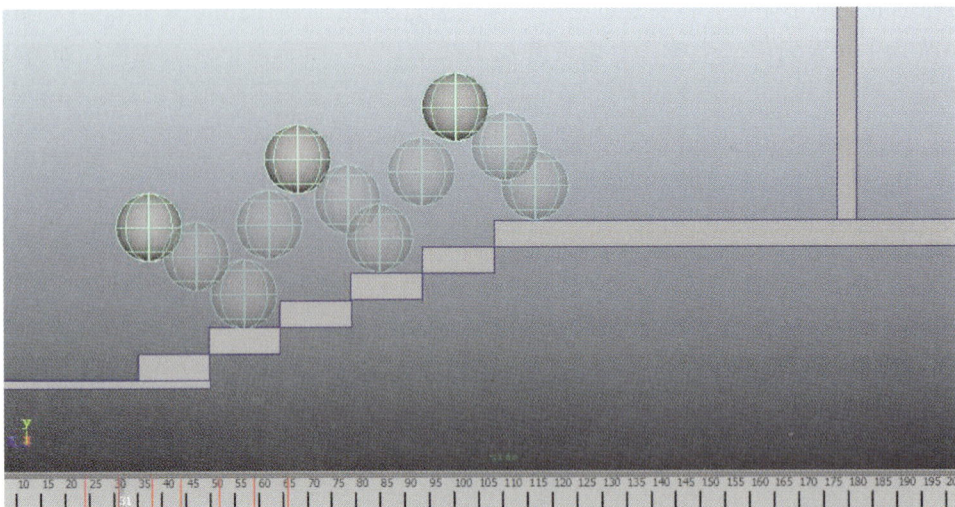

图 1-25　小球弹跳示意图

至此，我们完成了小球 Ball 弹跳的关键帧动画。动作的效果需要大家通过多加练习来加强。

步骤四：下面我们通过驱动关键帧的方式完成小球通过门的动画效果。选择小球 Ball，将时间滑块拖动到第 90 帧的位置，将小球移动到如图 1-26 所示位置，按下 "Shift＋W" 组合键为当前的位移动作建立关键帧。

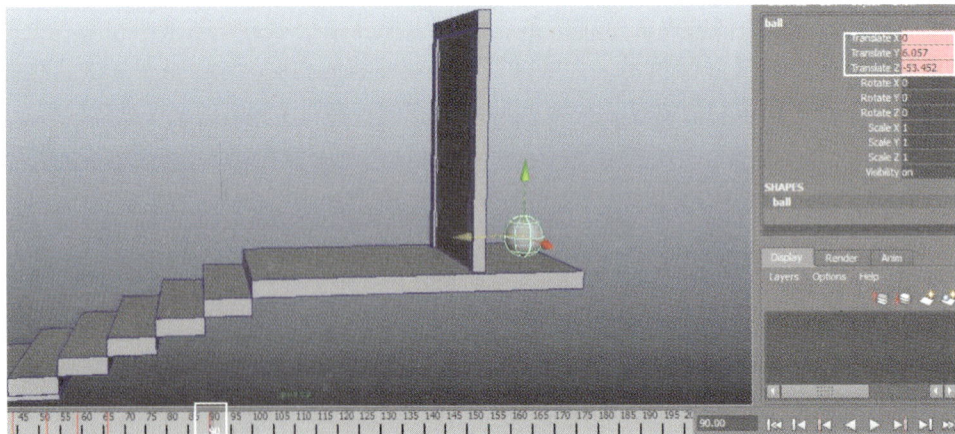

图 1-26　小球通过门

选择 "Animate→Set Driven Key→Set" 命令打开 "驱动关键帧编辑" 面板。选择小球 Ball 单击面板上的 "Load Driver" 按钮，将小球 Ball 的属性载入 "Driver" 栏。选择门的模型清除历史记录和归零后命名为 Door，单击面板上的 "Load Driven" 按钮，将门 Door 的属性载入 "Driven" 栏，如图 1-27 所示。

接下来我们需要细心的为小球和门之间建立驱动关键帧。在 "Driver" 栏中选中 Ball 右侧的 Translate Z，然后再 "Driver" 栏中选中 Door 右侧的 Rotate Y，单击 Key 按钮为小球和门的当前状态建立驱动关键帧，如图 1-28 所示。

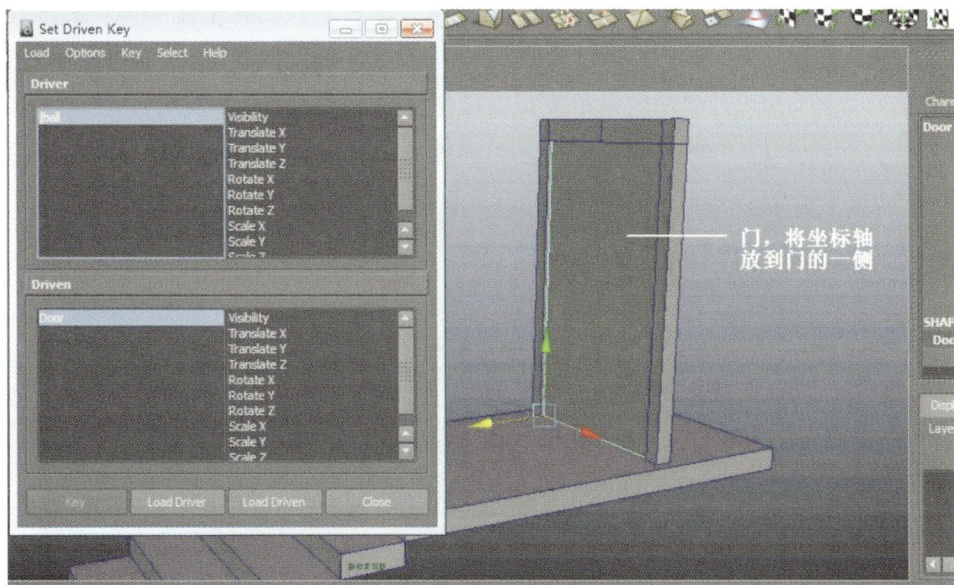

图 1-27　驱动关键帧编辑面板

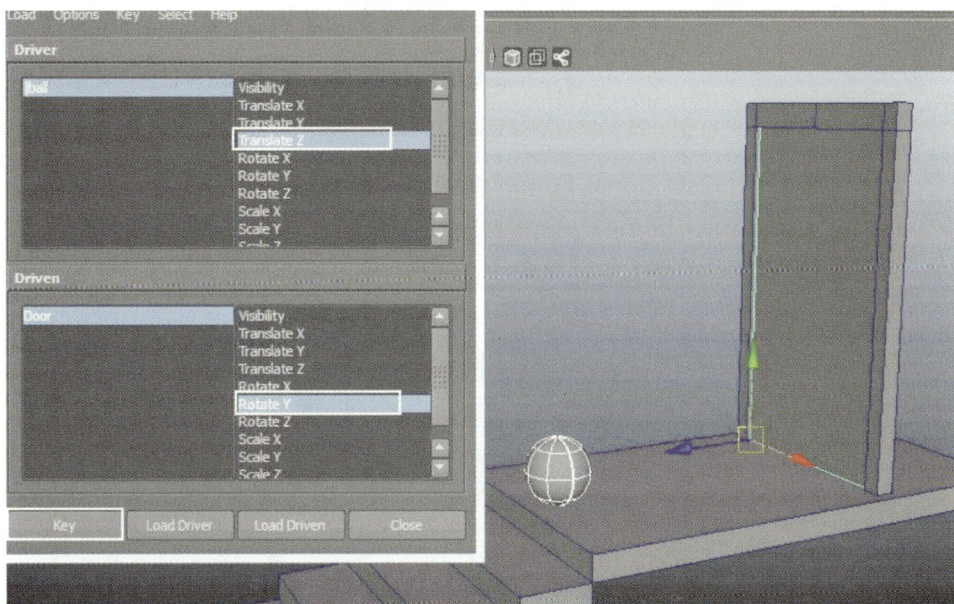

图 1-28　建立驱动关键帧

　　提示：在驱动关键帧创建时，往往很多人都容易犯一些错误导致驱动属性失败。因此，在这里需要提醒大家在驱动关键帧创建的时候注意设置的顺序：先将 Driver 驱动者的要关联的属性数值设置完毕，然后将 Driven 被驱动者要关联的属性数值设置好，最后单击"Key"按钮建立驱动关键帧。驱动关键帧的建立起始比较简单，只是大家在建立的时候一定要理清属性间的顺序。

　　拖动时间滑块，使得小球靠近门的位置，然后将门 Door 的 Rotate Y 数值设为 90，单

击驱动关键帧编辑面板"Key"按钮，如图 1-29 所示。这样，我们就完成了小球通过门的动画效果。单击 ◄◄ 将时间滑块返回到起始帧位置，然后单击 ▶ 播放动画。这时，我们看到小球在前面的运动速度及弹跳效果都不是很理想，整体的运动效果表现的过于匀速和平均。因此，需要通过"Graph Editor"曲线编辑器将小球的运动转变为一种变速运动效果。

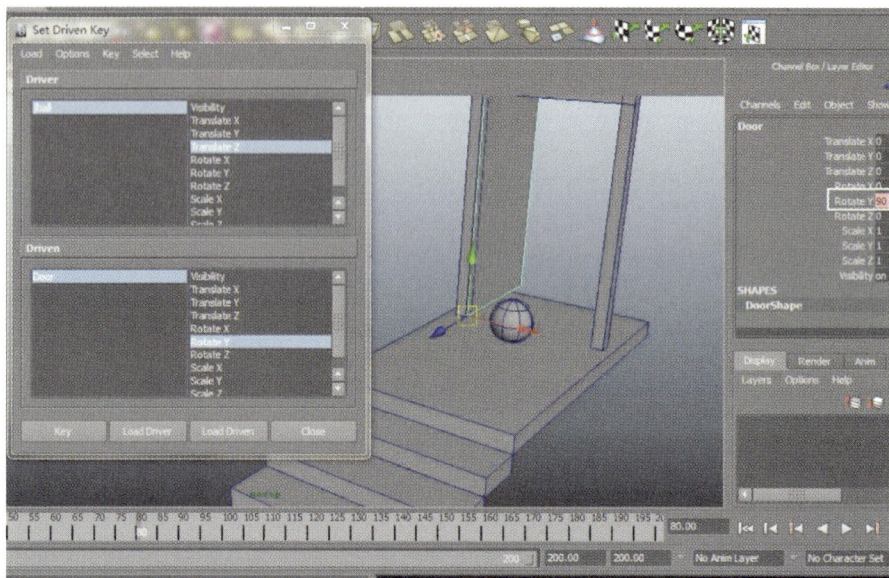

图 1-29　小球驱动门的旋转属性

步骤五：下面我们打开"Graph Editor"曲线编辑器对于小球的运动速度进行调整。选择"Window→Animation Editors→Graph Editor"命令打开"动画曲线编辑器"，小球 Ball 运动的关键帧都被曲线所表示，如图 1-30 所示。

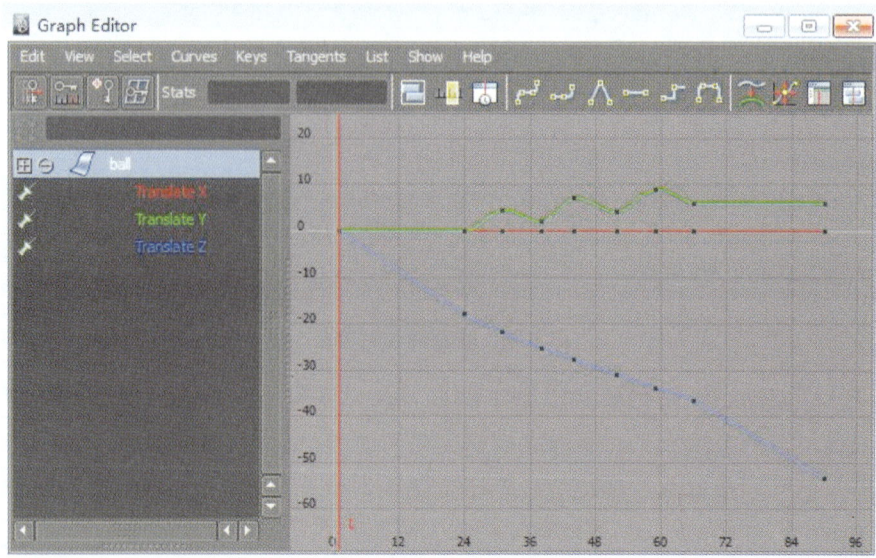

图 1-30　小球的运动曲线

在进行修改前，我们需要了解一下"Graph Editor"曲线编辑器中曲线形态所表示的含义。简单的说，水平直线表示当前属性没有变化，即静止；垂直表示属性的瞬间变化；线斜直线表示一种匀速运动的过程；弧线表示当前属性是一种变速动画效果，如图 1-31 所示。

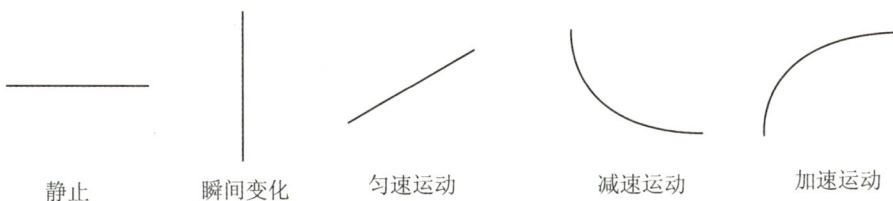

| 静止 | 瞬间变化 | 匀速运动 | 减速运动 | 加速运动 |

图 1-31　曲线形态的含义

下面，进行小球 Ball 动画曲线的修改。我们先修改小球 Ball 的"Translate"Z 这条蓝色的位移曲线。由于小球 Ball 目前处于匀速运动的动画效果，所以我们需要将曲线修改为一种减速运动效果。在"Graph Editor"曲线编辑窗口左侧选择命令"Translate Z"。这时，在窗口中只呈现蓝色的"Translate Z"动画曲线。单击"W"键选择移动工具，选择 24 帧处的关键帧点并进行修改，如图 1-32 所示。

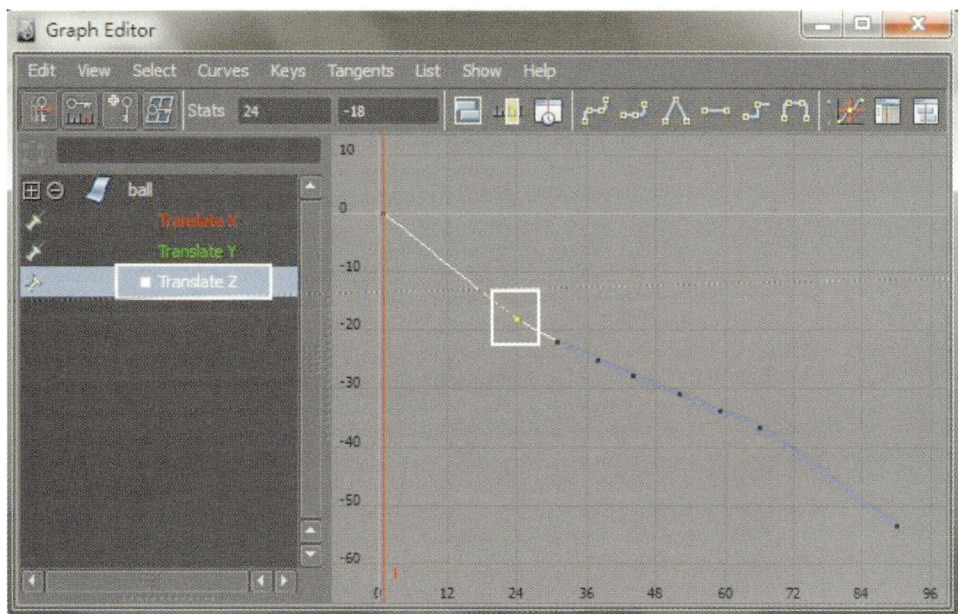

图 1-32　选择 24 帧处的关键帧点

在调整的时候为了不影响到其他曲线段，我们单击 图标打断 24 帧位置曲线的切线关系。然后，在曲线编辑窗口中选择"Curves→Weighted Tangents"命令为曲线手柄赋予权重，在选择 图标将曲线手柄控制修改为自由权重状态。通过移动工具将曲线修改为如图 1-33 所示效果。

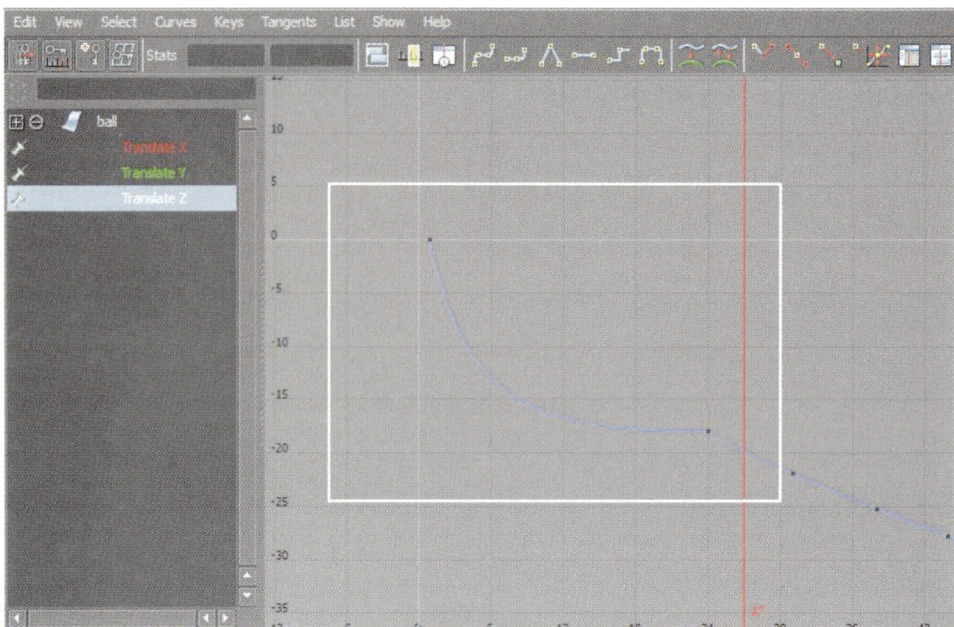

图 1-33　修改后的曲线形态

播放动画，我们看到小球在前面的运动有了一种变速运动的效果。选择命令"Translate Y"，我们采用同样的修改方式得到如图 1-34 所示效果。这样我们就完成了曲线的修改，如图 1-35 所示为最终修改效果。

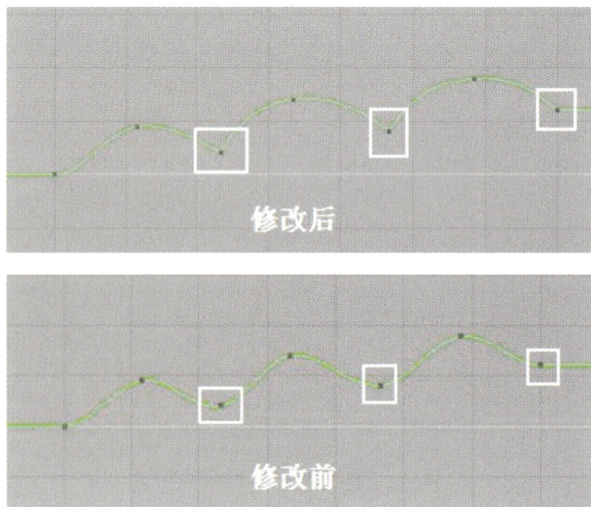

图 1-34　修改前后对比

这里只是帮助大家掌握如何通过修改曲线形态得到更加真实动人的动画效果。希望大家通过多加练习来理解和掌握动画曲线的修改方式。

在完成了动画效果的制作后我们可以单击▶按钮播放动画来观察动画效果。注意在播放时将播放速度调整为 Real-time(24FPS)实时播放状态。

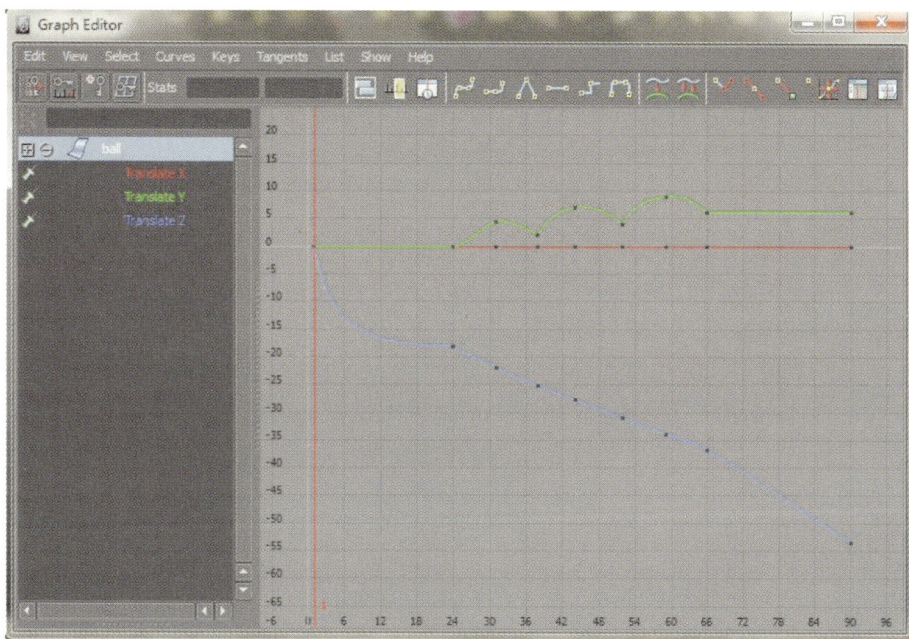

图 1-35　最终修改效果

　　还可以通过动画预览方式进行影片的预览。把鼠标放置在 Time Slider 时间线上，单击鼠标右键在弹出的菜单中选择"Playblast"或者选择"Window→Playblast"播放预览命令。当影片自动读取后会弹出播放器播放所要预览的动画片段，如图 1-36 所示。

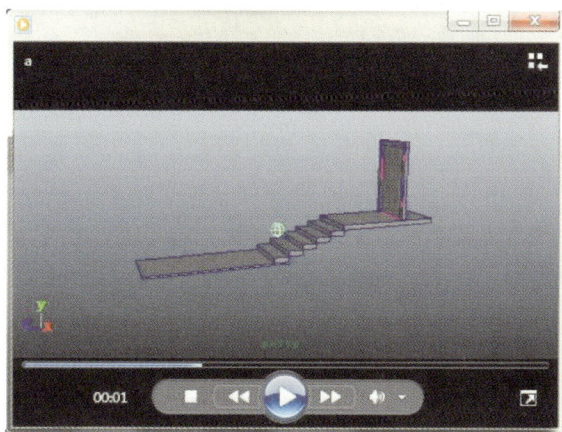

图 1-36　预览动画

　　这样我们就完成了一段简单的小球弹跳的动画效果。大家可以根据自己的构思进一步丰富动画效果。

1.3.2　路径动画实战

1. 项目分析

　　本项目主要是采用路径动画的方式制作一段汽车在山路上的运动效果，如图 1-37 所示为汽车沿着山路行驶的动画片段。

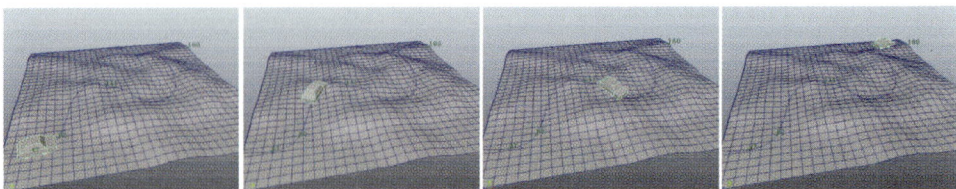

图 1-37　汽车路径动画片段

本项目描述的是汽车在崎岖不平的山路上行驶的动画效果。技术方面主要采用的是路径动画的表现方式，本项目中我们需要注意以下几个问题：

第一，汽车模型的局部坐标轴的位置决定了汽车与路面的关系；

第二，路径动画关于方向控制的方式决定了汽车运动的效果；

第三，路径曲线的段数对于汽车运动的影响。

2. 项目实战

步骤一：打开建立好的场景，如图 1-38 所示。场景包括结构简单的汽车和地面。

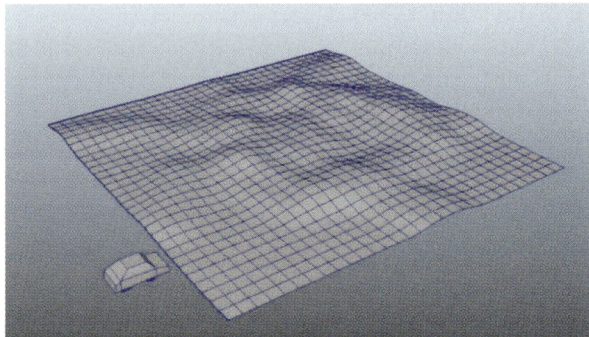

图 1-38　场景模型

下面，我们绘制一条曲线作为汽车运动的路径。选择地面模型，单击"Modify→Make live"激活模型。选择"Create→CV Curves Tool"命令工具在地面模型上进行绘制一条曲线，如图 1-39 所示。绘制完后单击"Modify→Make Not live"取消激活。

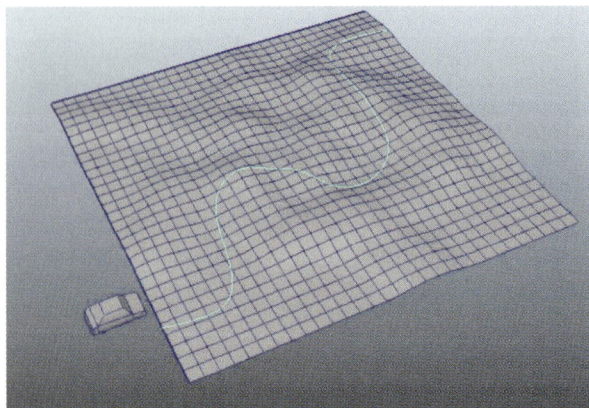

图 1-39　绘制一条路径曲线

选择汽车，并命名为 Car，并选择"Modify→Freeze Transformations"命令将置换数值归零。然后，将时间滑块拖动到第一帧位置，设置动画所需时间为 160 帧。当然具体的时间大家可以根据自己动画的内容进行设定。

步骤二：选择汽车模型，然后按住"Shift"键选择曲线。按"F2"键进入 Animation 动画模块选择"Animate→Motion paths→Attach to motion path"命令，汽车就会自动移到曲线上，效果如图 1-40 所示。

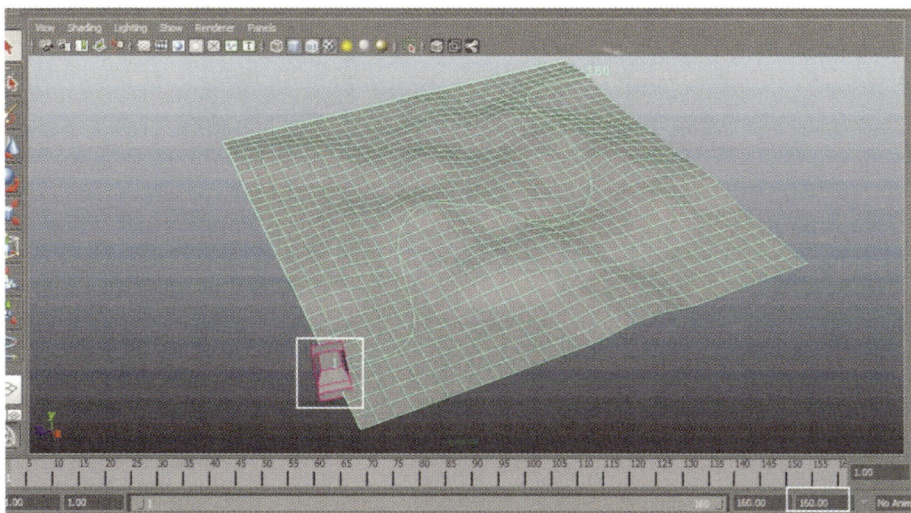

图 1-40   建立路径动画

播放动画观察效果，这时我们看到车的方向和位置都有问题。选择汽车 Car 按"Ctrl＋A"组合键打开"属性"面板，选择命令"motionpath1"选项卡，如图 1-41 所示。将 Front Axis 修改 Y，在静止状态下汽车的方向似乎是正确的，但是播放观看汽车在运动的过程中发生了错误。这是因为汽车的 Front Axis 和 Up Axis 发生了冲突。因此我们从新修改数值，将 Front Axis 修改 Z 并勾选 Inverse Front，播放动画这时汽车的方向正确了。但是我们通过不同角度观察到汽车的位置不正确，如图 1-42 所示。

那么到底是什么原因导致汽车出现这样的错误呢？分析发现，原来是物体自身的坐标轴位置导致的。下面我们修改汽车的坐标轴位置。按"Insert"键激活坐标轴，然后按下"W"键使用移动工

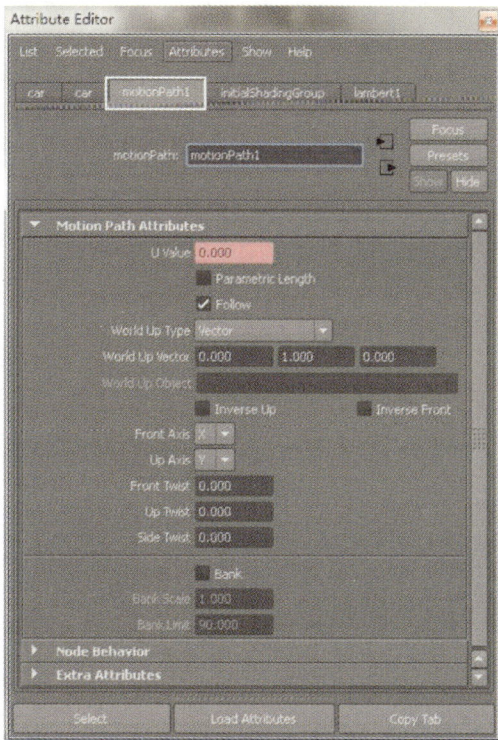

图 1-41   "motionpath1"选项卡

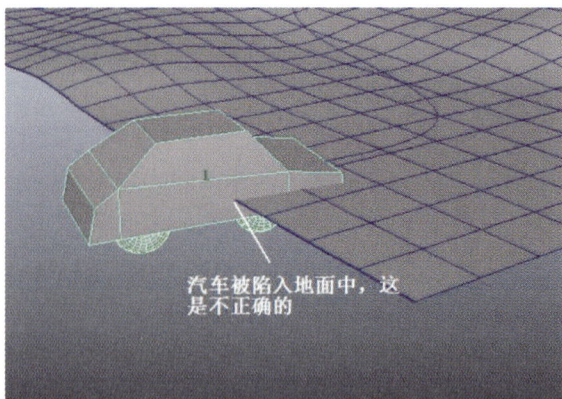

图 1-42　汽车陷入地面以下

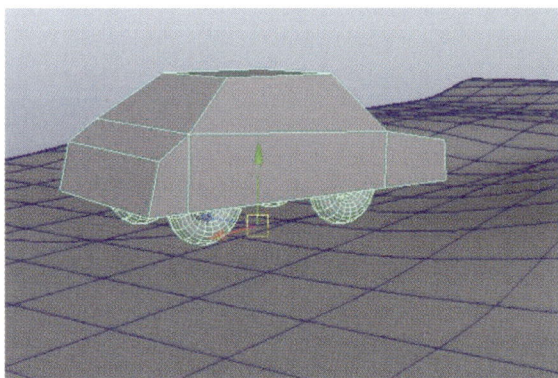

图 1-43　修改后的汽车效果

具将坐标轴向下移动，这时我们看到汽车逐渐提升到地面以上。修改完后再次按下"Insert"键并播放动画这时汽车的运动方向和位置都正确了，如图 1-43 所示。

步骤三：播放动画我们看到汽车的运动是一种匀速运动的效果。但是现实中的汽车往往是一种变速效果，汽车启动然后慢慢加速行驶。那么我们通过"Graph Editor"曲线编辑器来实现这种效果，选择汽车，并选择"Win-

dow→Animation Editors→Graph Editor"命令打开"动画曲线编辑器"，如图 1-44 所示我们看到当前汽车的动画曲线是一条斜向直线，这说明当前的运动是一种匀速运动。

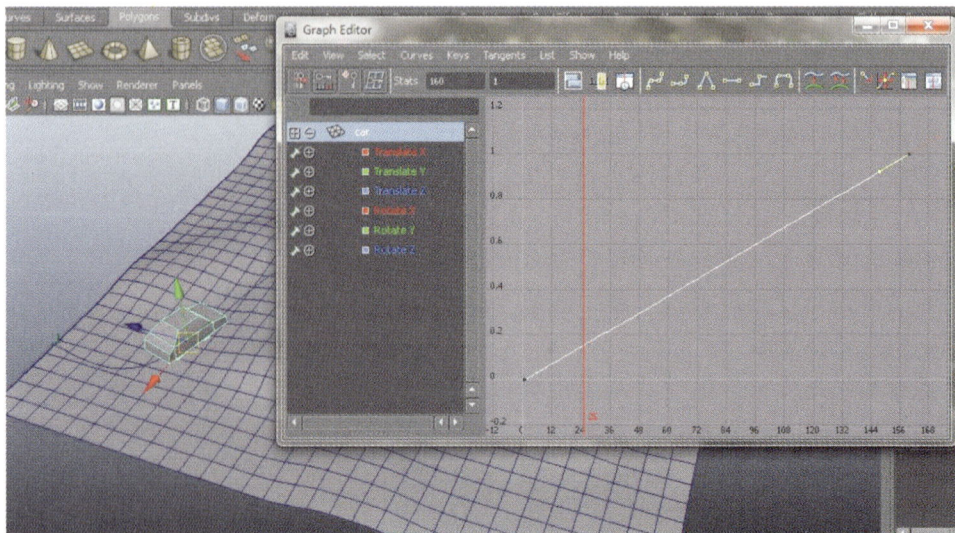

图 1-44　"Graph Editor"曲线编辑器

按下"W"键使用移动工具，选择曲线两端的关键帧点，单击 ![icon] 图标打断 24 帧位置曲线的切线关系。然后，在曲线编辑窗口中选择"Curves→Weighted Tangents"命令为曲线手柄赋予权重，在选择 ![icon] 图标分别将曲线两端的关键帧点的手柄控制修改为自由权重状态。修改完后调整曲线形态如图 1-45 所示效果。

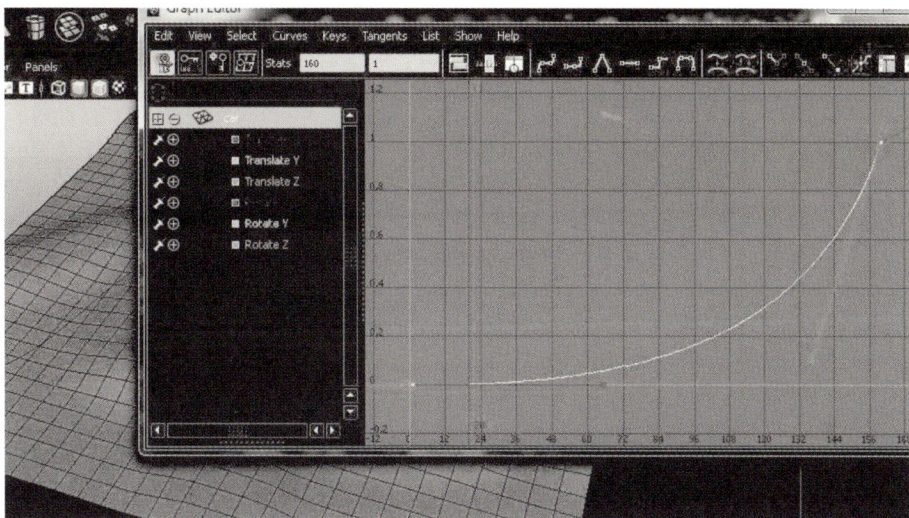

图 1-45　修改后的曲线效果

下面再次播放动画，汽车有了一种逐渐加速的效果。那么如果我们想要继续丰富汽车的运动效果可以对汽车的运动路径添加关键帧点。选择汽车模型，按下"Ctrl＋A"组合键打开属性编辑面板并选择命令"motionpath1"选项卡。我们可以拖动时间滑块，在想要添加关键帧的位置停下，并在"motionpath1"选项卡中的 U Value 处单击鼠标右键选择命令"Set Key"为当前效果建立关键帧。使用同样的方法添加多个关键帧，如图 1-46 所示。这时我们在打开"Graph Editor"曲线编辑器会看到曲线上添加了多个关键点，如图 1-47 所示，这样我们就可以使用前面的编辑方法编辑出更加复杂的运动效果。

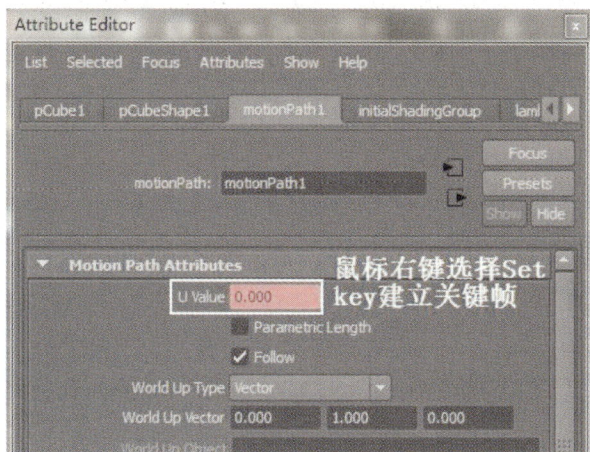

图 1-46　添加关键帧

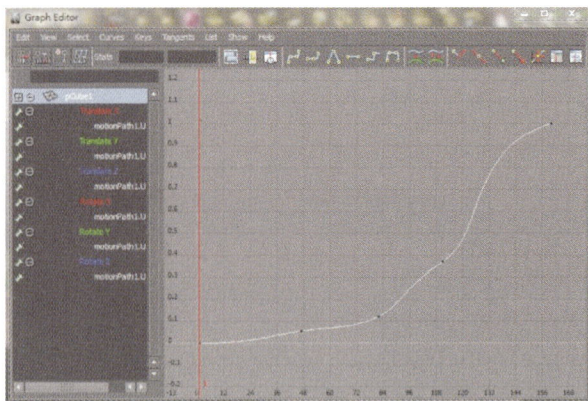

图 1-47 "Graph Editor"曲线编辑器

这样我们就完成了汽车的路径动画效果。单击鼠标右键在弹出的菜单中选择命令"Playblast"预览影片效果，如图 1-48 所示。

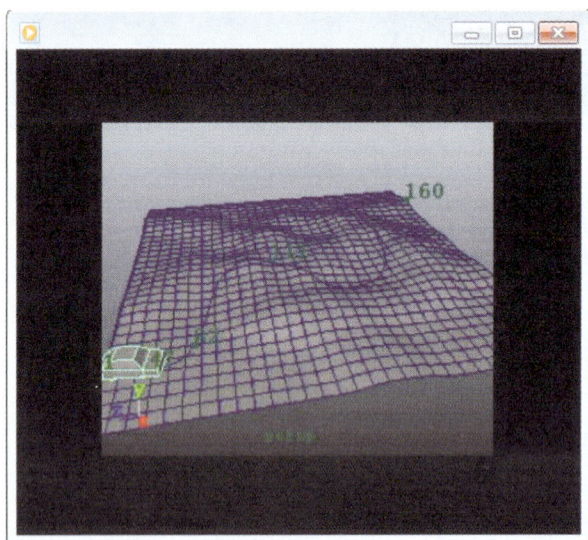

图 1-48 影片预览

本 章 小 结

本章节主要讲述了动画的基础概念及基本制作原理，通过本章节的学习学生可以掌握 Maya 基础动画中关键帧动画、驱动关键帧动画和路径动画的创建，掌握使用动画曲线编辑器产生变速动画的方法。

>>> 实训练习

1. 实训项目一

实训项目内容：制作一段小球运动的动画效果。

制作要求：

(1)场景大家自行设计制作，但要求至少包含球体和用来产生动画的简单场景。

(2)小球的运动方式和内容大家自己设计，如内容可以设置为一个小球像青蛙一样弹跳到一个大坑处，然后后退几步，再冲刺跳过大坑。

(3)采用关键帧和驱动关键帧的动画技术来完成本项目动画的制作。

2. 实训项目二

实训项目内容：制作游乐园中的过山车动画效果。

制作要求：

(1)制作过山车整体模型一组。模型的制作方法不限，但要求模型合理。

(2)要求使用路径动画的制作原理制作过山车动画效果。注意使用合理的处理方式解决路径动画运动过程中物体翻转的问题。

>>> 课后思考

1. 三维动画的发展经历。

2. 什么是关键帧动画？什么是驱动关键帧动画？

3. 动画运动过程中的变速动画类型有哪些？如何在 Maya 中设置变速运动效果？

第 2 章　变形动画

>>> **学习目的**

　　了解 Maya 变形器的基本概念和基本操作原理，熟悉 Maya 中各种变形器的使用方法。

>>> **学习目标**

　　通过本章节的学习，熟练掌握各种变形动画的创建方式。

>>> **学习内容**

　　1. 了解 Maya 变形器的基本概念；
　　2. 掌握 Maya 变形器的基本操作原理；
　　3. 掌握各种变形器动画的制作方法。

▶ 2.1　变形技术基础要点

　　使用 Maya 的变形器功能，可改变物体的几何形状。在 Maya 中常见的变形器主要有：混合变形、晶格变形、簇变形、弯曲非线性变形、扩张非线性变形、正弦非线性变形、挤压非线性变形、螺旋非线性变形、波形非线性变形、造型变形、线变形、褶皱变形、包裹变形等，如图 2-1 所示。

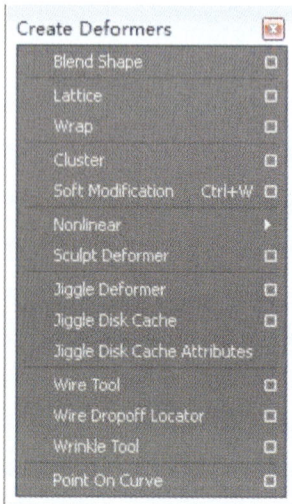

图 2-1　变形器菜单

1. 可变形的元素

变形器可在所有可变形物体上创建变形效果。对于任何物体，只要它的结构由控制点所定义，就可作为可变形物体。控制点包括 NURBS 控制顶点(CVs)、多边形顶点和晶格点。NURBS 曲线、NURBS 表面、多边形表面(网格)和晶格都是可变形物体。

变形器可以针对一个可变形物体，也可针对由一组物体构成的物体形态。当用户创建变形时，Maya 把所有的可变形物体点放置到一个组中，称为变形组。因此，变形器可以对物体、物体元素点或物体组产生变形效果。

2. 变形顺序

一般而言，我们可以对一个物体应用多个变形。由于变形效果取决于变形功能作用于物体的顺序，所以可创建多种效果。在使用变形功能时，记清节点的历史记录是非常重要的。一个变形所产生的变形效果在很大程度上取决于变形在节点历史中的位置。这是因为变形效果随着 Maya 计算变形顺序的不同而变化。Maya 计算变形的顺序称为变形顺序。

3. 变形放置

当创建变形时，可指定变形器的变形作用在物体的变形顺序中的位置。变形放置将影响变形的效果和执行。在 Maya 中包括下列变形顺序放置选项：Default(默认放置)、Before(前置)、After(后置)、Split(分离放置)、Parallel(平行放置)、Front of Chain 放置。如：选择"Create Deformers→Blend Shape"命令打开"混合变形器"的参数面板，单击"Advanced"选项卡，如图 2-2 所示。我们可以在"Deformation Order"选项中进行选择变形器的放置顺序。

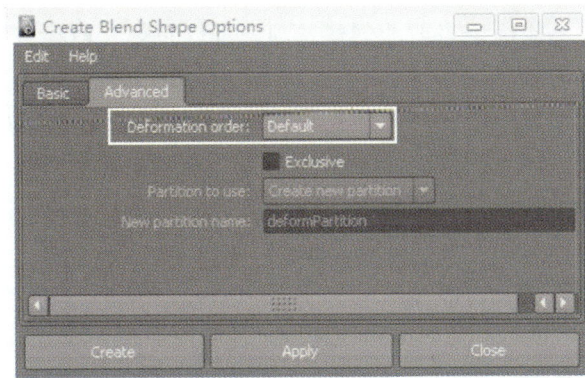

图 2-2　变形放置

2.2　Maya 变形动画

2.2.1　Blend Shape 混合变形

通过使用混合变形，可将一个 NURBS 物体或多边形物体变形，使其成为其他 NURBS 或多边形物体的形状。在角色创建方面，混合变形的一个典型的使用就是创建面部表情动画，如图 2-3 所示。

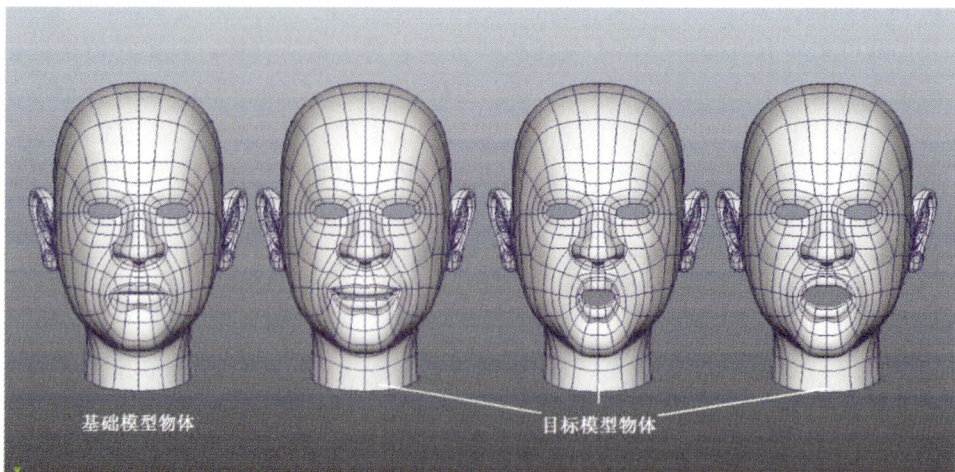

图 2-3　角色面部表情

1. 了解 Blend Shape 混合变形器

当创建一个混合变形时，要将物体加以区别，我们要使用一个物体的形状去变形其他物体的形状。变形为其他物体的形状时所使用的物体称为目标物体，被变形的物体称为基础物体。目标物体的形状称为目标形状或目标物体形状，如图 2-3 所示。基础物体变形后的形状称为混合形状，它的原始的形状称为基础形状或基础物体形状。

2. Blend Shape 混合变形器的创建

当创建混合变形时，可先设置创建选项，然后创建变形，或使用当前的创建选项立即创建变形。如果不能确定当前的创建选项，可以在创建前检查它们，这样可以节省以后调整变形属性的时间。

提示：在创建变形后，应该避免改变可变形物体点的数目（例如，CVs、顶点或晶格点）。改变点的数目可导致意想不到的变形效果。在开始使用变形器前，最好保持目标模型物体与基础模型物体的拓扑结构一致，这样可以保证变形的效果。因此，最好在复制基础模型物体的基础上进行调整来得到目标模型物体。

创建方法：

◆ 选择一个或多个调整好造型的物体作为目标物体形状，然后选择一个基础物体作为基础物体形状。

◆ 选择"Create Deformers→Blend Shape"命令。

◆ 那么在当前的创建选项设置下，就创建一个混合形状。在 Channel Box 中编辑混合变形的属性。

◆ 使用混合形状编辑器（"Window→Animation Editors→Blend Shape"，如图 2-4 所示）可以控制目标物体对变形的影响程度。这样我们就可以使用混合变形器进行变形动画的制作。也可以通过在 Channel Box 中修改参数达到变形的目的。

选择"Create Deformers→Blend Shape"命令打开"混合变形器"的参数面板，如图 2-4 所示。

"Blend Shape"视窗参数如下：

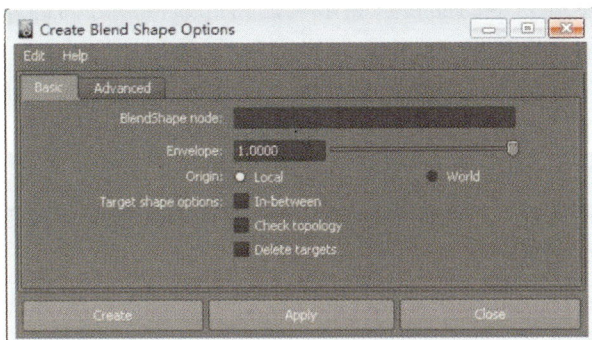

图 2-4 "Blend Shape"参数面板

BlendShape Node：设置混合变形的名称。

Envelope：设置变形作用系数。使用滑块设置 0.0000 到 1.0000 之间的值。

Origin：设置混合形状是否与基础物体的位置、旋转和缩放有关。有两个选项 Local 和 World。选择命令"Local"项时，可在基础物体形状变形为目标物体形状时，将忽略基础物体和目标物体在位置、旋转和比例之间的差异。对于面部动画的建立，一定要选择命令"Local"项。一般来讲，为了便于观察，用户可将目标物体放置在不同的位置，但不会因为位置差别而影响变形，在这种情况下，应该选择命令"Local"项。选择命令"World"项时，在变形的过程中，需要把目标物体形状和基础物体形状之间的位置、旋转和缩放之间的差别也考虑在内。

Target Shape Options：包括 In-Between、Check Topology 和 Delete Targets 三个选项。

In-Between：此项可以设置是以系列方式还是以平行方式混合。如果将此项打开，将以系列方式混合。形状的转化将按照目标物体被选择的顺序出现。混合形状的变化将从第一个目标物体开始，再到第二物体，依次进行，前后通过的一系列被链接在一起的目标物体形状都被作为"in-between"形状。如果将此项关闭，混合效果将平行出现。每一个目标物体形状可同时均衡地影响混合效果，而不是以一系列方式逐次影响混合。对于面部动画地创建，应该将此项关闭，以便形成各种面部表情。

Check Topology：设置是否检查基础形状和目标形状之间存有同样的拓扑结构。例如，如果使用 NURBS 物体，将检查是否所有的形状有同样数量的 CVs。

Delete Targets：设置在创建变形后是否删除目标形状。如果不需要观看或操作目标形状，就删除目标形状，这可以改善显示操作。

2.2.2 晶格变形

在晶格变形时，用晶格环绕可变形物体，然后操作晶格物体即可改变物体的形状。

1. 了解 Lattice 晶格变形器

晶格是一个点组织结构，可对所有的可变形物体进行自由形态变形。在创建变形效果时，可通过移动、旋转或缩放晶格结构编辑晶格，或者直接操作晶格点。晶格变形器由两部分构成：影响晶格和基础晶格。在系统默认设置下，基础晶格被隐藏起来，我们能够直观的观察到的是影响晶格。通常编辑或动画影响晶格来创建变形效果。晶格变形的效果基于基础晶格的晶格点和影响晶格的晶格点之间的差别之上的。但是，变形效果取决于影响晶格和基础晶格之间的关系。

在变形中，非常特别的一种情况是晶格本身作为可变形物体。这意味着我们可以创建影响晶格的变形。例如，可使用造型变形器变形一个晶格物体。对于晶格点的变形效果将依次影响晶格物体。通过给晶格创建簇变形，可设置晶格点的变形权重。另外，可将晶格绑定到骨骼。当移动骨骼时，晶格将随着关节运动而变形。

2. Lattice 晶格变形器的创建

晶格变形器的使用方式比较简单，配合操纵工具就可以实现的变形动画的制作，也可以进行一些模型效果的修改。

创建方法：

◆ 选择一个或多个可变形物体。

◆ 选择"Create Deformers→Lattice"命令。

◆ 这样我们就为物体添加了晶格变形器。

◆ 下面我们通过移动、旋转或缩放操纵器影响晶格点。也可以通过在 Channel Box 中修改参数达到变形的目的。

选择"Create Deformers→Lattice"命令打开"晶格变形器"的参数面板，如图 2-5 所示。

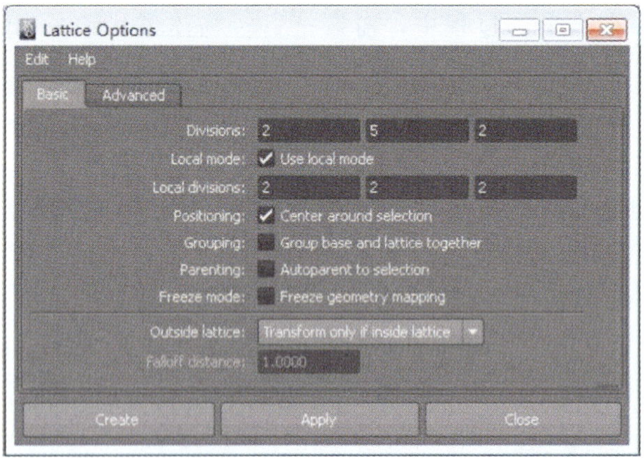

图 2-5　Lattice 参数面板

Lattice 视窗参数如下：

Divisions：使用此项可在晶格的局部 STU 空间中设置晶格的结构（STU 空间可为设置晶格结构提供一个特定的坐标系）。也可以根据 S、T 和 U 轴分割度设置晶格的结构，在设置分割度时可间接地设置在晶格中晶格点的数量。因为晶格点位于 S、T 和 U 轴分割和晶格外部相交的地方。分割的数量越高，创建的变形效果就越精确。随着晶格点数量的增加，对变形的控制也会越精确，不过这也会影响操作。在系统默认设置下，在 S、T 和 U 轴上的分割度数目分别是 2、5 和 2，提供了 20 个晶格点。

Local Mode：该项设置是否每个节点仅影响距离自己靠近的物体元素，或者可以影响所有的可变形物体点。

Local Divisions：当选中 Local Mode 项时可在晶格局部 STU 空间中设置每个晶格

局部影响的延展(只有当 Local Mode 打开时才是有效的)。在默认设置下,T、U、V各有两个分割度。如果使用默认设置,那么每个晶格点只能影响到晶格点最多有 2 个分割度的可变形物体的点。

Positioning:选中此选项时,可以设置是否晶格显示在选择物体的中心,或者,晶格物体显示在场景的原点处。在一般情况下,在创建变形后,用户可能想让晶格以变形物体的中心环绕物体,以便创建正确的变形效果。然而,在有些情况下,开始时,物体不受晶格影响,仅当物体通过基础晶格空间时才变形。例如,创建一个鬼魂(可变形物体),使其在锁孔状影响晶格中穿过,到门的另一侧后再恢复它的原始形状。打开该项可使晶格居中,关闭该项使晶格位于工作空间的原点,默认设置是打开。

Grouping:设置是否要把基础晶格和影响晶格组合在一起,这样可以使用户将这两个晶格一起变换(移动、旋转或缩放)。此项可被打开或关闭,在系统默认设置下,该项是关闭的:影响晶格和基础晶格不成组。

Parenting:此项可设置是否要使晶格作为被变形物体的子物体,这样可以将这两个晶格一起移动、旋转或缩放。可将此项打开或关闭。

Freeze Mode:此项设置是否要冻结晶格变形映射,如果进行冻结(打开该项),那么在影响晶格内部的被变形物体的原素在晶格中保持固定不变并且只能被影响晶格影响,即使变换(移动、旋转或缩放)物体或基础晶格,物体仅受影响晶格的影响。

2.2.3　Wrap 包裹变形器

包裹变形可使用 NURBS 表面、NURBS 曲线或多边形表面变形可变形物体。

1. 了解 Wrap 包裹变形器

包裹变形是指包裹变形器作用于 NURBS 曲线、NURBS 表面、多边形表面(网眼)和晶格变形的晶格等可变形的物体。当创建包裹影响物体时,Maya 会对变形物体制作一份拷贝,将它用作变形的基础物体。那么基础物体和包裹影响物体在位置、方向或形状的差别决定了受包裹变形影响表面的形状。包裹变形可包括一个或多个变形物体。我们将经常使用几个包裹影响物体去创建变形效果。也可使用同一个包裹影响物体影响一个或多个可变形物体。

2. Wrap 包裹变形器的创建

在创建包裹变形之前,至少需要创建作为影响物体的包裹物体的两个物体。

创建方法:首先,选择要变形的物体;然后,选择要用作包裹影响物体的单个物体或成组物体;选择"Create Deformers→Wrap"命令。这样我们就为要变形的物体创建包裹变形。

提示:但是需要注意的是 Maya 也为每个包裹影响物体创建包裹基础物体,但是这些包裹基础物体由于系统默认设置而将它们隐藏,我们可以在 Outliner 中找到它们。

通过移动、旋转或缩放工具我们可以对物体进行变形操作。也可以通过在 Channel Box 中修改参数达到变形的目的。

选择"Create Deformers→Wrap"命令打开"包裹变形器"的参数面板,如图 2-6所示。

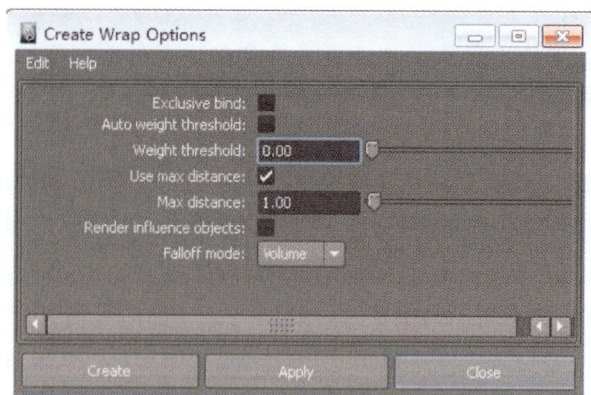

图 2-6 "Wrap"参数面板

"Wrap"视窗参数如下：

Exclusive bind：勾选该项将会关闭包裹变形影响的阈值设定。

AutoWeight Threshold：勾选该项将自动设置包裹变形的影响阈值。

Weight Threshold：设置包裹影响物体形状的影响阈值，这要基于被变形物体和包裹影响物体形状的接近程度。根据包裹影响物体的点密度，比如 CVs 点的数量，改变 Weight Threshold 可以改变整个变形物体的平滑效果。

Use Max Distance：勾选该项将允许设置 Max Distance 值。

Max Distance：设置包裹影响物体点的影响区域。通过使用 Max Distance 限制影响区域，可以限制 Maya 在操作变形时所需要的内存。内存需要越少，操作越好。在使用高分辨率包裹影响物体时，使用"Max Distance"项是很有用的。

Render Influence objects：勾选该项将渲染输出包裹影响物体。

Falloff mode：衰减模式。包括两种类型 Volume 和 Surface。

2.2.4 Cluster 簇变形器

一个簇变形创建一个组，组中的元素是由选择的点，如 NURBS 的 CVs 控制点、多边形顶点或晶格点等组成。我们可为每一个点设置百分比权重，当使用变换工具，如移动、旋转和缩放等工具变换簇变形时，簇变形组中点因权重的百分比不同，而发生不同程度的改变。

1. 了解 Cluster 簇变形器

使用簇变形器变换几何体的点，如：NURBS 的 CVs、多边形顶点或晶格点等时，可调节每一个点受变换影响程度的百分比。当我们以不同的程度影响几何体时，使用簇变形器是非常需要的。例如，我们可以使用簇变形器制作面部表情眉毛或额头的变形效果。

2. Cluster 簇变形器的创建

当创建簇变形时，可先设置创建选项后创建变形或者使用当前的创建选项立即创建变形。

创建方法：

◆ 选择一个或多个可变形物体。物体可以是 NURBS 的 CVs、多边形顶点或晶格点等。

◆ 选择"Create Deformers→Cluster"命令。这时在簇变形器会以一个 C 字母显示。

◆ 选择"Create Deformers→Cluster"命令打开"簇变形器"的参数面板，如图 2-7 所示。

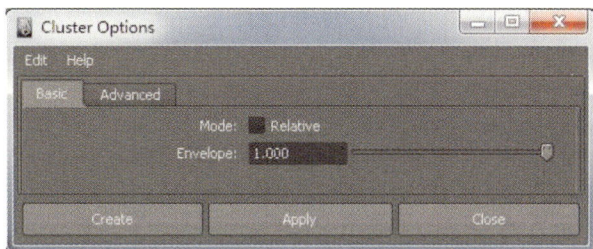

图 2-7　Cluster 参数面板

Cluster 视窗有如下参数。

Mode：设置是否仅当簇变形手柄自身被进行移动、旋转或缩放等操作时簇变形才起作用。当 Relative 被打开时，仅簇变形自身的变换才引起变形效果。在 Relative 模式下，手柄父物体的变换将不会影响变形效果。当此项关闭时，簇变形手柄的父物体的变换将影响变形效果。

Envelope：设置变形作用系数。值为 0 时，没有提供变形效果，值为 0.5 时所提供的变形效果将压缩为全部变形效果的一半，值为 1 时，提供全部的变形效果。使用滑块可以选择 0 到 1 之间的数值。

2.2.5　非线性变形器

非线性变形器中包括了 Bend（弯曲）、Flare（扩张）、Sine（正弦）、Squash（挤压）、Twist（旋转）、Wave（水波）六种变形器，如图 2-8 所示。

图 2-8　非线性变形器

1. 了解非线性变形器

Bend（弯曲）变形器：使用弯曲非线形变形，可沿一段弧弯曲物体。

Flare（扩张）变形器：非线形扩张变形可沿两条轴扩张或细化物体。

Sine（正弦）变形器：正弦变形沿正弦曲线改变物体的形状。

Squash（挤压）变形器：挤压变形可挤压和拉伸物体。

Twist（旋转）变形器：螺旋变形可扭曲物体的形状。

Wave（水波）变形器：波形变形基于一个沿圆形循环的正弦曲线变形物体，创建波

纹效果。

2. 非线性变形器的创建

创建方法：

◆ 选择要变形的物体。

◆ 选择"Create Deformers→Nonlinear→"命令创建非线性变形器。这时我们看到在物体上会产生对应的变形器物件。

◆ 在 Channel Box 中调整参数来产生变形效果。

非线性变形器视窗有如下参数。

(1)Bend(弯曲)变形器

选择"Create Deformers→Nonlinear→Bend"命令打开"弯曲变形器"的参数面板，如图 2-9 所示。

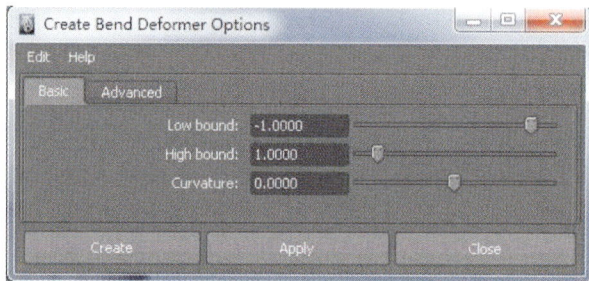

图 2-9 "Bend"参数面板

Low Bound(下限)：设置弯曲变形 Y 轴负向的下限位置。

High Bound(上限)：设置沿弯曲变形 Y 轴正向设置弯曲的上限位置。

Curvature(曲率)：设置弯曲的数量。负值设置弯曲向着弯曲变形的 X 轴的负方向弯曲；正值设置向着弯曲变形的 X 轴的正方向变形。

(2)Flare(扩张)变形器

选择"Create Deformers→Nonlinear→Flare"命令打开"扩张变形器"的参数面板，如图 2-10 所示。

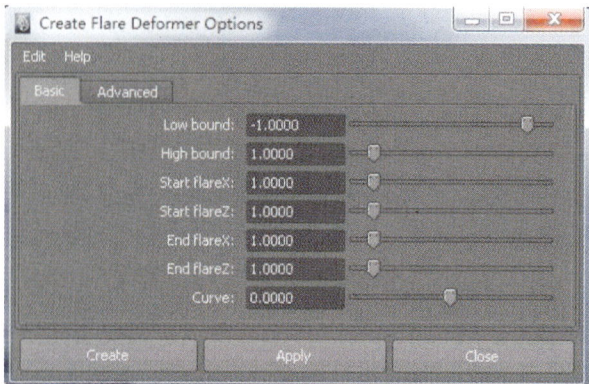

图 2-10 "Flare"参数面板

Start Flare X(开始扩张轴 X)：设置变形在下限位置沿 X 轴的扩张或细化数值。变形作用沿物体局部 X 轴方向，随曲线值变化。

　　Start Flare Z(开始扩张轴 Z)：设置变形在下限位置沿 Z 轴的扩张或细化值。变形作用沿物体局部 Z 轴方向，随曲线值变化。

　　End Flare X(结束扩张轴 X)：指定变形在上限位置沿 X 轴作用的范围。变形作用从 Low Bound 开始，沿物体局部 X 轴方向逐步的发挥作用，直到 High Bound，在此过程中变形的作用随曲线值而变化。

　　End Flare Z(结束扩张轴 Z)：指定变形在上限位置沿 Z 轴作用的范围。变形作用从 Low Bound 开始，沿物体局部 Z 轴方向逐步的发挥作用，直到 High Bound，在此过程中变形的作用随曲线值而变化。

　　Curve(曲线)：设置在下限和上限之间曲线曲率的数量(扩张曲线的侧面)。值为 0 时，没有弯曲(线形插补)，取正值时，曲线向外凸起；取负值时，曲线向内凹陷。

　　(3)Sine(正弦)变形器

　　选择"Create Deformers→Nonlinear→Sine"命令打开"正弦变形器"的参数面板，如图 2-11 所示。

　　Amplitude(振幅)：设置正弦曲线的振幅(波的最大数量)。

　　Wavelength(波长)：设置沿变形的局部 Y 轴的正弦曲线频率。频率值增大，将减少波长；频率减小，波长增大。

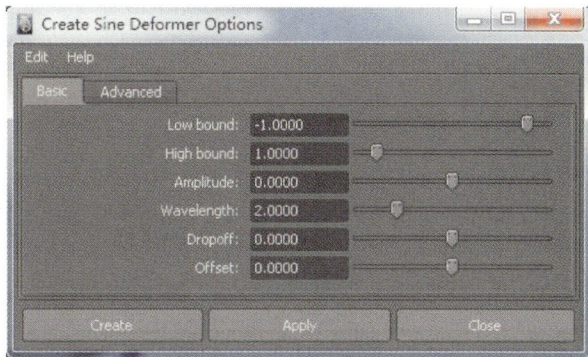

图 2-11　"Sine"参数面板

　　Dropoff(衰减)：设置振幅的衰减方式。负值设置向变形手柄的中心衰减，正值设置从变形手柄中心向外衰减。

　　Offset(偏移)：设置正弦曲线与变形手柄中心的位置关系。改变该值可创建扭动效果。

　　(4)Squash(挤压)变形器

　　选择"Create Deformers→Nonlinear→Squash"命令打开"挤压变形器"的参数面板，如图 2-12 所示。

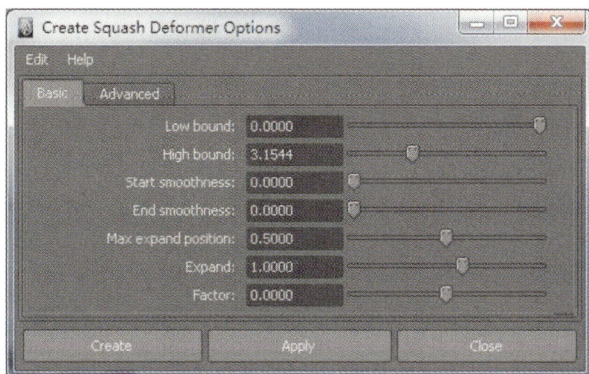

图 2-12　"Squash"参数面板

Start Smoothness(初始平滑值)：设置下限位置的初始平滑数量(沿变形的局部负向轴)。

End Smoothness(终点平滑值)：设置上限位置的初始平滑数量(沿变形的局部负向轴)。

Max Expand Position(最大极限位置)：设置上限位置和下限位置之间最大扩展范围的中心。

Expand(扩张)：此项设置的是：挤压时设置向外的扩张值，拉伸时设置向内的压缩值。

Factor(系数)：设置挤压或拉伸的数值。增加负值设置沿变形的局部 Y 轴挤压；增加正值设置沿变形的局部 Y 轴拉伸。

(5)Twist(旋转)变形器

选择"Create Deformers→Nonlinear→Twist"命令打开"旋转变形器"的参数面板，如图 2-13 所示。

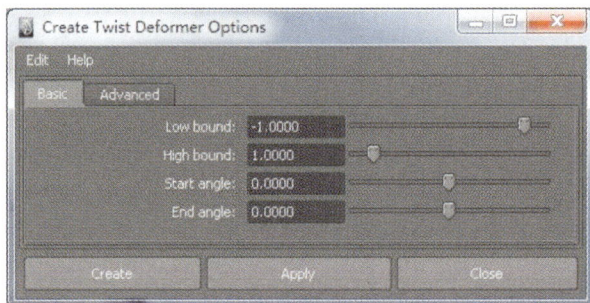

图 2-13 "Twist"参数面板

Start Angle(开始角度)：设置变形在物体的局部 Y 轴负向下限位置的扭曲度数。

End Angle(结束角度)：设置变形在物体的局部 Y 轴正向上限位置的扭曲度数。

(6)Wave(水波)变形器

选择"Create Deformers→Nonlinear→Wave"命令打开"水波变形器"的参数面板，如图 2-14 所示。

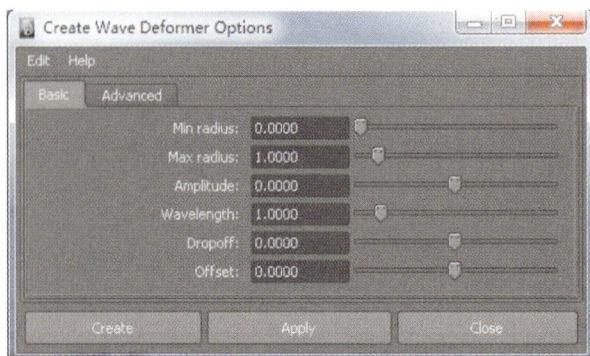

图 2-14 "Wave"参数面板

Min Radius(最小半径)：设置圆形正弦曲线最小半径。

Max Radius(最大半径)：设置圆形正弦曲线最大半径。

Amplitude(振幅)：设置正弦曲线振幅。

Wavelength(波长)：设置正弦曲线的频率。减小波长可增加频率；增大波长可降低频率。

Dropoff(衰减)：设置振幅衰减方式。负值设置向变形手柄的中心衰减(最小值是－1)，正值设置从变形手柄的中心向外衰减(最大值是1)。

Offset(偏移)：设置正弦曲线相对于变形手柄中心的位置。改变此值可创建波纹效果。

2.2.6　雕刻变形器

使用雕刻变形时，可使用称为雕刻球的球形影响物来变形物体，变形的方式就像是在物体表面进行雕刻一样。

1. 了解雕刻变形器

雕刻变形器使用于创建各种类型的圆形变形效果。例如，在设置角色的面部动画时，可使用雕刻变形控制人物下巴、眉毛或面颊的动作。

雕刻变形器是通过操纵球形线架物体来创建变形效果。雕刻球的变形作用取决于雕刻变形的模式。雕刻变形模式包括翻转、投影和拉伸三种。

翻转模式：在翻转模式中，在雕刻球的中心有一个隐含的定位器，当雕刻球靠近几何体时，变形起作用。

投影模式：在投影模式中，雕刻变形将几何体投影到雕刻球的表面。

拉伸模式：在拉伸模式中，当将雕刻球从几何体表面移开时，几何体被影响表面伸长或突起以与雕刻球保持在一起。

2. 雕刻变形器的创建

创建方法：

◆ 选择一个或多个可变形物体。

◆ 选择"Create Deformers→Sculpt Deformer"命令。这时在物体上创建了一个雕刻球。

◆ 选择雕刻球，可以通过移动、旋转、缩放等操作对物体进行变形操作，也可以通过在 Channel Box 中修改参数达到变形的目的。

选择"Create Deformers→Sculpt Deformer"命令打开"雕刻变形器"的参数面板，如图 2-15 所示。

"Sculpt Deformer"视窗有如下参数。

Mode(模式)：设置雕刻变形的模式。选择 Flip 模式、Project

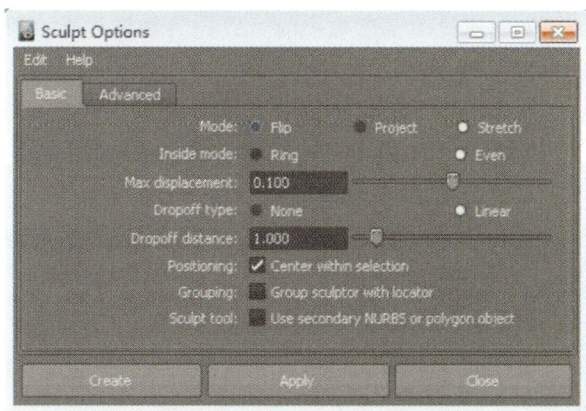

图 2-15　"Sculpt Deformer"参数面板

模式或 Stretch 模式。

Inside Mode(内部模式)：设置位于雕刻球内部的影响可变形物体点的变形方式。有两种模式：Ring 模式将内部的点推到雕刻球的外部，环绕球体创建环状效果。Even 模式环绕球体均衡的伸展内部点，创建平滑、球形的效果。

Max Displacement(最大置换度)：设置在球体的表面，雕刻球可推动可变形物体点的距离。

Dropoff Type(衰减类型)：设置造型球影响范围的衰减方式。None 设置没有逐渐的衰减过程，提供一个突然下降的效果。Linear 设置逐渐的衰减，提供一个线形下降效果。

Dropoff Distance(衰减距离)：设置雕刻球的影响范围。

Positioning：设置雕刻球的位置。勾选"Positioning"项，将雕刻球定居在可变形物体的中心。将"Positioning"关闭，把雕刻球放置在工作空间原点。

Grouping：如果建了一个拉伸雕刻变形(模式为 Stretch)，可选择是否将拉伸原始定位器和雕刻球放在一组中。打开此项，将雕刻球和拉伸原始定位器成组。默认设置为关闭。

Sculpt tool：勾选该项，我们可以对 NURBS 或多边形的雕刻工具进行雕刻变形。

2.2.7 Jiggle 抖动变形器

抖动变形为物体移动、加速、减速时可以根据物体表面或曲线上的点产生颤动。

1. 了解 Jiggle 抖动变形器

抖动变形可以为物体上的点适当的添加抖动效果。比如物体突然加速或者突然停止，虽然动画已经结束，但是物体上被添加抖动变形的点由于受到惯性作用，仍然会有抖动。适当地为物体添加颤动变形，可以使动画更加生动有趣。比如一个胖子在做动作的时候，肚子上的肉也跟着身体颤动，这种效果就可以用颤动变形来实现。

2. Jiggle 抖动变形器的创建

抖动变形变形器的创建与其他变形器的创建略有不同，抖动变形效果创建后需要通过播放动画来观察。

创建方法：

◆ 创建抖动变形效果前可以先为物体建立一段动画。当然，动画也可以在创建变形效果以后再创建。

◆ 选择可变形物体或可变形物体的点元素。

◆ 选择"Create Deformers→Jiggle Deformer"命令。

◆ 单击 Play 播放动画观察抖动变形效果。

选择"Create Deformers→Jiggle Deformer"命令打开"抖动变形器"的参数面板，如图 2-16 所示。

Jiggle Deformer 视窗参数如下：

Stiffness(刚性)：决定了抖动的柔软程度。取值 0 表示抖动柔软，取值 1 抖动硬度最大。

Damping(阻力)：模拟空气中的摩擦力对抖动的影响。阻力值越大抖动感越弱。

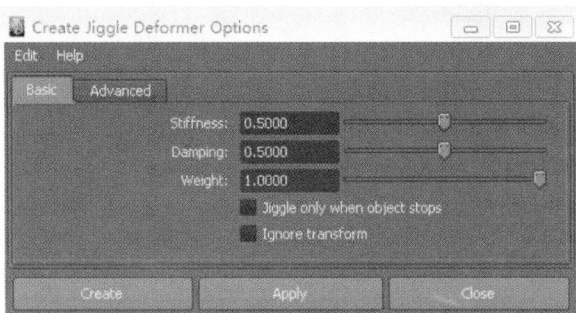

图 2-16 "Jiggle Deformer"参数面板

Weight(权重)：该项属性可以控制抖动在物体的什么部分产生作用。可以选择"Edit Deformers→Paint Jiggle Weight Tool"命令进行抖动权重的绘制。

Jiggle Only when object stops：勾选该项，决定了抖动在物体运动停止后产生。

Ignore transform：抖动仅仅应用在动画的点上，而不是物体运动节点上。

3. 创建和删除抖动缓存

选择"Create Deformers→Jiggle Disk Cache"命令创建缓存。创建缓存有利于复杂场景的缓慢播放。缓存创建后可以在时间条上查看任何一帧播放情况，如果没有缓存必须从开始帧播放查看效果。

选择"Create Deformers→Jiggle Disk Cache Attributes"命令，显示 Attribute Editor(编辑属性)，在 Control For All Caches 下单击"Delete All Caches"或从 Enable Status 选择"Disable All"命令，从而删除抖动缓存。

2.2.8 Wire 线性变形器

线变形就像雕刻家造型使用的刻刀，使用线变形时，可用一条或多条 NURBS 曲线改变物体的形状关于线性变形的例子。

1. 了解 Wire 性形器

线变形可使用一条或多条 NURBS 曲线来改变可变形物体的形状。在角色的创建中，对建立嘴唇和眉毛变形是特别有用的。线变形在建模过程中对于制作 NURBS 或多边形物体也是非常有用的。

下面了解线性变形器的几个概念。

(1)影响线和基础线：用于创建变形的 NURBS 曲线称为影响线。在创建线变形中，还有一种曲线，称为基础线，是为每一条影响线创建的。变形效果取决于影响线和基础线之间的差别。

(2)Holders(夹具)：夹具是用于限制变形范围的曲线。可对夹具进行移动、旋转或缩放操作，也可编辑夹具的形状。移动、旋转、缩放或编辑夹具可改变变形效果。

(3)线衰减定位器：使用线衰减定位器，可沿变形曲线创建局部变形效果。

2. Wire 线性变形器的创建

可使用 Wire Tool 创建线变形。线变形的特征取决于 Wire Tool 的设置。在系统默认设置下，Wire Tool 创建的线变形带有夹具。可设置"Wire Tool"选项，创建含有一

个或多个影响曲线和夹具的线变形。

有如下创建方法。

(1)创建不带夹具的线变形：

◆　在 Wire Tool 的参数面板中确定 Holders 未被勾选。

◆　为得到较好的效果，在可变形物体上或可变形物体附近，创建要用作影响线的曲线。

◆　选择"Create Deformers→Wire Tool"命令。这时，鼠标变为十字形图标，现在可使用 Wire Tool 创建线变形。

◆　选择要变形的物体，按下"Enter"键。

◆　选择要用作影响线的所有曲线。

◆　按下"Enter"键，完成线变形器的创建。

(2)创建带夹具的线变形：

◆ 在 Wire Tool 的参数面板中确定 Holders 被勾选。

◆ 在可变形物体上或可变形物体附近，创建要用作影响线的曲线。

◆ 在可变形物体上或可变形物体附近，创建要用作夹具的曲线。

◆ 选择"Create Deformers→Wire Tool"命令。鼠标变为十字形状，并且线工具图标显示在小工具架上。现在，可以使用线工具的当前设置创建线变形。

◆ 选择要变形的物体，按下"Enter"键。

◆ 选择要用作影响线的曲线，按下"Enter"键。

◆ 对想设置给影响线的每条夹具，可选择夹具曲线，按下"Enter"键。如果不想将任何夹具设置给影响线，选择空闲区按下 Enter，清除选项列表。

◆ 当已经为影响线选择了夹具，在工作空间空闲区单击，按"Enter"键清除选项列表。

◆ 对要创建的每一条影响线，重复步骤 6 到步骤 8 的过程。

◆ 当准备创建线变形时，在工作空间的空闲空间单击，并按"Enter"键清除选项列表。

选择"Create Deformers→Wire Tool"命令打开"抖动变形器"的参数面板，如图 2-17 所示。

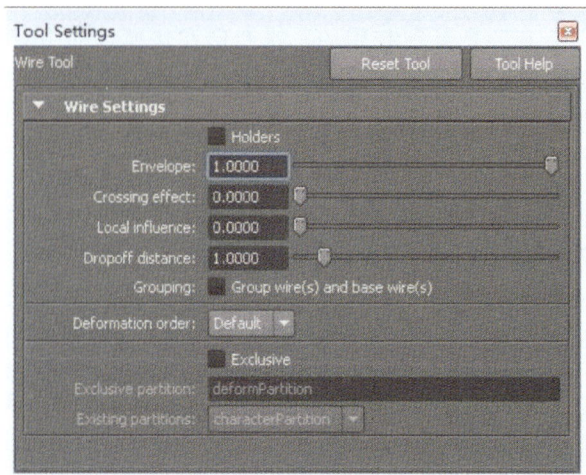

图 2-17　"Wire Tool"参数面板

"Wire Tool"视窗有如下参数。

Holders(夹具)：此选项确定创建的线变形是否带有夹具。

Envelope：设置变形缩放系数。

Crossing Effect(交错效果)：设置两条影响线交错处的变形效果的振幅。

Local Influence(局部效果)：设置两个或多个影响线变形作用位置。

Dropoff Distance(衰减距离)：设置每条影响线影响的范围。

Deformation Order(变形顺序)：此项设置在可变形物体历史上变形节点的放置方式。放置的选项包括 Default、Before、After、Split 或 Parallel。Default 将变形放在当前最后形状节点的上游；Before 放置变形到当前最后形状节点的上游；After 将变形放置在当前最后形状节点的下游，并创建一个新的最后形状节点；Split 将上游变形历史分为两个分离的变形链，提供了源于同一个可变形物体的两种最后形状；Parallel 创建一种最后形状，它将物体上游历史节点和新变形节点平行混合。

Grouping：将用来产生变形的线成组。

Exclusive：设置变形组是否在一个分区。

Exclusive Partition：设置分区的名称。

Existing Partitions：设置现有的分区。

2.2.9　Wrinkle Tool 褶皱变形器

褶皱变形包括簇变形和一个或多个线变形。褶皱变形对于建立细致的皱纹效果是非常有用的。

1. 了解 Wrinkle Tool 褶皱变形器

褶皱变形提供了线变形簇。可通过控制整个的线变形簇或操纵单个线变形创建变形效果。由于褶皱变形是簇变形和一个或多个线变形的联合，所以动画褶皱变形包括动画簇变形属性和线变形属性而不是褶皱变形属性。

要褶皱单个 NURBS 表面，可使用三种类型褶皱变形：射线褶皱、切线褶皱和自定义褶皱。

(1)射线褶皱变形：射线褶皱变形组合了从单个点分支的影响线，像车轮上的轮辐。射线变形仅能变形单个的 NURBS 表面。

(2)切线褶皱变形：切线褶皱变形组合了大致平行的影响线。一个切线褶皱仅能变形一个单个 NURBS 表面。

(3)自定义褶皱变形：自定义褶皱变形所组合的影响线是根据要达到的变形效果，以最适合变形效果的方式创建的影响线。自定义褶皱变形以变形一个独立的或多个 NURBS 表面。自定义褶皱变形还可以变形多边形表面和晶格点。也就是说，自定义变形褶皱可变形任意的可变形物体。

2. Wrinkle Tool 褶皱变形器的创建

创建方法：

◆ 选择一个或多个可变形物体。

◆ 选择"Create Deformers→Wrinkle Tool"命令。表面的 UV 区高亮显示，允许我们为造形表面影响线簇。

◆ 可使用鼠标中键，制定 UV 区域。拖动鼠标每条边中间的圆环可进行区域地缩放；使用角上圆点可旋转区域；使用 UV 区域中间的圆点可移动区域。

◆ 当 UV 区域适合可变形物体的面积时，按下"Enter"键，C 形图标是褶皱变形的簇变形手柄。可以通过移动、旋转和缩放操纵器进行变形。

选择"Create Deformers→Wrinkle Tool"命令打开"抖动变形器"的参数面板，如图 2-18 所示。

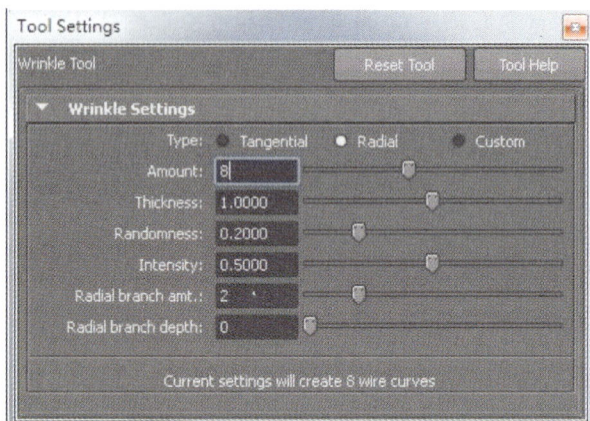

图 2-18 "Wrinkle Tool"参数面板

"Wrinkle Tool"视窗有如下参数。

Type(类型)：设置褶皱变形类型。选择命令"Tangential"(切线)、"Radial"(射线)或"Custom"(自定义)。系统默认设置是 Radial(射线)。

Amount(线数量)：设置褶皱变形中父影响线的数量。

Thickness(稠密度)：设置表面衰减，它是指每条影响线影响的区域。

Randomness(随机性)：设置褶皱变形如何紧密地符合被设置的 Amount、Intensity、Radial Branch Amount、和 Radial Branch Depth。

Intensity(强度)：设置影响线创建折痕的锐化程度。最小值是 0，设置光滑的折痕。最大值 1，设置尖锐、陡峭的折痕。

Radial Branch Amount(射线分支数量)：设置子影响线的数量，子影响线分支于每条父影响线。仅使用于射线褶皱变形。

Radial Branch Depth(射线分支深度)：设置影响线层级的深度，它是子影响线级别的数量。增加 Radial BranchDepth 指数，可以增加影响线的总数量。仅适用于射线包裹变形。

▶ 2.3 变形动画项目实战

2.3.1 混合变形器动画

1. 项目分析

表情动画是一种我们比较常见的动画形式。本项目主要通过将制作好的人物头像模型复制成若干个，然后将复制的模型根据需要调整出不同的口型效果，最后通过

Blend Shape 混合变形器制作动画。

日常生活中我们每个人都离不开喜、怒、哀、乐等表情。角色面部表情是通过眼、眉、嘴和面部肌肉变化来表现情绪状态，如图 2-19 所示。

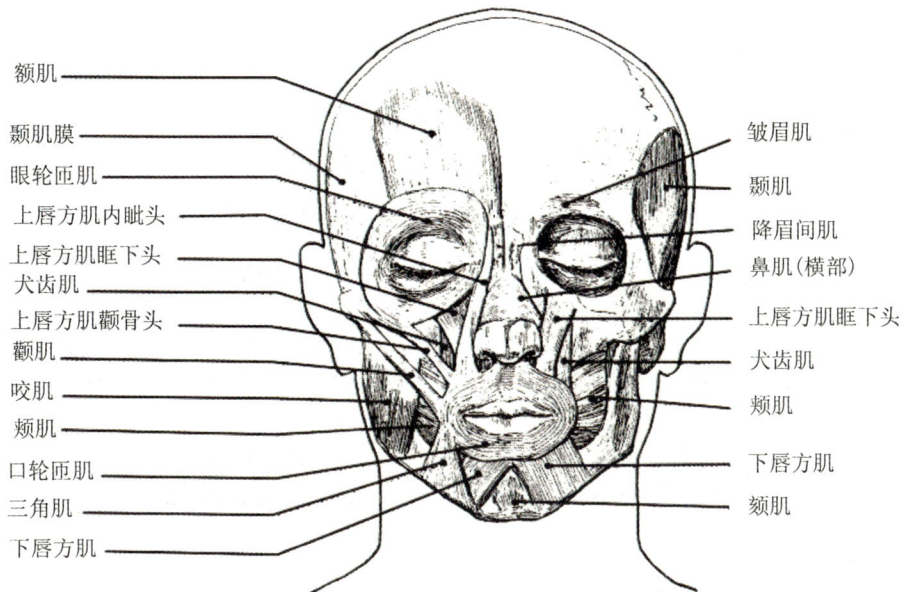

图 2-19　面部肌肉

角色的眼神变化是面部表情最重要的体现，其次，是嘴角和眉头肌肉的变化。角色面部可以表现出成千上万种且微妙的表情，而且表情的变化十分迅速、快捷和细致，能够真实、准确地反映情感，传递信息。角色面部所表现出的各种各样的情感，最能吸引观众的注意，产生情感的交流。因此，大家需要通过多加观察和练习来熟悉不同的肌肉变化产生的不同表情特征。

2. 项目实战

步骤一：打开一个制作好的人物头像模型，如图 2-20 所示。并按下"Ctrl＋D"组合键复制几个头像模型。

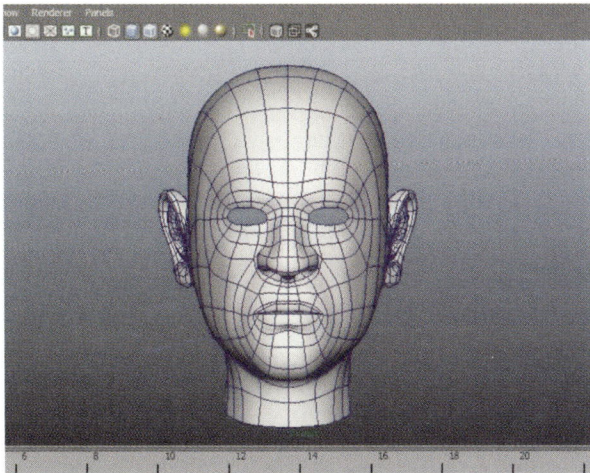

图 2-20　人物头像模型

接下来，我们可以通过调整模型点、边、面的元素制作出各种口型特征的模型。我们通过调整多边形点元素产生如图 2-21 所示的三种口型特征。这里我们主要是讲述制作表情动画的方法，大家可以根据需要自己添加各种不同的表情细节。

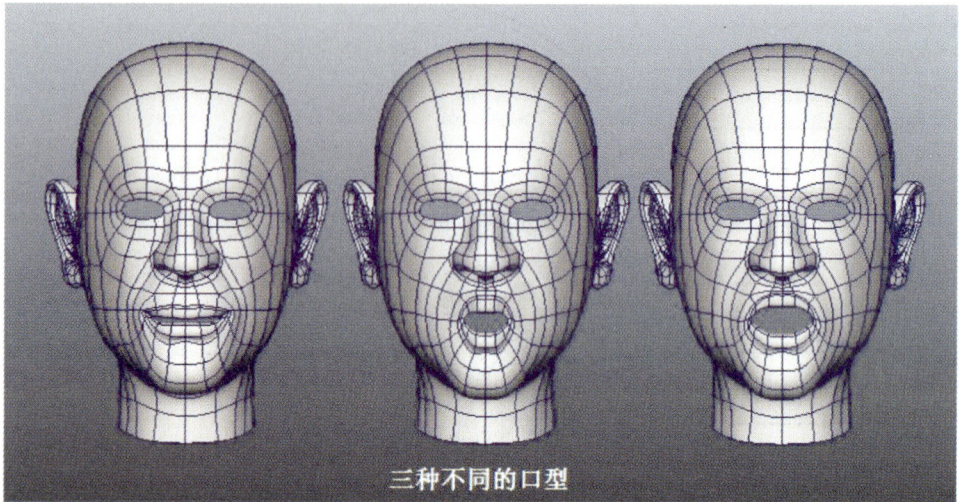

图 2-21   几种口型

注意给调整好的模型进行命名，这样可以有助于我们后面的具体制作。从左到右根据口型的发音特征我们可以将模型依次命名为"E"、"O"、"A"。

步骤二：依次选择模型"E"、"O"、"A"作为混合变形的目标模型，再选择图 2-20 所示的原始模型物体作为融合混合变形的基础模型。选择"Create Deformers→Blend Shape"命令打开"混合变形器"的参数面板，设置如图 2-22 所示。单击"Create"按钮完成混合变形。制作好混合变形后将目标模型隐藏起来。

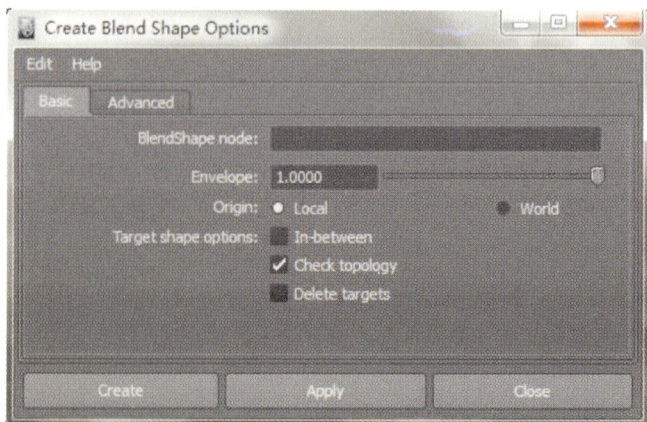

图 2-22   混合变形参数设置

步骤三：选择"Window→Animation Editors→Blend Shape"命令打开"混合变形"控制窗口，如图 2-23 所示。

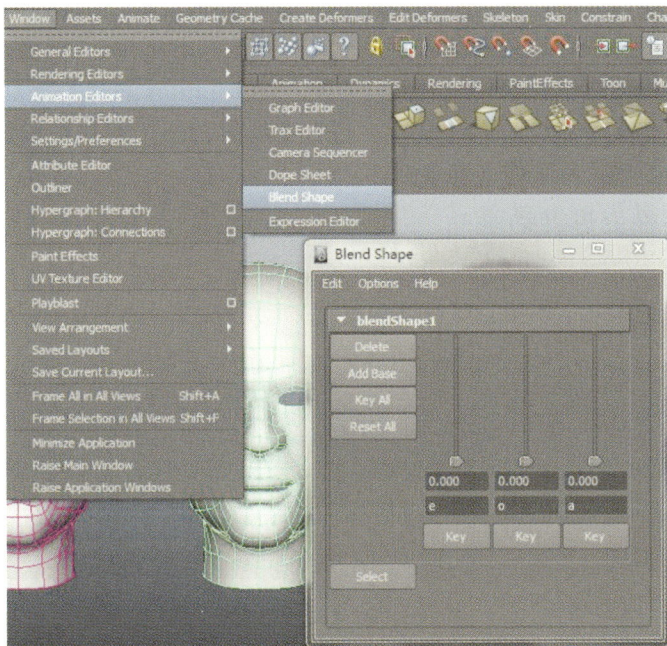

图 2-23　混合变形控制窗口

在"Blend Shape"窗口中，我们可以通过添加关键帧来制作动画，在时间控制栏中设置好具体的时间长度，拖动"Blend Shape"窗口中的滑块，此时我们可以看到基础模型产生的变形效果，如图 2-24 所示。

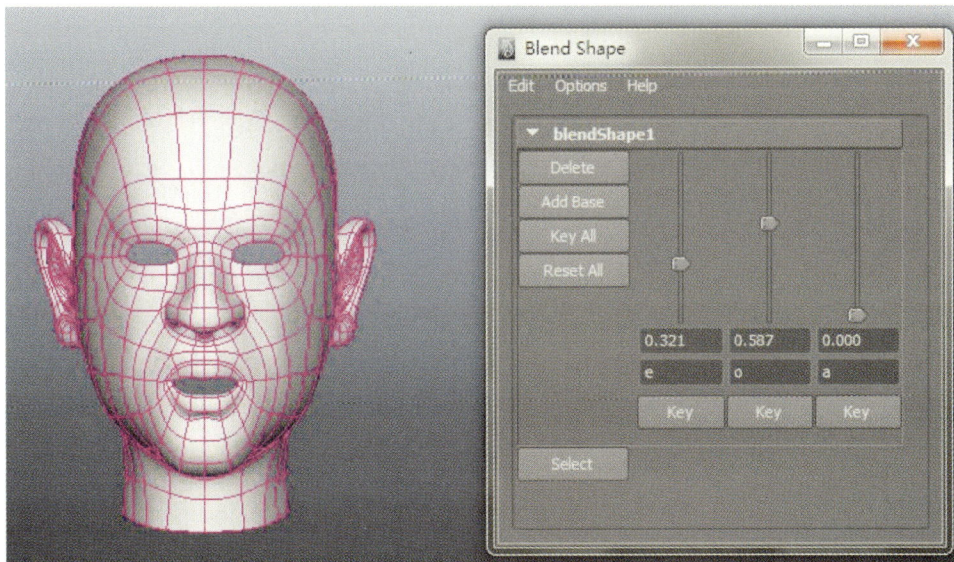

图 2-24　基础模型产生的变形效果

单击"Blend Shape"窗口中的"Key"按钮可以为当前口型建立关键帧。拖动时间滑块改变时间帧，再次调整"Blend Shape"窗口中的滑块改变口型，单击"Key"按钮记录

关键帧。按照同样的方法，不断调整并建立关键帧来制作出一段说话的动画效果。注意在调整的过程中控制好时间是非常重要的。由于 Blend Shape 也是通过建立关键帧的方式来完成动画的创建，因此我们也可以通过 Graph Editor 进行关键帧曲线的编辑。

至此，我们完成了口型动画的制作。这里主要是讲述了制作的方法，具体的制作需要大家通过不断的练习来体会和掌握。

2.3.2 晶格变形器动画

1. 项目分析

本项目主要是作一个使用打气筒吹出气泡的动画效果，如图 2-25 所示动画片段。

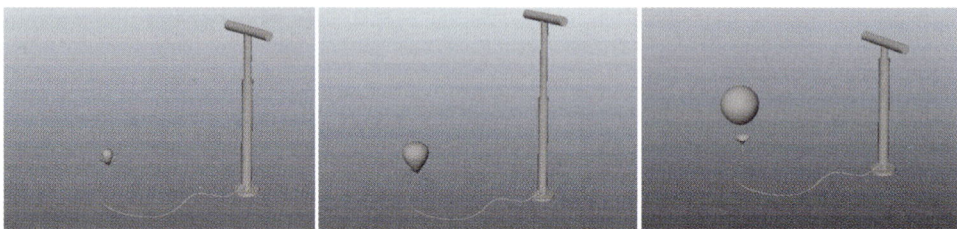

图 2-25 打气筒吹出气泡

在本项目主要是使用晶格变形器和 Bend 弯曲变形器共同作用来制作一段吹气泡的动画效果。晶格变形器主要是制作气泡由小到大的变形过程，非线性变形器中的 Bend 弯曲变形器主要是用来制作气泡摆动的效果。

2. 项目实战

步骤一：打开如图 2-26 所示场景模型。场景模型包括一个打气筒和一只出气泡的口。

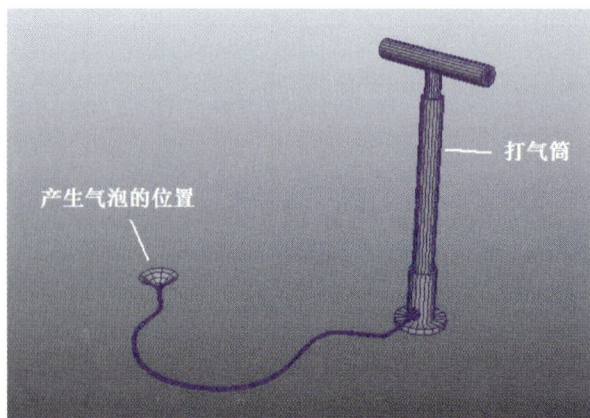

图 2-26 场景效果

选择"Create→NURBS Primitives→Sphere"命令创建一个球体，这个球体将用来制作气泡。按下"W"键使用移动工具将球体放置到气筒产生气泡位置的中心，如图 2-27 所示。

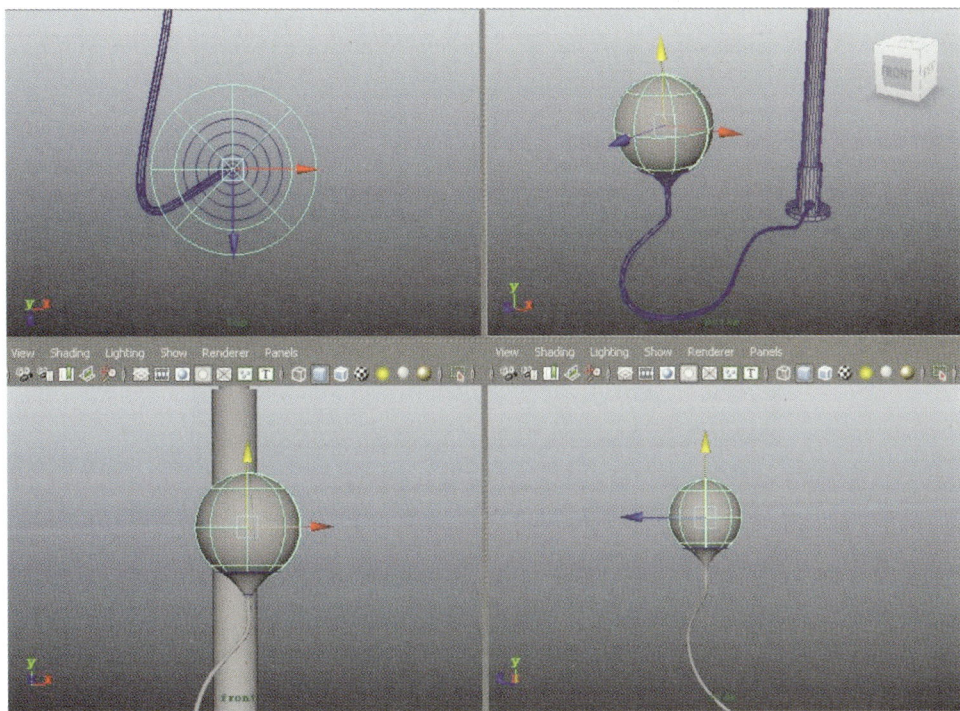

图 2-27　气泡的位置

按下"R"键使用缩放工具将球体缩放到合适的大小，如图 2-28 所示。具体大小大家可以根据自己的动画创作需要自行考虑。

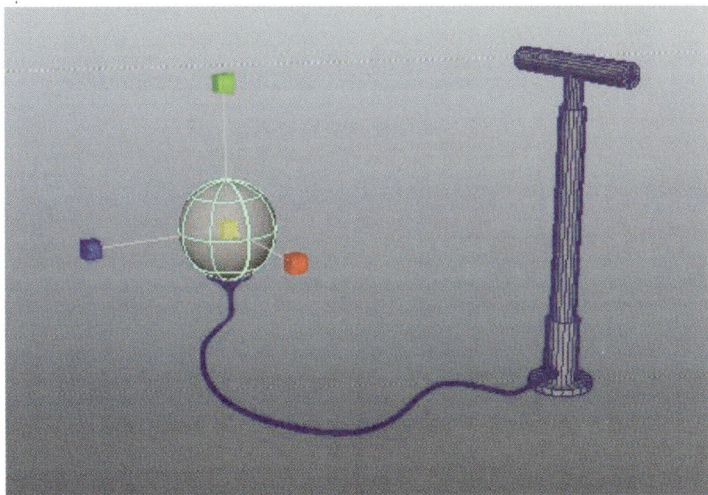

图 2-28　调整气泡的大小

步骤二：按"F2"键进入"Animation"动画模块，选择作为气泡的 NURBS 球体模型，选择"Create Deformers→Lattice"命令打开"晶格变形器"参数面板，参数设置如图 2-29 所示。单击"Create"按钮为球体创建晶格变形器，如图 2-30 所示。

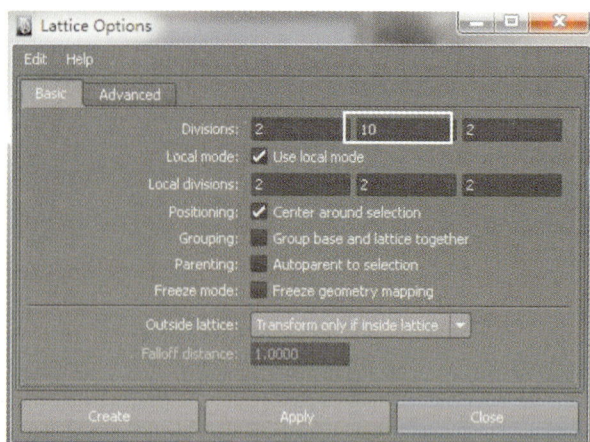

图 29　晶格变形器参数设置

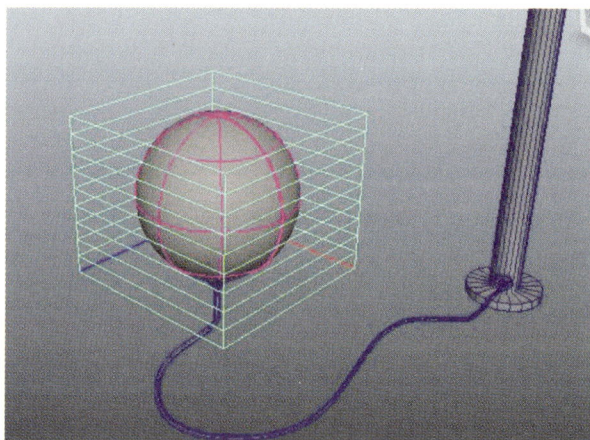

图 2-30　创建晶格变形器

　　下面我们需要对所创建的晶格变形器进行调整，选择"Window→Outliner"命令打开大纲列表，在表中我们选择晶格和基础晶格，如图 2-31 所示。按"R"键使用缩放操纵器将所选晶格沿 Y 轴进行拉伸，如图 2-32 所示效果。

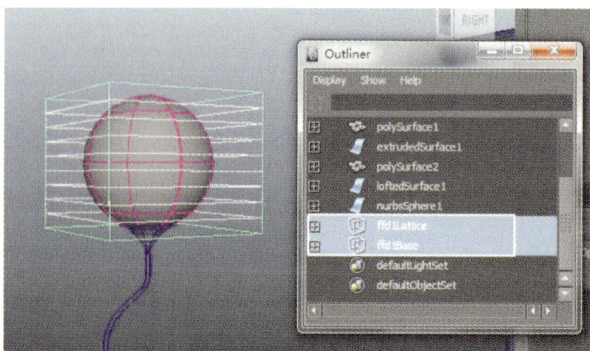

图 2-31　Outliner

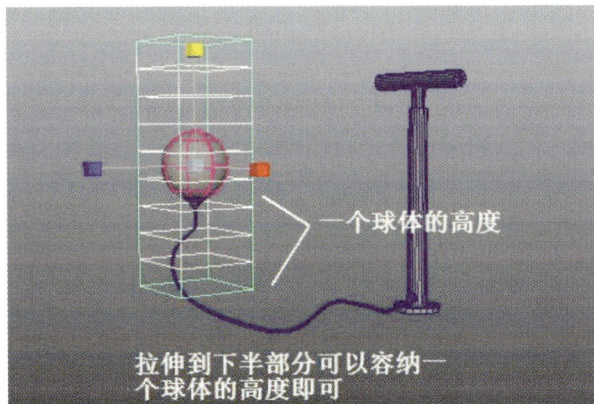

图 2-32　拉伸晶格变形器

　　下面，我们先将球体移动到晶格的下半部分，如图 2-33 所示。按下"F9"键进入点编辑模式，按"R"键使用缩放操纵器对晶格点进行编辑，编辑的结果如图 2-34 所示。这里要说明的一点是编辑晶格的目的在于将球体隐藏起来。

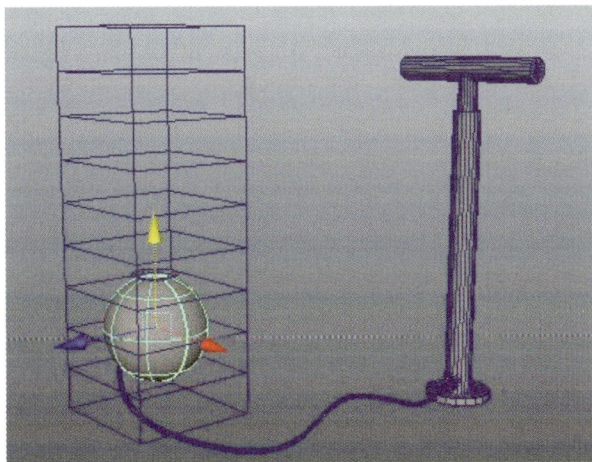

图 2-33　移动球体

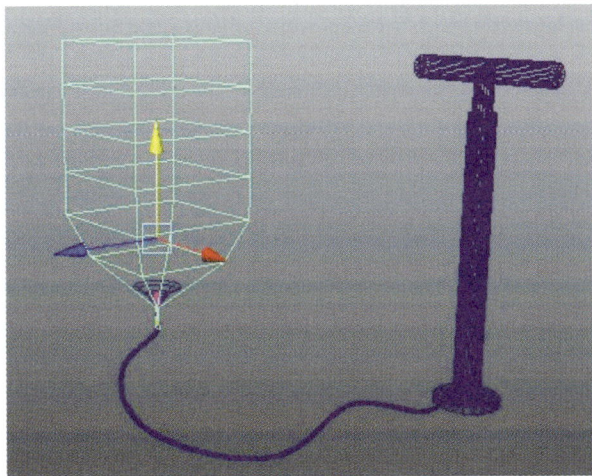

图 2-34　编辑晶格

步骤三：编辑好晶格变形器后我们开始动画的制作。选择打气筒的把手按"Ctrl＋A"组合键打开"属性编辑器"选择"bashou"选项卡，在选项卡中选择命令"Limit Information"选项中的"Translate"项。在 Trans LimitY 中设置参数，如图 2-35 所示。这样我们就可以对把手的上下移动的位移进行限制，有利于我们进行动画的设置。

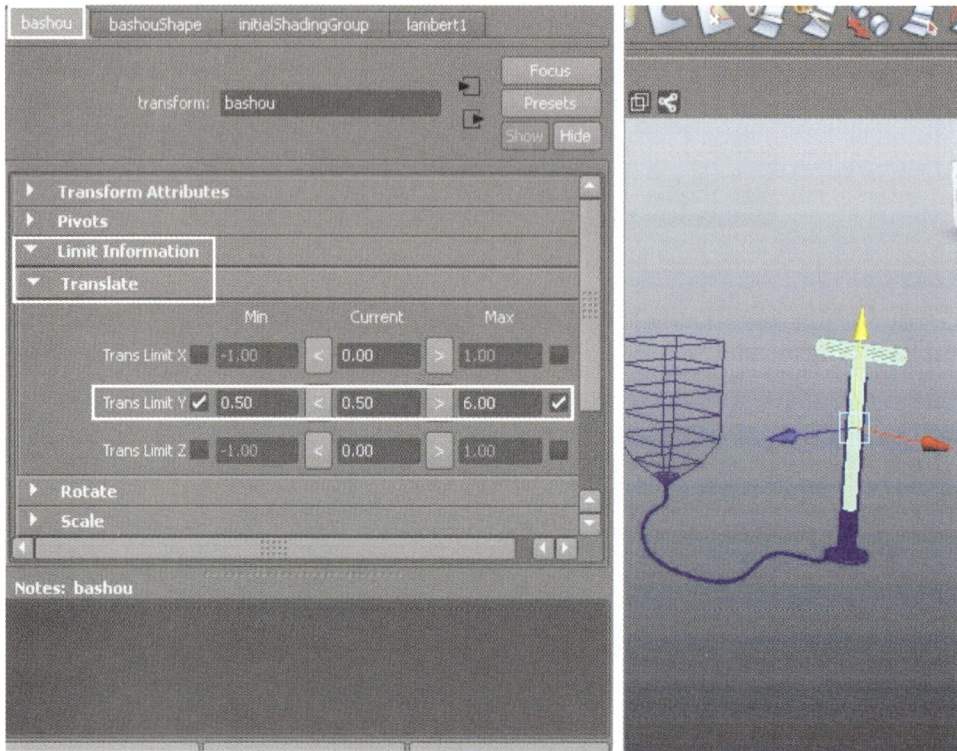

图 2-35　限制打气筒把手的位移

将时间栏调整为 100 帧，使用移动工具将打气筒把手移动到最高位置，然后选择被晶格变形器控制的球体。下面我们在"Channel Box"通道盒中分别给打气筒把手和球体设置初始状态进行关键帧建立。将时间滑块拖动到第 1 帧，选择打气筒把手和球体的 Translate Y 轴并且单击鼠标右键在弹出的菜单中选择命令"Key Selected"建立关键帧，如图 2-36 所示。

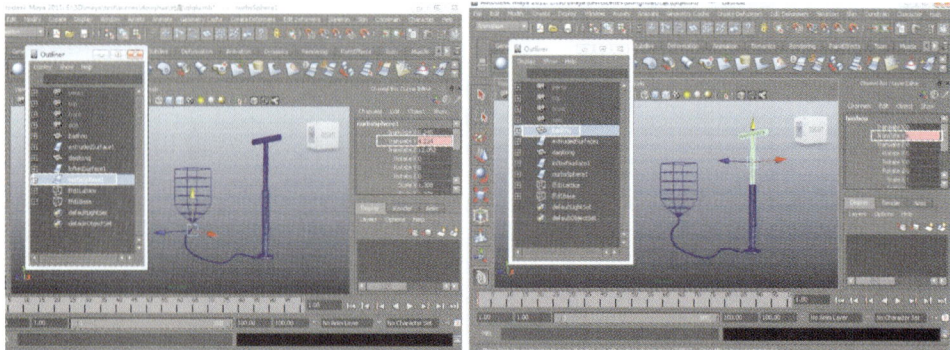

图 2-36　为把手和球体建立关键帧

将时间滑块拖动到第 10 帧，使用移动工具将打气筒把手向下移动到最低位置并将球体向上移动，如图 2-37 所示。在"Channel Box"通道盒中选择"Translate Y 轴"命令并且单击鼠标右键在弹出的菜单中选择"Key Selected"命令建立关键帧。

将时间滑块移动到第 15 帧，使用移动工具将打气筒把手移动到最高位置并建立关键帧。

然后将时间滑块移动到第 25

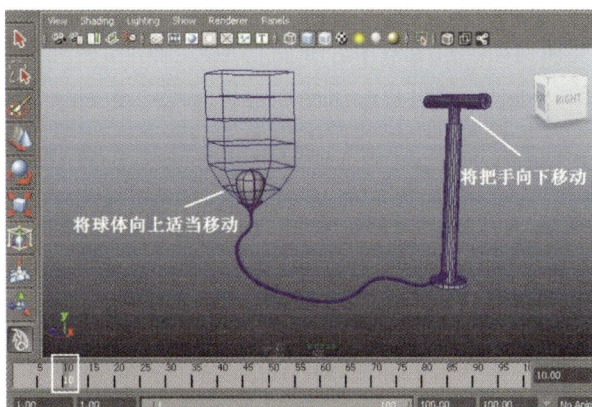

图 2-37　修改把手和球体的位置再次建立关键帧

帧，再次使用移动工具将打气筒把手向下移动到最低位置并将球体再次向上移动，效果如图 2-38 所示。

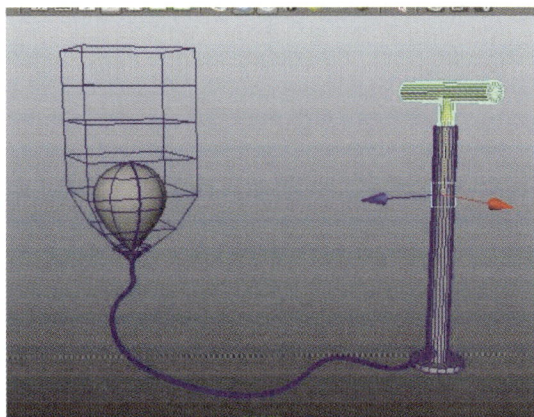

图 2-38　修改把手和球体位置

将时间滑块移动到第 30 帧，使用移动工具将打气筒把手移动到最高位置并建立关键帧。

然后将时间滑块移动到第 40 帧，再次使用移动工具将打气筒把手向下移动到最低位置并将球体再次向上移动，效果如图 2-39 所示。

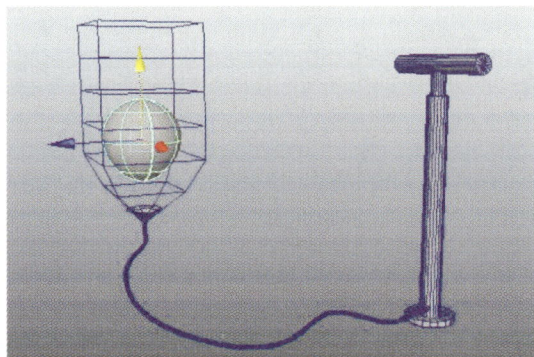

图 2-39　修改把手和球体位置

这样我们就制作好了使用打气筒吹出气泡的动画效果。将时间滑块返回到第 1 帧并播放动画观看效果。在制作的过程中，时间的快慢是大家根据具体构思去仔细调整的。同时，还可以不断添加关键帧细节来丰富动画效果，这里只是讲述制作的方法。

步骤四：下面我们可以使用非线性变形器中的 Bend 弯曲变形器来丰富动画效果。选择球体并选择"Create Deformers→Nonlinear→Bend"命令为球体添加弯曲变形器，如图 2-40 所示。

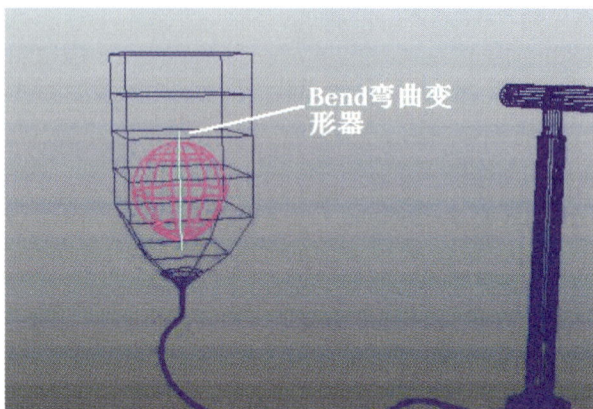

图 2-40　创建 Bend 弯曲变形器

选择"Bend"弯曲变形器，再选择球体按下"P"键为变形器与球体做父子关联，这样球体运动的时候会带着变形器一起产生运动。选择变形器并在"Channel Box"通道盒 Input 节点中找到 Bend1 节点。单击展开选项，选择命令"Curvature"选项鼠标中键左右拖动，这时我们可以看到圆球被进行了弯曲，如图 2-41 所示。

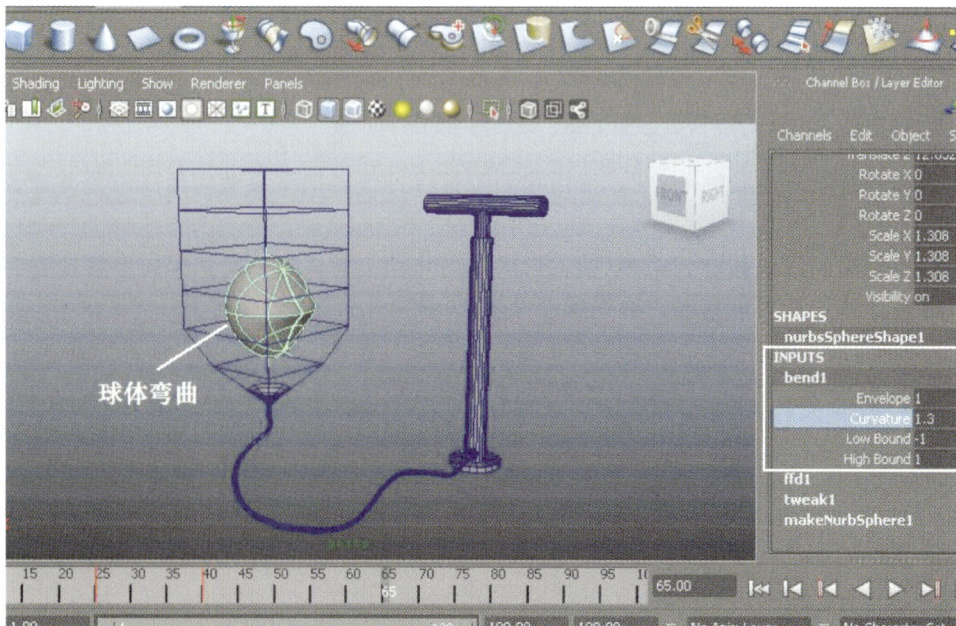

图 2-41　球体弯曲

　　通过拖动产生弯曲变形，我们发现球体弯曲的中心位置不对。我们使用 Bend 弯曲变形器的目的在于产生一种气泡摆动的效果，因此我们应该将变形器的中心放置到球体底部。选择"Bend"弯曲变形器，按下"W"键使用移动工具，按住"C"键不放通过线捕捉功能将变形器移动的中心移动到球体底部，如图 2-42 所示。

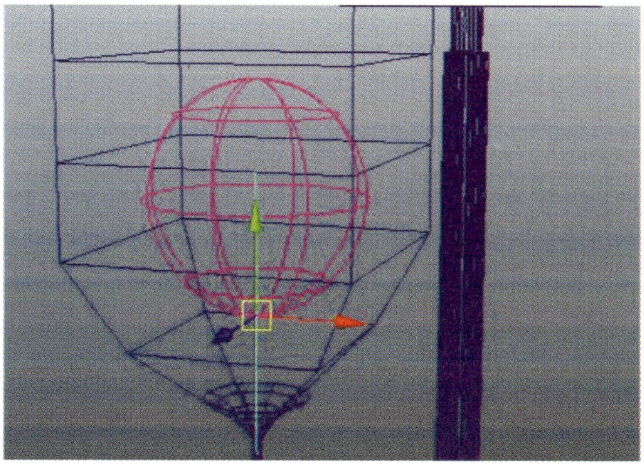

图 2-42　改变变形器的中心位置

　　在"Channel Box"通道盒 Input 节点中找到 Bend1 节点，修改 High Bound 数值为 2。这样我们就将变形器的位置调整完毕。

　　步骤五：接下来，我们使用 Bend 弯曲变形器进行动画设置。将时间滑块拖动到第 1 帧和第 40 帧并且在"Channel Box"通道盒 Input 节点中找到 Bend1 的 Curvature 属性，将属性值设置为 0 并单击鼠标右键选择"Key Selected"命令建立关键帧，如图 2-43 所示。

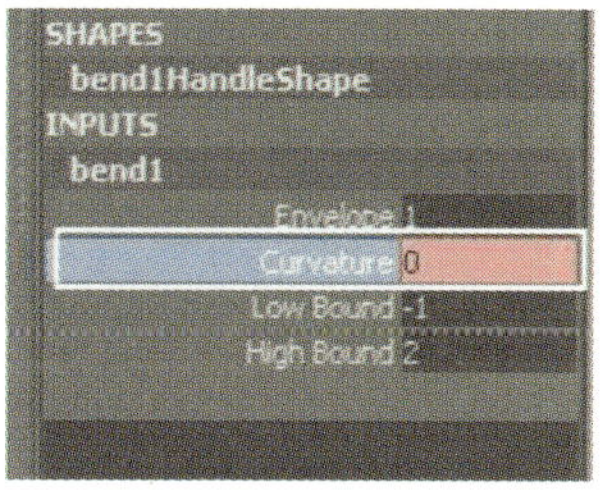

图 2-43　为"Curvature"属性建立关键帧

　　将时间滑块拖动到第 45 帧，修改"Curvature"属性值为 0.3 鼠标右键选择命令"Key Selected"建立关键帧。将时间滑块拖动到第 50 帧，修改"Curvature"属性值为 −0.3 鼠标右键选择命令"Key Selected"建立关键帧。使用同样的方式分别在第 55 帧、60 帧、65 帧、70 帧、75 帧、80 帧、85 帧处将"Curvature"属性值修改为 0.2、−0.2、0.1、−0.1、0.05、−0.05、0 并建立关键帧。

　　将时间滑块拖动到第一帧处播放动画观看效果。这样我们就使用弯曲变形器为气泡建立摆动效果。至此，我们就用变形器完成了打气筒出气泡的动画效果。具体的动画效果还需要大家多加思考多加练习来进一步完善。

2.3.3　水波纹动画

1. 项目分析

　　本项目主要是通过变形器制作水波纹动画，如图 2-44 所示。

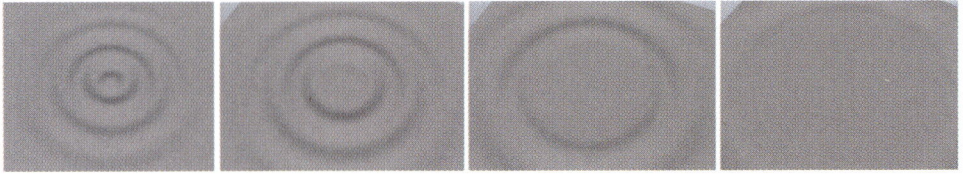

图 2-44　水波纹动画

　　水波动画的制作在 Maya 中有很多种制作方式，本项目中我们主要使用非线性变形器 Wave 水波变形器进行水平涟漪效果的制作。使用 Wave 水波变形器制作水波效果相对于粒子等制作方式具有系统资源消耗低的优点。对于水波效果要求不高，制作周期短的项目来说使用变形器制作水波效果是一个很好的选择。

2. 项目实战

　　步骤一：在 Maya 中建立一个用来生成水波的平面，选择"Create→NURBS Primitives→Plane"命令创建平面，如图 2-45 所示。在"Channel Box"通道盒中修改 Plane 参数，将 Width 修改为 20，Patches U 和 PatchesV 修改为 50，如图 2-46 所示。

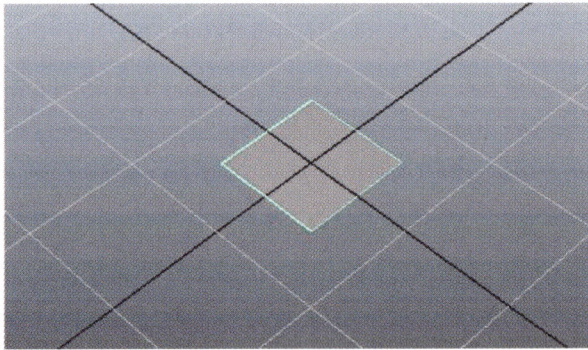

图 2-45　创建 Plane 平面

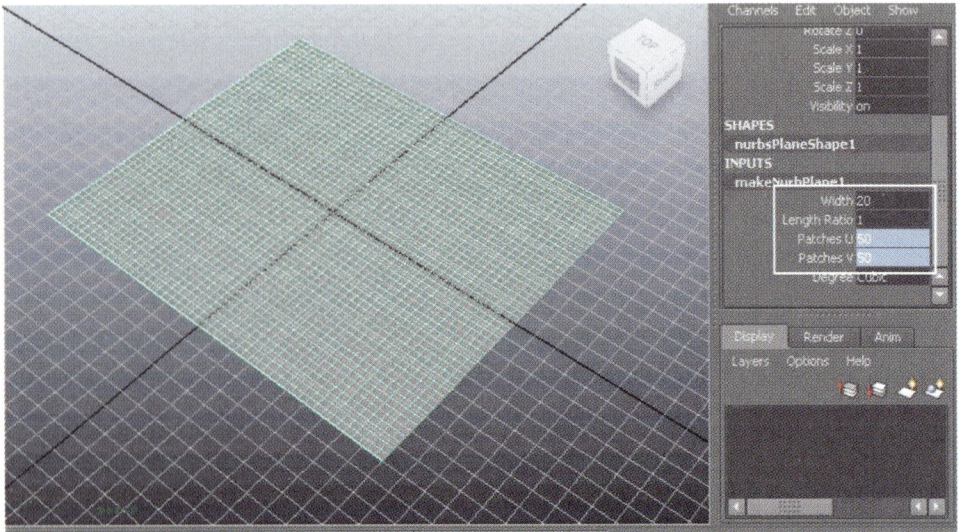

图 2-46　修改后的 Plane 平面

步骤二：选择命令"Plane"平面，选择"Create Deformers→Nonlinear→Wave"命令创建水波变形器，如图 2-47 所示。

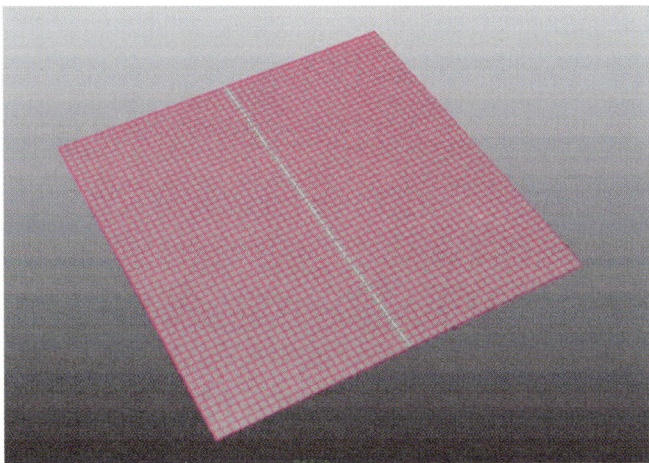

图 2-47　创建 Wave 变形器

在具体的动画制作前，我们先来测试一下参数以便于产生合适的水波效果。测试结果如图 2-48 所示。

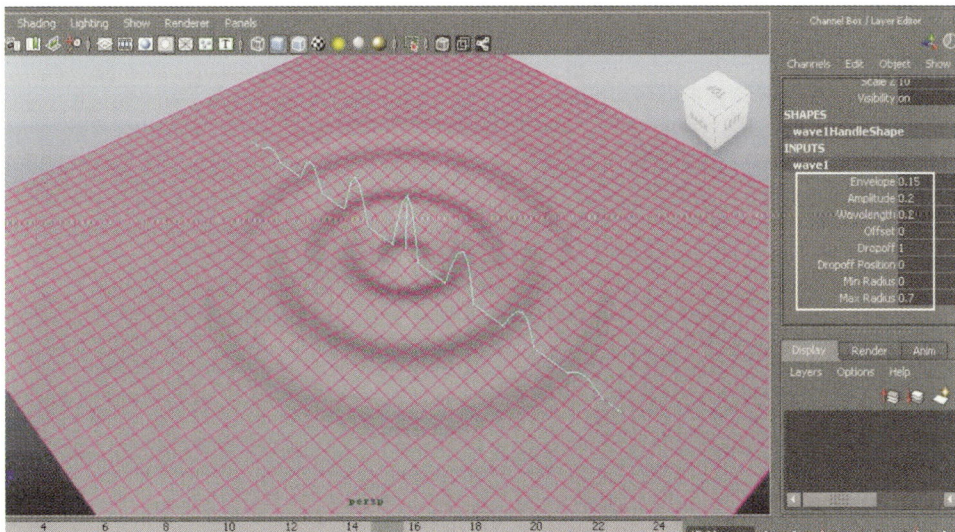

图 2-48　测试效果

步骤三：基于前面的测试数据，我们就可以制作水波动画了。将时间栏调整为 100 帧后，分别对 Amplitude、Wavelength、Offset、Min Radius、Max Radius 进行关键帧的设置。将时间滑块调整到第 1 帧，在"Channel Box"通道盒中分别将 Amplitude、Wavelength、Offset、Min Radius、Max Radius 数值修改为 0.2、0.2、0、0、0.7 然后鼠标右键选择命令"Key Selected"进行关键帧建立，如图 2-49 所示。

将时间滑块调整到第 100 帧，分别将 Amplitude、Wavelength、Offset、Min Radius、Max Radius 数值修改，然后鼠标右键选择"Key Selected"命令进行关键帧建立，如

图 2-50 所示。

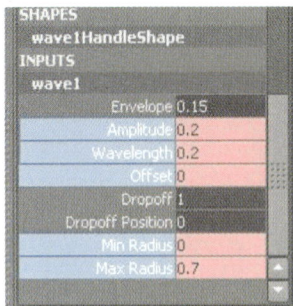

图 2-49 建立关键帧

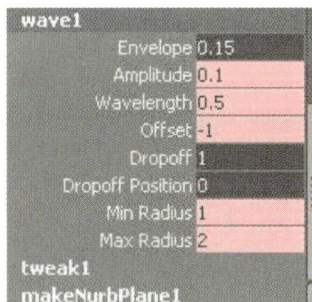

图 2-50 修改数值并建立关键帧

然后，播放动画观看效果，水波的动画效果还不错。大家可以根据构思添加更多的动画内容来丰富动画效果。例如，我们可以加入水珠下落碰撞到水面产生涟漪的动画效果。

步骤四：打开"Graph Editor"动画曲线编辑器，如图 2-51 所示。我们可以再"Graph Editor"动画曲线编辑器中制作出循环动画效果。将时间调整为 500 帧，在"Graph Editor"动画曲线编辑器中选择要循环的动画曲线，选择"Curves→Post Infinity→Cycle"命令可以让动画曲线产生循环效果，如图 2-52 所示。

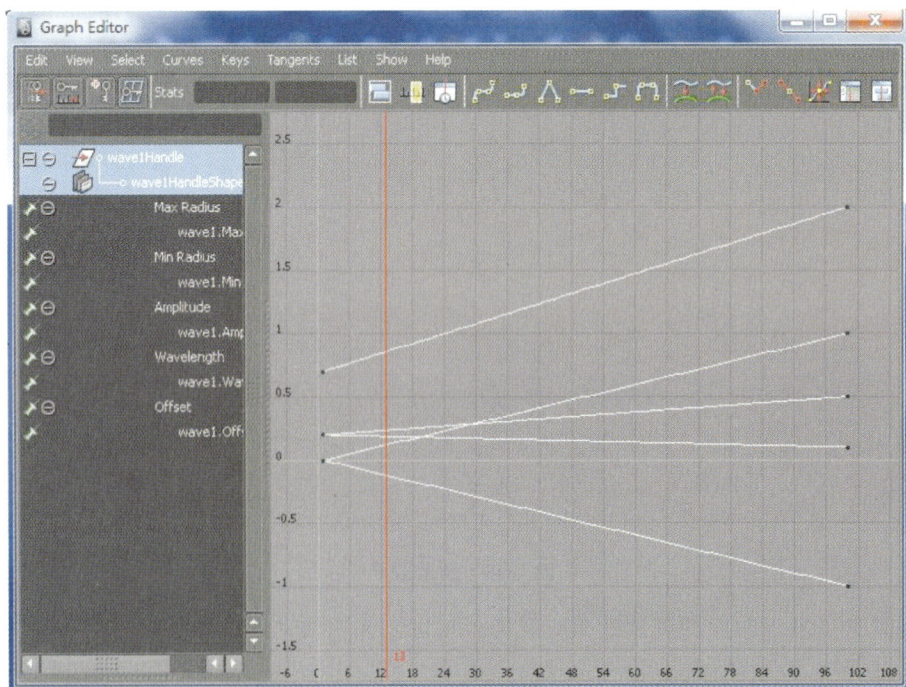

图 2-51 "Graph Editor"动画曲线编辑器

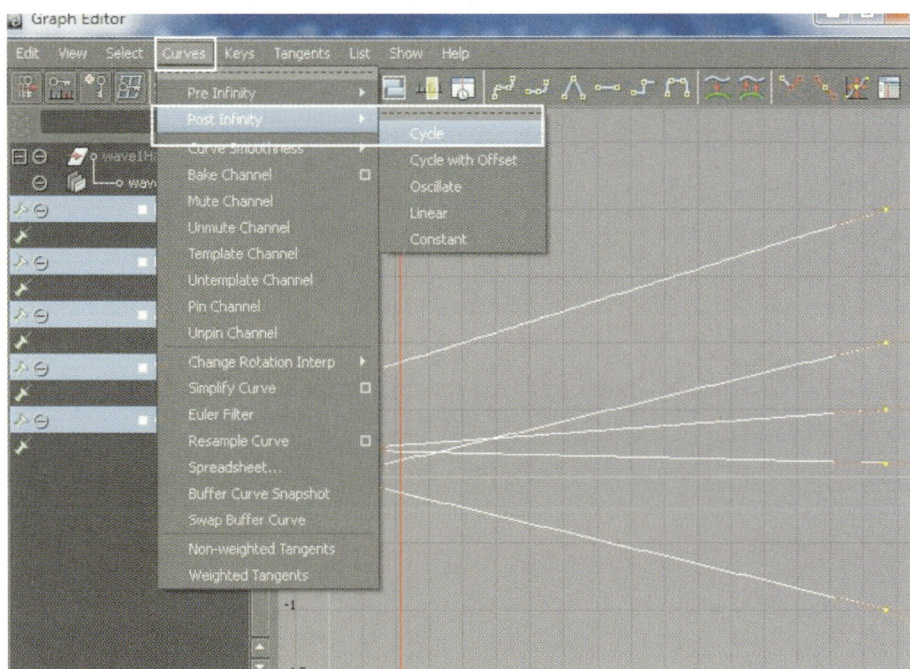

图 2-52　动画曲线循环

提示：我们可以通过勾选"View"菜单中"Infinity"命令来观察循环动画曲线的效果，如图 2-53 所示。

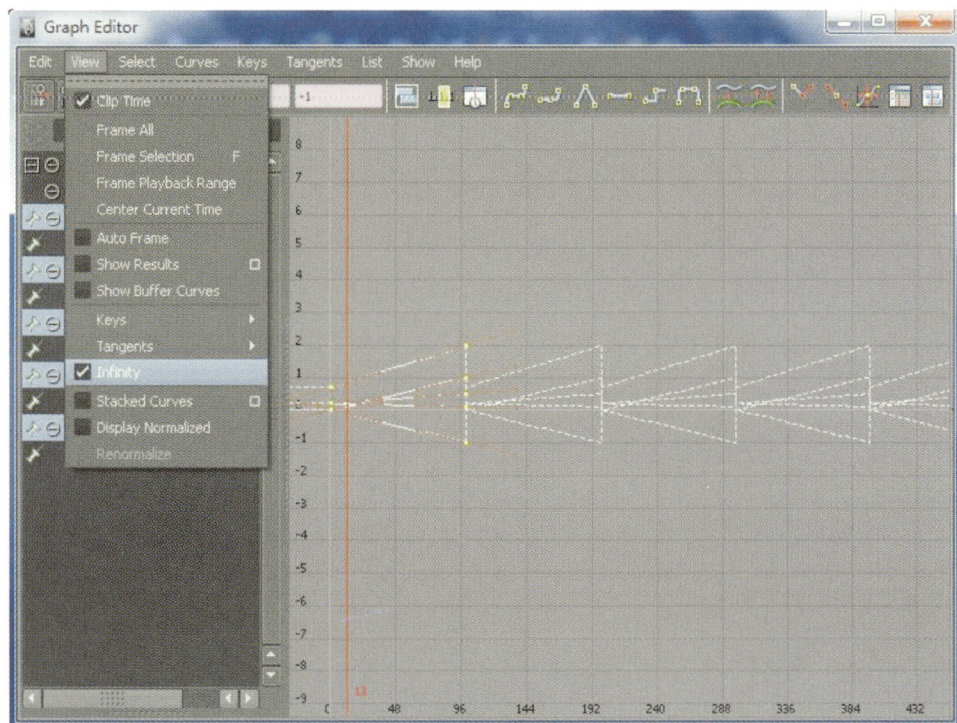

图 2-53　动画曲线循环的效果

这样我们就完成了水波动画的制作，播放动画观看水波涟漪的运动效果。

本 章 小 结

本章节主要讲述 Maya 中各种变形器的使用方式，通过本章节的学习，使大家能够利用 Maya 中各种变形器制作如表情动画、皮肤抖动等变形动画。

>>> 实训练习

1. 实训项目一

实训项目内容：制作一段人物口型动画。

制作要求：

(1)人物角色模型大家根据情况自行制作，要求必须具备完整的面部结构且模型布线合理。

(2)根据人体面部肌肉原理调整角色的口型变化。

(3)采用混合变形器来完成本项目动画的制作，要求动画能够表述一句完整的话语。例如，口型表述的话语可以是"今天我真的好开心"等内容。

2. 实训项目二

实训项目内容：使用多种变形器共同完成一段动画效果的制作。

制作要求：

(1)具体的动画内容大家自行制订，但最终方案需指导教师确定。

(2)要求使用至少两种以上的变形器来制作动画内容。

>>> 课后思考

1. 什么是变形动画？

2. 混合变形器制作过程中需要注意些什么？

3. 就如何能很好的使用变形器进行动画制作谈谈自己的想法？

第3章　角色动画

>>> **学习目的**

了解角色动画的基本概念和基本操作原理，了解骨骼的基本知识，掌握 Maya 中骨骼的创建及装配方法，掌握非线性编辑的方式。

>>> **学习目标**

通过本章节的学习，熟练掌握角色骨骼的创建、皮肤绑定及角色动画编辑方式。

>>> **学习内容**

1. 了解 Maya 中骨骼的基本概念；
2. 掌握 Maya 中骨骼的基本制作原理；
3. 掌握 Maya 中蒙皮的方法；
4. 掌握非线性编辑及"Trax Editor"编辑器的方法。

▶ 3.1 骨骼基础要点

在角色动画当中，骨骼起着非常重要的作用。现实中，骨骼是一种保护性结构，它的主要功能是保护动物体内重要的器官，保持动物形状并能使动物产生运动。

在 Maya 中骨骼的构建原理也来源于现实中的生物骨骼构造。因此我们有必要了解一下人体的骨骼结构。

人体的骨骼起着支撑身体的作用，是人体运动系统的一部分。成人有 206 块骨。骨与骨之间一般用关节和韧带连接起来，如图 3-1 所示。

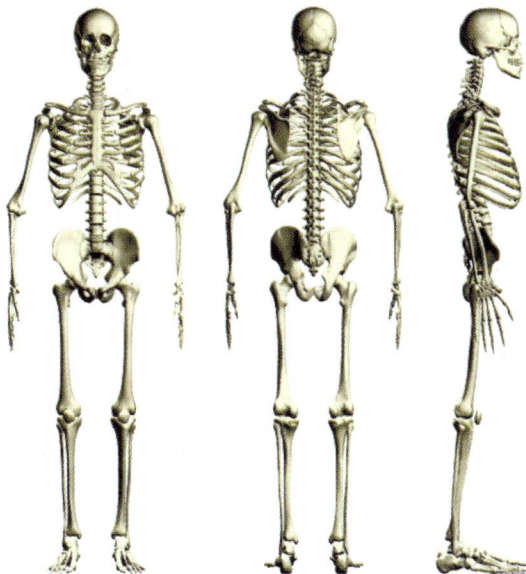

图 3-1　人体骨骼

下面我们了解人体的主要骨骼组成，如图 3-2 所示。

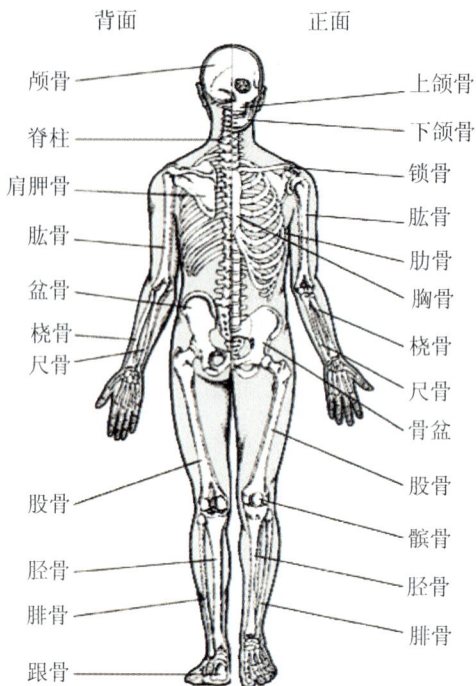

图 3-2   人体骨骼结构图

▶ 3.2　Maya 角色动画

3.2.1　Maya 骨骼基础知识

1. Maya 骨骼基础

建立骨骼是使用关节和骨头建造层次关联结构的过程。一旦建立了骨骼，可使用平滑蒙皮或刚体蒙皮为角色建立蒙皮。我们可以组合或者使物体成为关节和骨骼的子物体，并使用骨骼来控制物体的运动。

那么如何来创建骨骼呢？选择"Skeleton → Joint Tool"命令，如图 3-3 所示，该项命令主要可以为制作好的模型创建骨骼结构。在 Maya 视图窗口任意位置单击鼠标左键首先创建出的是一个关节，然后再次单击就创建出一节骨头，单击多次就可以创建出多个关节和骨头，当我们的骨骼创建工作完成后，按下"Enter"键或选择其他的工具，骨骼就创建完毕了，如图 3-4 所示。

提示：在骨骼创建的过程中或者在创建好的骨骼中修改关节位置，可以按"Insert"键进行单个关节的调整。

选择"Skeleton → Joint Tool"命令，将打开"Joint

图 3-3　"Skeleton"菜单

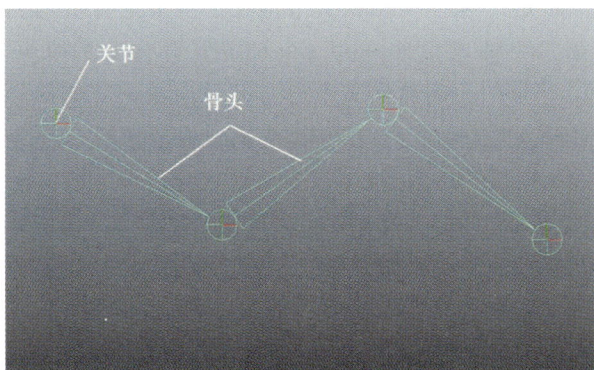

图 3-4　Joint Tool 创建骨骼

Tool"工具参数设置面板，如图 3-5 所示。

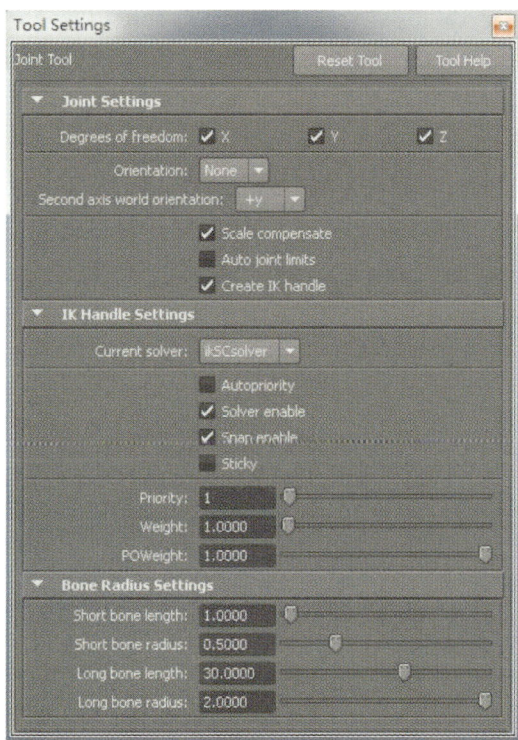

图 3-5　"Joint Tool"工具参数设置面板

Degrees of freedom(自由度)：设置在使用 IK 定位关节时，可绕那条局部坐标轴旋转。可选择 X、Y 或 Z 轴。系统默认设置可允许在使用 IK 手柄定位骨骼期间，使骨骼可绕所有的三个坐标轴旋转。

Orientation(关节方向)：设置关节局部坐标轴的方向。其选项包括："none"、"xyz"、"yzx"、"zxy"、"xzy"、"yxz"、"zyx"。"none"选项设置关节局部坐标轴的方向就是全局坐标轴的方向。其他选项所确定关节局部坐标轴的方向是：第一个坐标轴(例如，xyz 选项的 X 轴)指向关节骨内部。(如果关节有多个子关节，第一个轴指向连接第

一个被创建子关节的骨头)。第三个轴从关节连接子关节的骨头的侧面指向外部，第二个轴与第一个轴和第三个轴成直角。这三个轴位置符合右手原则。默认的的选项是xyz。在这个方向上，X轴的正向指向关节骨，并且向着关节的第一个子关节。Z轴从连接子关节的关节的侧边指出，并且Y轴指向X轴和Z轴的右方。

Scale Compensate(缩放补偿)：当用户缩放层次高的关节时，设置其下层次的关节是否被缩放(注意在缩放关节时，可改变关节骨骼的大小)。如果将 Scale Compensate 打开，下层次关节将受父关节缩放的影响。当角色蒙皮后，沿关节一个轴或两个轴缩放时，打开此项，可防止折断效果的出现。另外，打开此项，改变单个骨骼的长度将更加容易。系统默认设置为打开状态。

Auto jiont limits(自动关节限制)：这个功能会自动限制关节的旋转。例如，如果创建了带有轻微弯曲的关节，这个功能就会避免该关节的弯曲超过180°。可以用 Attibute Editor 创建更多限制关节的细节。

Create IK hand(创建IK手柄)：这项功能在选择的前提下，在关节创建完成的时候会自动创建出一个IK链。系统默认为关闭状态。

2. 编辑骨骼

(1)插入骨骼(Insert Joint Tool)

我们可以在任何骨骼链中插入关节。选择"Skeleton→Insert Joint Tool"命令。将鼠标指针移动到要添加关节的父关节处，按住鼠标左键拖动到添加新关节的地方，完成了插入关节，按"Enter"键或选择其他的工具，这样就可以完成插入关节，如图3-6所示。一般来讲，应该在添加IK手柄或蒙皮前插入关节。在带有IK手柄的骨骼链中插入关节，可能需要重新制作IK手柄。另外，蒙皮后插入手柄可能导致不需要的变形效果。

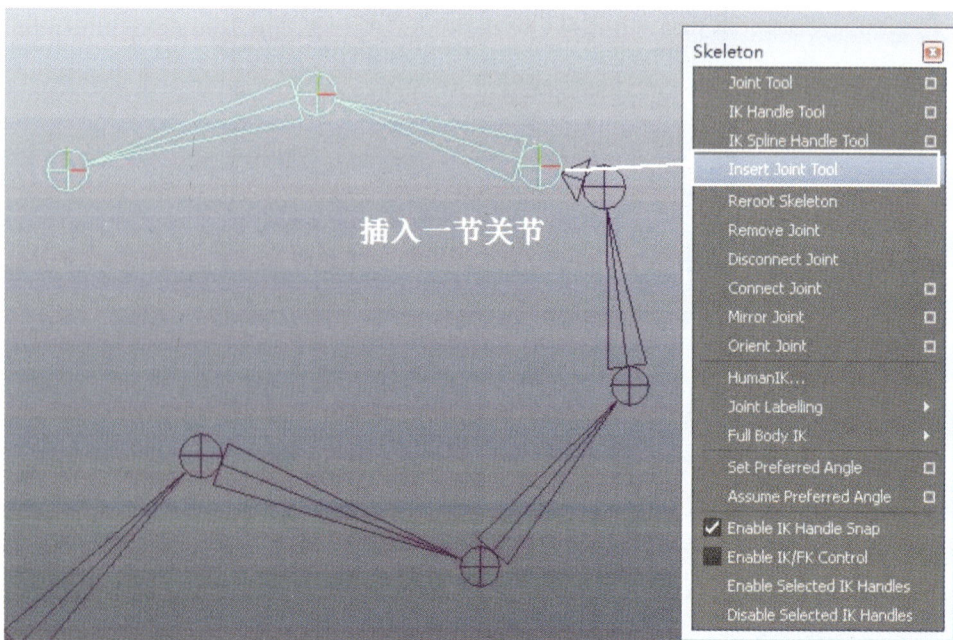

图3-6　插入骨骼

（2）重置骨骼（Reroot Skeleton）

重置根关节可以改变根关节的层级关系，也会改变骨骼的层级结构。重置根关节后，骨骼根关节的动画将会受到影响。单击要重置根关节的骨骼，选择"Skeleton→Reroot Skeleton"命令，如图 3-7 所示。

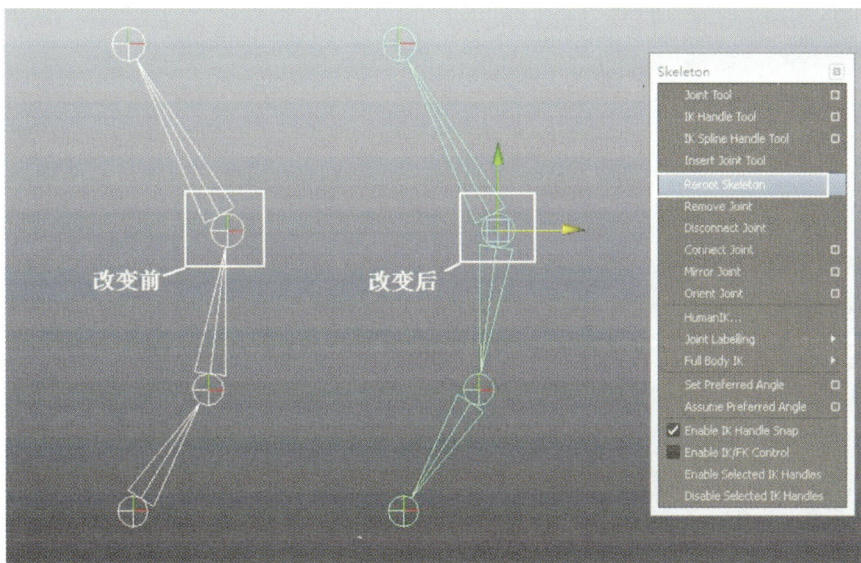

图 3-7　重置骨骼

（3）移除骨骼（Remove Joint）

移除骨骼指的是对不需要的关节进行删除。一次只能删除一个关节。选择"Skeleton→Remove Joint"命令，如图 3-8 所示。删除关节后骨骼将自动延伸到该关节下一层级关节上。

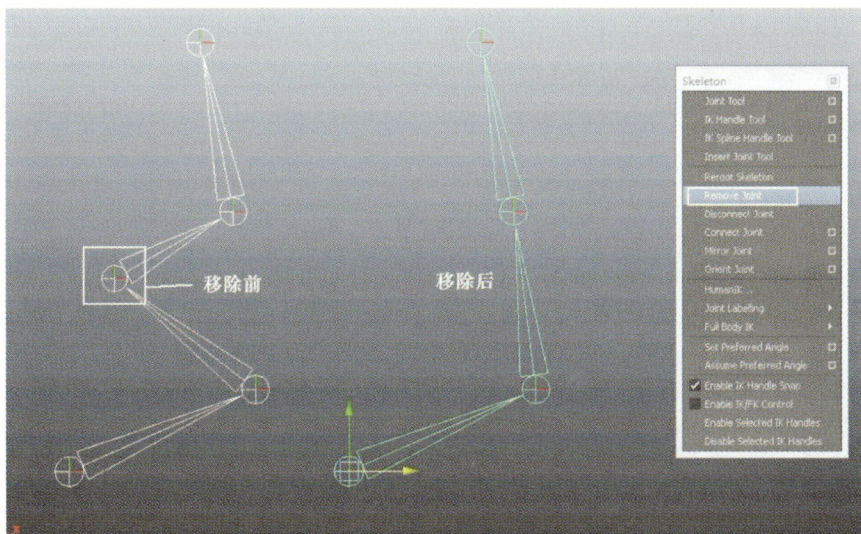

图 3-8　移除骨骼

（4）断开骨骼连接（Disconnect Joint）

把关节打断，将骨骼分为两组骨骼。被打断的关节将变为新骨骼的根关节。选择"Skeleton →Disconnect Joint"命令，所选关节被断开，如图 3-9 所示。

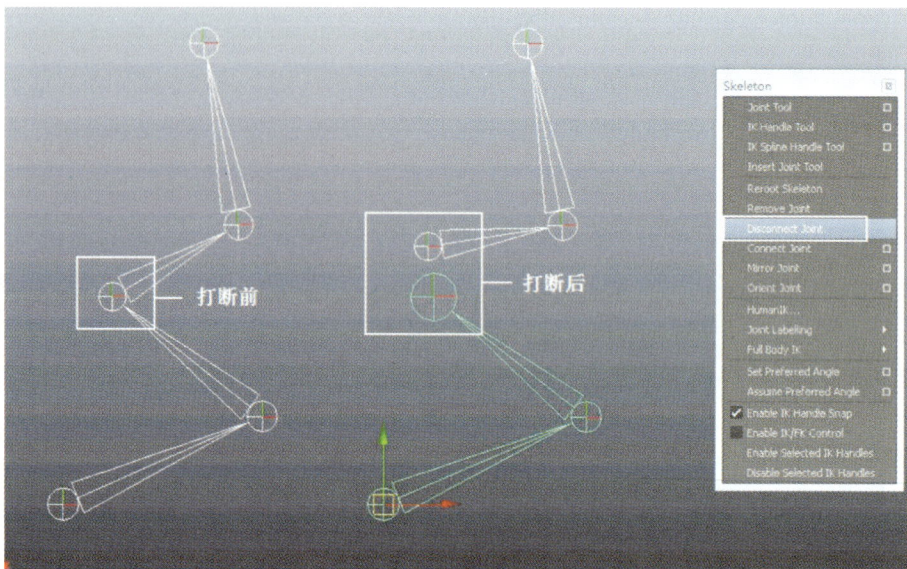

图 3-9　断开骨骼

（5）连接骨骼（Connect Joint）

将断开的关节进行连接。连接关节有两种模式。Connect Joint 将第一个选择的关节移动到第二个选择的关节位置上，同时将第一个选择的关节成为第二个选择关节父关节的子物体；Parent Joint 直接将第一个选择的关节成为第二个选择关节的子关节，如图 3-10 所示。

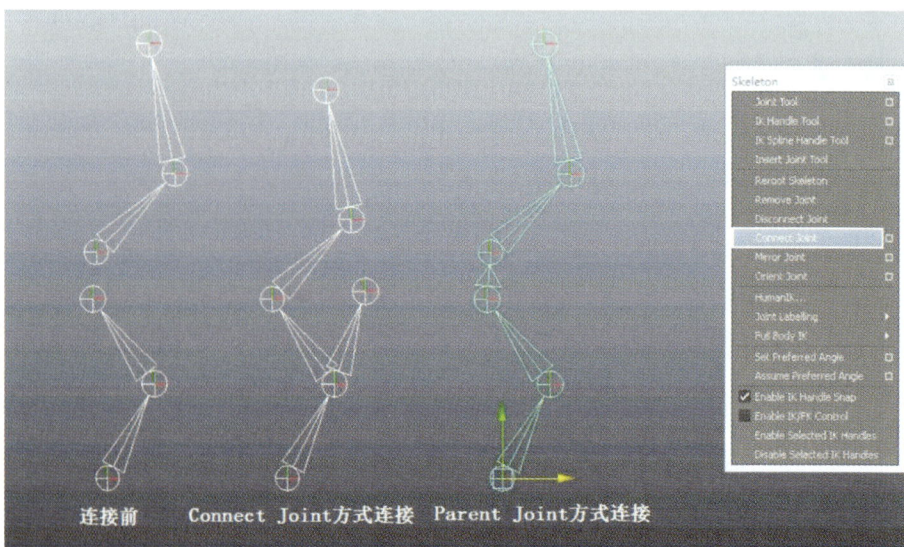

图 3-10　连接骨骼

（6）镜像骨骼（Mirror Joint）

沿着指定平面的轴向对骨骼进行镜像复制，如图 3-11 所示。

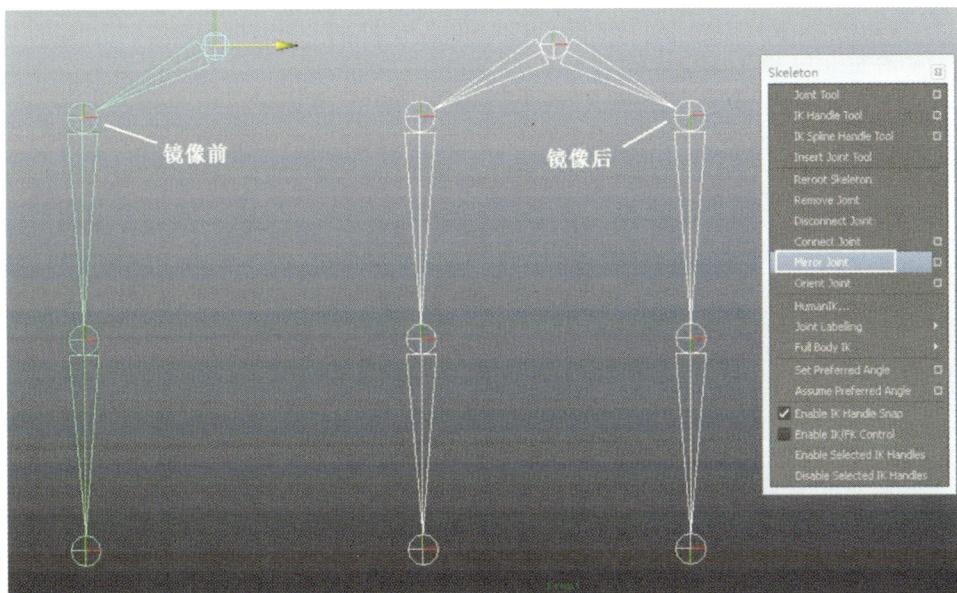

图 3-11　镜像骨骼

选择"Skeleton→Mirror Joint"命令，将打开"Mirror Joint"参数设置面板，如图 3-12 所示。

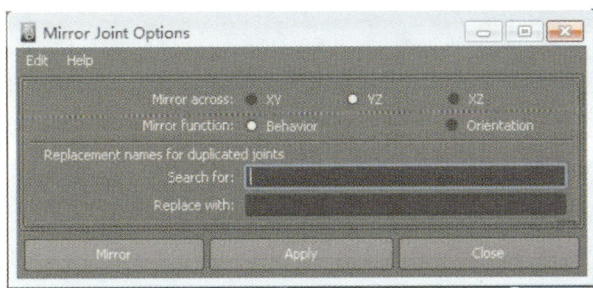

图 3-12　"Mirror Joint"参数面板

Mirror across：指定镜像的平面轴向。

Mirror function：镜像骨骼的自身坐标轴。Behavior 镜像骨骼的自身坐标轴和原始骨骼的自身坐标轴相反；Orientation 镜像骨骼的自身坐标轴和原始骨骼的自身坐标轴相同。

（7）校对骨骼局部坐标轴（Orient Joint）

重新设置关节轴向，使关节轴向趋于统一，如图 3-13 所示。

提示：设置所有关节显示的尺寸，选择"Display→Animation→Joint Size"命令，拖动滑块来调整关节的显示尺寸，如图 3-14 所示。

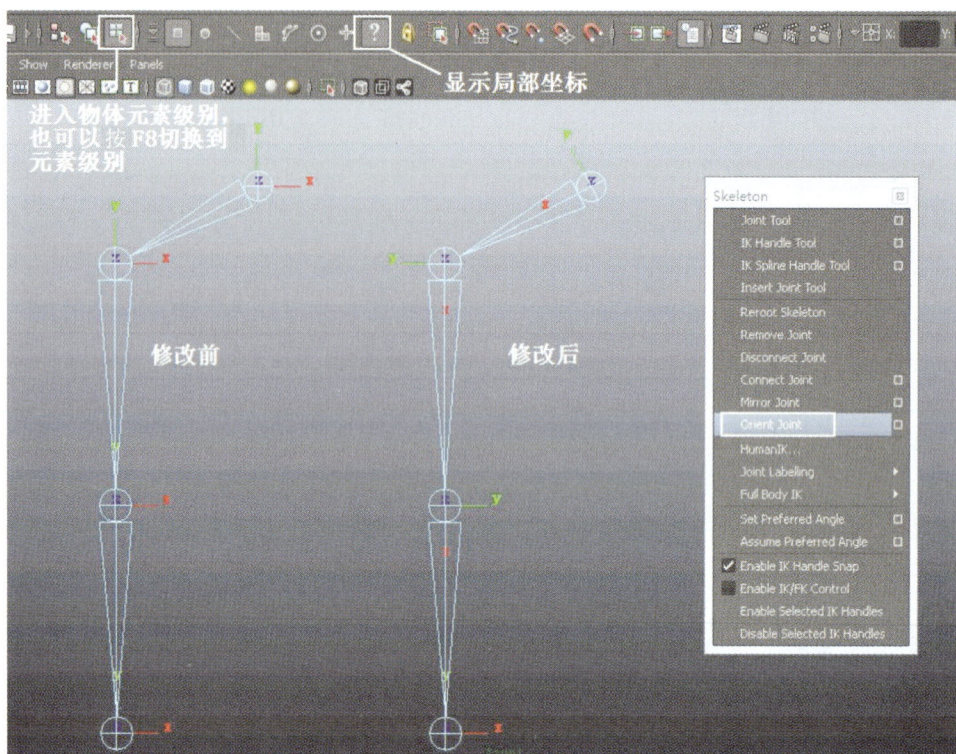

图 3-13　校对骨骼

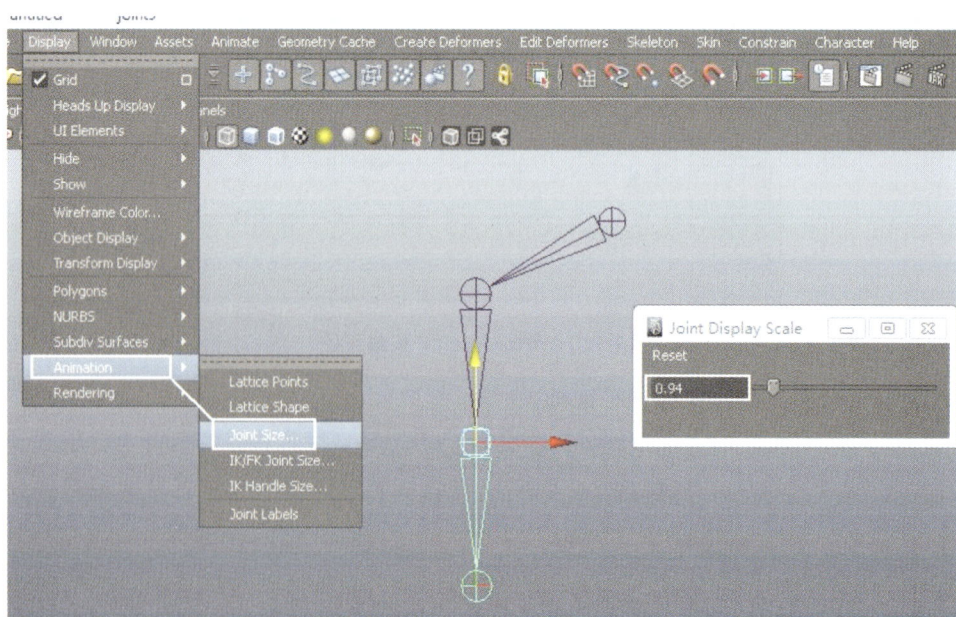

图 3-14　关节显示尺寸控制

3.2.2　正向动力学与反向动力学控制

在 Maya 中常用的骨骼控制有两种方式，一种是 Forward Kinematics（正向动力学）；另一种是 Inverse Kinematics（反向动力学）。至于使用哪种方式设置完全取决于个人根据角色动画的需要自行选择。

下面，我们就来了解一下这两种方式的差别。

1. Forward Kinematics 正向动力学

正向动力学，也称前向动力学，英文为 Forward Kinematics，简称 FK。

在正向动力学中，当定位关节链时，要逐个地旋转每个关节。例如，如果要一个关节链到达空间某个特定的位置，为了关节链能到达那个位置，必须逐个地旋转每个关节。为完成上述操作，将先旋转关节链的父关节，然后是下一个关节，顺着关节链依次进行。当使用正向动力学动画已定位的骨骼时，Maya 从根关节开始添加关节旋转，然后是根关节的子关节，顺着骨骼的层次依次进行。

当设置细致的圆弧运动时，使用正向动力学定位和动画骨骼是一个理想的方法。但是，如果是一项动作复杂、工作量巨大、骨骼结构繁复的制作时，正向动力学显然会花费我们大量的时间。同时，我们用正向动力学来制作动画最大的问题就是，无法在给父关节制作动画时将一个关节链的末关节固定到一个指定的位置上。例如，我们在制作一个角色去拿桌子上的杯子的动画时，我们希望可以在身体移动时将手锁定在杯子上使其没有穿插或者滑动。用 FK 是很难完成这个动画的。如果想要移动角色身体的时候锁住这只手不动，我们就要使用反向动力学（IK）来控制。

2. Inverse Kinematics 反向动力学

反向动力学，英文为 Inverse Kinematics，简称 IK。

在 IK 反向动力学中，可基于关节链要达到的空间位置来定位关节链。反向动力学对于创建直接目标运动比前向动力学更加直观，可将精力集中在关节链要达到目标上，而不必考虑每个关节如何旋转。然而，反向动力学需要使用特殊的工具去定位和动画。这些工具称为 IK 手柄和 IK 解算器。单击将要成为 IK 链起始的父关节，然后单击将要成为 IK 链末端的关节，为骨骼创建出 IK 手柄。

IK 手柄像一条线，它可从关节链的起点运动到关节链的终点，它可用一个动作定位整个关节链。当使用 IK 手柄定位和动画关节链时，通过使用 IK 解算器，IK 手柄自动地指出关节链中的所有关节的旋转方式。

IK 解算器是 IK 手柄背后的运动神经信息。例如，如果想让关节链到达空间某一特定位置，通过使用 IK 手柄，可移动整个关节链。给出关节链要到达的位置，IK 解算器通过 Maya 的反向动力学方式，指出了如何旋转关节链中的所有关节。

选择"Skeleton→IK Handle Tool"或"IK Spline Handle Tool（IK 样条曲线手柄）"命令打开相应的参数面板，如图 3-15 和图 3-16 所示。

"IK Handle Tool"视窗有如下参数。

Current solver：当前使用的解算器。在这里有两种解算器可用：IKRPsolver（IK 旋转平面解算器）和 IKSCsolver（IK 单链解算器）。

Autopriority：只对 IKSCsolver 有效。勾选该项将指定了哪个关节会首先受到 IK 手柄的影响。

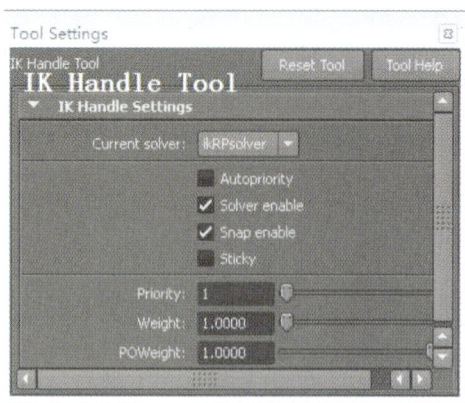

图 3-15　IK Handle Tool

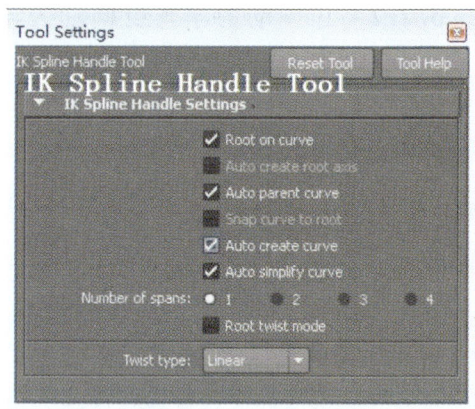

图 3-16　IK Spline Handle Tool

Solver enable：控制 IK 解算器是打开还是关闭。也可以通过"Skeleton→Disable Selected IK Handles"命令来关闭。

Snap enable：设置 IK 解算器是否在创建时被打开。

Sticky：当父关节运动时，将 IK 手柄锁定在位置上。关闭的该项意味着父关节动的时候，子关节会跟着一起动。勾选该项，当父关节移动时子关节会保持固定在那个位置。

Priority：设置 IK 单链手柄的优先权。如果两个或多个 IK 单链手柄交迭影响一些或所有相同的关节。优先权为 1 的 IK 手柄将首先旋转关节，下一个是优先权是 2 的手柄影响关节旋转，依次类推。该项不应用于 IK 旋转平面手柄。

Weight：权重控制。该项不应用于 IK 旋转平面手柄。

POWeight：设置位置或方向的权重。控制末端效果器与 IK 手柄的位置匹配，还是与 IK 手柄的方向匹配。值为 1 设置末端效果器将竭力支持到达 IK 手柄的位置。值为 0 设置末端效果器将竭力支持到达 IK 手柄的方向。值为 0.5 设置末端效果器将平衡支持到达 IK 手柄的位置和方向。该项不应用于 IK 旋转平面手柄。

"IK Spline Handle Tool"视窗有如下参数。

Root on curve：如果我们把这项命令打开，IK 样条曲线手柄的开始关节被限制到曲线的某一位置。我们可拖曳偏移操纵器沿曲线滑动开始关节。如果将此项关闭，我们可移动开始关节离开曲线。开始关节不再被限制到曲线。Maya 将忽略 Offset 属性，并且开始关节不再存在偏移操纵器。如果关闭 Root on curve，我们可移动开始关节远离曲线以至没有关节可延伸到曲线，骨头直指向曲线的最近点。如果曲线是波形的，当我们向曲线移动直关节时，关节将从最近点跳向最远点。这样可以修正操作。

Auto create root axis：此选项创建开始关节的父变换节点。通过移动和旋转此变换节点，我们可通过移动和旋转开始关节而不是开始关节，可避免开始关节产生翻转。当"Root on curve"关闭时，可只打开"Auto create root axis"项。如果我们打开"Auto create root axis"，若想将曲线作为运动路径，我们必须关闭"Auto parent curve"。另外一从属图循环出现，这导致警告信息的显示和错误手柄的操作。当我们创建 IK 样条曲线手柄时，我们可在"Tool options"视窗设置"Auto create root axis"项。

Auto parent curve：如果开始关节有父物体，此选项将曲线作为父物体的子物体；因此曲线和关节随父物体的移动而移动。如果我们创建一个手柄，手柄在骨骼根关节以下层次的关节链的关节开始。打开此项，使关节链随其父关节的移动而移动。当我们创建 IK 样条曲线手柄时，才可在"Tool Options"视窗设置此选项。

Snap curve to root：如果我们为手柄创建自己的曲线，此项才影响手柄。如果我们创建手柄时，此项打开，那么曲线的开端捕捉到开始关节的位置。关节链中的关节旋转以适合曲线的形状。如果我们想将关节链移动到曲线，将曲线作为固定的路径，将此项关闭。否则，将此项打开。当创建 IK 样条曲线手柄时，才可在"Tool Options"视窗设置此项。

Auto create curve：此项创建 IK 样条曲线手柄所使用的曲线。如果打开"Auto create curve"，关闭"Auto simplify curve"，曲线穿过所有的关节。这通常创建太多的 CVs，以至曲线难以操纵。由于这个原因，应考虑打开"Auto simplify curve"。如果用打开"Auto create curve"和"Auto simplify curve"，创建手柄时将自动创建一条简化的曲线，其形状与关节链相似。Number of spans 的数值越高，曲线关节链越匹配。如果关闭"Auto create curve"项，必须为关节链补充一条曲线。如果关节链是现有曲线的一部分，用户要将此项打开。如果将曲线作为滑动关节链的路径，我们要将此项关闭。当创建 IK 样条曲线手柄时，才可在"Tool Options"视窗设置"Auto create curve"项。

Auto simplify curve：此选项设置自动创建曲线到设置的 Number of spans，段的数目对应于曲线中 CVs 的数目。该曲线具有立体的曲线度。如果使用创建一条有很少 CVs 的曲线，将不能精确控制曲线的形状和骨骼运动，但是将更加容易地操纵曲线和它的关节链。CVs 越少，我们选择和拖动曲线所花费的时间就越少，所得到曲线就越平滑。当"Auto create curve"打开，此项才起作用。当我们创建 IK 手柄时，才可在"Tool Options"视窗设置"Auto simplify curve"。

Number of spans：此项设置曲线中 CVs 的数目如下表所示：

Number of spans 为 1 的时候，曲线上的 CVs 数目是 4。

Number of spans 为 2 的时候，曲线上的 CVs 数目是 5。

Number of spans 为 3 的时候，曲线上的 CVs 数目是 6。

Number of spans 为 4 的时候，曲线上的 CVs 数目是 7。

此项只有当"Auto create curve"打开时才有效。

Root twist mode：此项将 Power Animator IK 样条曲线扭曲打开。当我们在终关节转动扭曲操纵器时，开始关节和其他的关节轻微地扭曲。关闭此选项，开始关节不扭曲。使用在开始关节的滚动操纵器可转动开始关节。在我们创建 IK 样条曲线后，可通过选择 IK 样条曲线手柄和显示 Attribute Editor 来设置此选项。选择"Window＞Attribute Editor"命令来打开"Attribute Editor"。

Twist type：此项设置在关节链中如何扭曲：Linear 线性均衡地扭曲所有的部分；Ease in 在终点减弱内向扭曲；Ease out 在起点减弱外向扭曲；Ease in out 在中间减弱外向扭曲；我们也可在创建 IK 样条曲线手柄后在 Attribute Editor 中设置扭曲的类型。选择 IK 样条曲线手柄，可以打开"Attribute Editor"。

3.2.3　蒙皮绑定

1. 了解蒙皮

可以用做蒙皮的物体包括 NURBS 面片、Polygon 物体、CV 曲线、EP 曲线、晶格。已经绑定到骨骼上的顶点，我们称这个顶点为蒙皮点（Skin Point），关节对蒙皮点的影响称为权重（Weight）。权重值为 1 的顶点，绘画权重时显示为白色，在关节活动时百分之百地受影响；值为 0 时，绘画权重时显示为黑色，则表示该点不受关节影响，灰色表示权重的过渡，如图 3-17 所示。

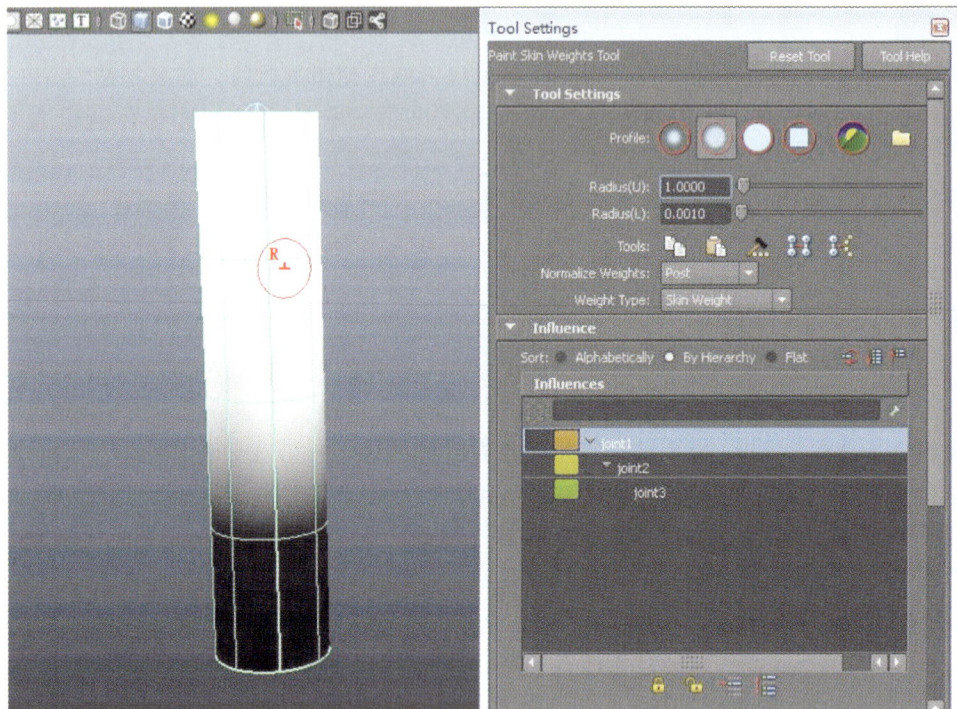

图 3-17　光滑蒙皮权重绘制

2. 蒙皮方式

蒙皮是创建角色动画的一个主要环节，皮肤可被骨骼影响。可通过绑定骨骼到模型。也可通过不同的蒙皮方式绑定模型到骨骼。平滑蒙皮和刚体蒙皮是直接的蒙皮方式。也可使用间接蒙皮方式，它可将晶格或包裹变形与平滑或刚体蒙皮联合使用。Maya2011 中提供了三种直接蒙皮的方式。

（1）Smooth Bind（光滑蒙皮）

选择"Skin→Bind Skin→Smooth Bind"命令使用光滑蒙皮来影响物体。光滑蒙皮是实现几何体逼真变形的首选方法，Maya 通过几个临近的关节对相同蒙皮点的不同影响提供了平滑的变形效果。系统默认它们的影响随距离的不同而改变，但是我们可以在每个关节的基础上进行编辑或绘画蒙皮点的权重。

（2）Rigid Bind（刚体蒙皮）

选择"Skin→Bind Skin→Rigid Bind"命令使用刚体蒙皮来影响物体。刚体蒙皮通过使关节影响一系列的可变形物体点而提供有关节连接的变形效果。在刚体蒙皮中，一个可控点只能受一个关节影响。

（3）InteractiveSkin Bind（交互式蒙皮）

选择"Skin→Bind Skin→Interactive Skin Bind"命令使用交互式蒙皮来影响物体。交互式蒙皮是 Maya 2011 中新增的功能，是一种非常直观的蒙皮调整方式。骨骼影响物体的范围主要是通过形似"胶囊"的操作器来完成。

3.2.4　约束

约束可将一个对象的位置、方向或缩放限制到另外的对象上，并且使用约束可对对象强加特殊的限制，建立动画自动设置过程。

在角色创建和动画中，Maya 提供了 11 种类型的约束，分别是 Point（点约束）、Aim（目标约束）、Orient（方向约束）、Scale（缩放约束）、Parent（父子约束）、Geometry（几何体约束）、Normal（法线约束）、Tangent（切线约束）、Point On Poly（点到多边形约束）、Closest Point（近距约束）和 Pole Vector（极矢量约束）。

我们可以在动画模块下的"Constrain"菜单中调用这些约束工具，如图 3-18 所示。

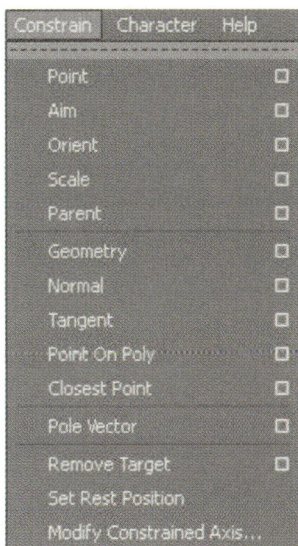

图 3-18　约束菜单

Maya 中的约束创建的方式基本上是一致的，具体步骤如下：

◆ 首先选择一个或多个物体，最后选择的物体将作为被约束物体。注意物体的选择顺序决定了谁是被约束物体。

◆ 选择"Constrain→具体的约束"命令，完成物体间的约束操作。

这里的 Closest Point（近距约束）和 Pole Vector（极矢量约束）的创建方式与其他约束略有不同。

Closest Point 约束的创建：

◆ 选择一个物体。

◆ 选择"Constrain→Closest Point"命令，完成约束创建。这时我们看到在场景中创

建了两个 Locator 定位器，其中一个定位器作为定位物体当前位置的存在；另一个定位器被约束到物体表面。

Pole Vector 约束的创建：

◆ 选择 IK 旋转平面手柄。

◆ 选择"Constrain→Pole Vector"命令，完成极矢量约束。

在了解约束的创建方式后，下面我们来具体的学习约束的作用及参数属性。这里主要讲述每种约束各自独有的参数属性，约束间相同的参数将不进行重复讲述。

1. 点约束（Point）

点约束将控制一个物体跟随另一个物体或多个物体的平均位置移动。点约束常用于控制一个物体匹配其他物体的运动，还可以用一个点约束激活一个物体跟随一系列的物体。被约束物体，它的位置被一个或多个目标物体的位置驱动。一个或多个目标物体的位置称为目标点。

选择"Constrain→Point"命令打开"点约束"参数设置面板，如图 3-19 所示。

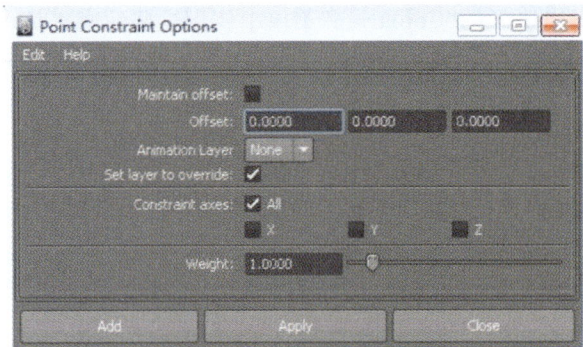

图 3-19　"Point"参数面板

Point 点约束视窗有如下参数。

Maintain offset：勾选该项可以在"Offset"选项中设置被约束物体相对目标点的偏移位置（Translate X、Translate Y 和 Translate Z）。

Animation Layer：可以选择一个动画层来进行点约束的添加。

Set layer to override：勾选该项时，将"Animation Layer"下拉列表中所选择的动画层自动设置为代理模式并为动画层添加约束属性。

Constraint axes：设置被除数约束物体所要约束的轴向。勾选 All 选项，表示约束所有的轴向，勾选下面的 X、Y、Z 单独轴向则只约束勾选的轴向。

Weight：设置被约束物体的位置受目标物体影响的程度。

2. Aim（目标约束）

目标约束能约束物体的方向，使物体总是瞄准其他的物体。点约束是用来控制物体位移的，那么目标约束就是用来控制旋转的。目标约束的典型用途包括使灯或摄像机瞄准一个物体或一组物体。在人物的创建中，目标约束的典型使用是建立控制眼球运动的定位器。

选择"Constrain→Aim"命令打开"目标约束"参数设置面板，如图 3-20 所示。

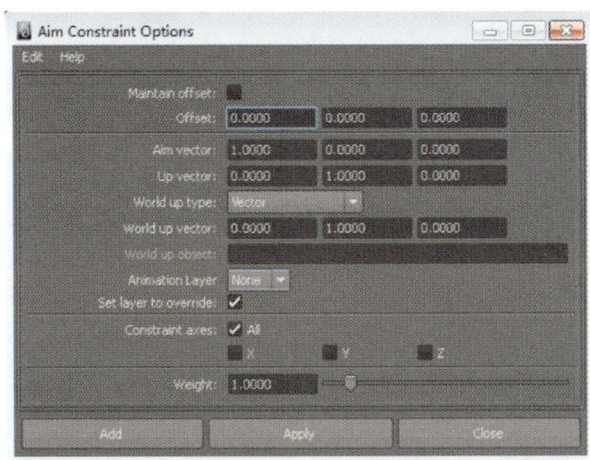

图 3-20　"Aim"参数面板

Aim 目标约束视窗有如下参数。

Aim Vector：向量设置 Aim 向量在被约束物体局部空间的方向。Aim 向量将指向目标点，因而迫使被约束物体确定了自身的方向。系统默认设置物体的局部旋转轴 X 轴与指向目标点的 Aim 向量排列在一条线上(1.0000，0.0000，0.0000)。

Up Vector：向量设置 Up 向量在被约束物体的局部空间的方向。系统默认设置物体的局部旋转 Y 轴正向将与 Up 向量排列在一条线上，Up 向量将尽量与 World Up 向量排列在一条线上。默认的 World Up 向量的方向是世界空间的正 Y 轴(0.0000，1.0000，0.0000)。如果使 Up 向量与目标向量的方向相同，被约束物体将产生运动历史从属效果。

World Up Type：设置 World Up 向量的作用，选项包括 Scene Up、Object Up、Object Rotation Up、Vector 和 None。Scene Up 设置 Up 向量尽量与场景的 Up 轴在一条线上，从而代替 World Up 向量；Object Up 设置 Up 向量尽量瞄准被设置物体的原点，而不再与 World Up 向量排列在一条直线上，World Up 向量被忽略；Object Rotation Up 设置 World Up 向量相对某些物体的局部空间被定义，代替了原来场景的世界空间。在相对于场景的世界空间变换 Up 向量后，它会尽量与世界空间的 Up 向量对齐；Vector 设置 Up 向量以最大程度与 World Up 向量排列在一条线上。None 设置不考虑被约束物体绕 Aim 向量的方向。

3. Orient(方向约束)

方向约束用于匹配一个或多个物体的方向。此约束对同时控制多个物体的方向是非常有用的。例如，在一群角色中，通过动画一个角色的头，然后将其他角色的头约束到刚刚动画的角色头上，使所有的角色同时看向一个相同的方向。

方向约束参数设置面板与点约束的相似，请大家参考点约束的参数内容。

4. Scale(缩放约束)

缩放约束使物体跟随一个或多个物体缩放。该缩放对于使几个物体同时进行缩放是很有意义的。比如，通过动画一个角色的头，然后把其他角色的头约束到刚刚动画的角色的头，这样可使一组角色的头在同时都在一个方向中。

缩放约束参数设置面板与点约束的相似，请大家参考点约束的参数内容。

5. Parent(父子约束)

使用父子约束可以将一个对象平移和旋转约束到另一个对象上，这是对父子关系的模仿。当 Parent 约束被应用到某个对象上时，它们之间的关系并不是以组或层级关系建立的，而是仍保持独立，只是在行为上看似目标对象的子对象。

选择"Constrain→Parent"命令打开"父子约束"参数设置面板，如图 3-21 所示。

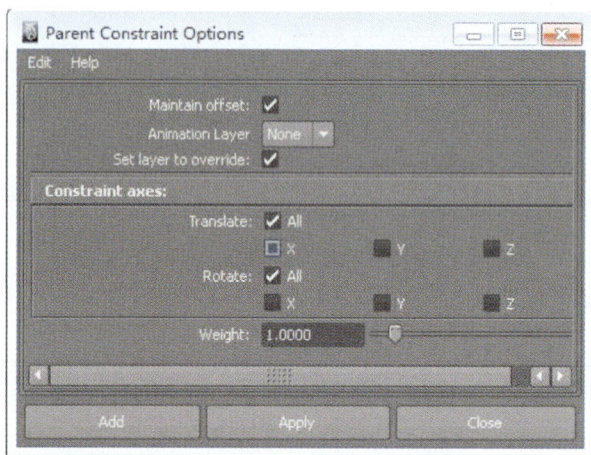

图 3-21　"Parent"参数设置面板

Parent 父子约束视窗参数如下：

Constraint Axes：确定将 Parent 约束限制到位移和旋转某个特定的轴(x，y，z)上还是限制到所有轴上。当选定的是 All 时，X 框，Y 框和 Z 框会变灰色且不可用。在父子约束中我们可以看到属性面板里同时并列出了"Translate"和"Rotate"这两个选项，它就是点约束以及旋转约束的结合。

6. Geometry(几何体约束)

几何体约束和前面几种约束不同，几何体约束是作用在物体的底层构造属性上。几何体约束可将几何体限制到 NURBS 表面、NURBS 曲线或多边形表面上。如果想用被约束物体适应于目标物体的表面，还可以使用法线约束。

几何体约束的参数设置很简单，请大家参考点约束的参数内容。

7. Normal(法线约束)

法线约束可约束物体的方向，使物体方向与 NURBS 表面或多边形表面的法线在同一条线上。当需要一个物体在独特的、复杂的表面滑动时，法线约束是非常有用的。如果没有法线约束，沿表面移动或动画物体将耗费大量的时间。

法线约束的参数设置与目标约束的相似，请大家参考目标约束的参数内容。

8. Tangent(切线约束)

切线约束可约束物体的方向以使物体沿曲线运动，当物体沿曲线移动时，物体的指向总是沿曲线方向，曲线提供了物体运动的路径，物体定向自身沿曲线的方向，始终沿曲线指向。切线约束常用于控制物体跟随曲线的方向运动。

切线约束的参数设置与目标约束的相似，请大家参考目标约束的参数内容。

9. Point On Poly(点到多边形约束)

点到多边形约束是 Maya2011 新增功能，我们可以将物体约束到多边形表面 Vertex 点上。例如：我们可以制作出一幅纽扣或胸章等物体被约束到多边形表面某一点上，然后当我们移动多边形表面的点时，纽扣等物体跟随变化。

点到多边形约束的参数设置与点约束的相似，请大家参考点约束的参数内容。

10. Closest Point(近距约束)

近距约束也是 Maya2011 新增功能，这个约束使用比较简单，我们可以只有一个物体就可以建立约束效果。近距约束创建后，场景就添加了两个"Locator"定位器。我们可以通过"Locator"定位器获取相关信息。

近距约束的参数也很简单，勾选"Input Position Locator"指约束实施后创建输入位置定位器；勾选"Closest Position Locator"指约束实施后创建近距离位置定位器。

11. Pole Vector(极矢量约束)

极矢量约束是使极矢量重点跟随一个或多个对象的平均移动。在角色设置中，胳膊关节链的 IK 旋转平面手柄的极矢量经常被限制在角色后面的定位器上。在一般情况下，我们想约束极矢量，这样可以在操纵 IK 旋转平面手柄时，避免意外地反转。当手柄矢量接近或与极矢量相交时，反转出现，所以我们应该约束极矢量，以使手柄矢量不能与之相交。在后面的角色动画实战中会应用到这一约束。

3.2.5　非线性动画编辑

非线性动画编辑是指 Maya 利用"Trax Editor"编辑器，对所有 Animation Sequence 都进行阶层化，然后进行动画编辑的过程。它可以对 Maya 三维动画的所有关键帧都进行片断化，然后复制，粘贴，或者把具有不同动作的片段相互混合，再把两个动作自然的连接在一起。

我们还可以把编辑好的动画片断在其他的场景上输出，进行再次活用，各种动作都被片断化后保存了起来，根据不同的需要，打开适当的片段，就可以制作出新的动作。

1. Character 角色

Maya 的 Character 角色是将我们要进行动画的所有物体集合属性放置在一个组中的一个节点。这些相互之间没有关联的属性可以制作成一个角色节点，还可以很容易的对所有属性进行关键帧的创建。

首先，我们先来学习一下角色的菜单内容。按"F2"键进入 Animation 模块选择菜单"Character"菜单项，如图 3-22 所示。

2. Create Character Set 建立角色

在创建角色时，可先设置创建选项后创建角色或者使用当前组创建选项直接创建角色。

创建方法：

◆ 选择所有的动画物体，要使用这些物体的属性去动画角色。

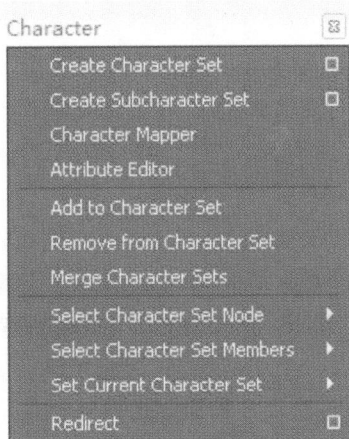

图 3-22　"Character"菜单

◆ 选择"Character→Create Character Set"命令，将所有要动画的属性创建在一个角色节点中。

选择"Character→Create Character Set"命令打开"角色创建"参数面板，如图 3-23 所示。

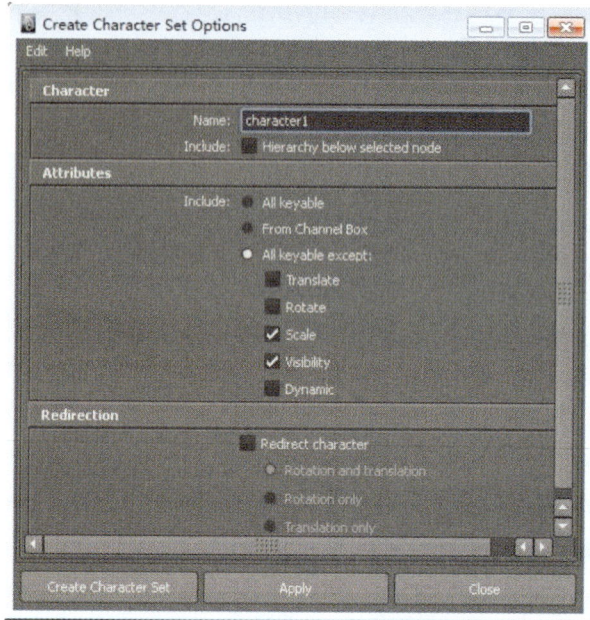

图 3-23 "Create Character Set"参数面板

Character 参数如下：

Name：设置角色的名称。

Include：勾选该项，所选择的物体属性与物体的子层级属性都包含在所建立的角色节点中。不勾选该项，那么只有选择的物体属性包含在所建立的角色节点中。

Attributes 参数如下：

设置哪些属性被添加到所建立的角色节点中。

Include：用户可选择"AllKeyable"命令，"From Channel Box"项或"All Keyable Except"项。

All Keyable：设置所有选择物体的所有可关键帧属性作为角色的属性被包括。

From Channel Box：设置只有在 Channel Box 中当前选择的通道和角色一致。

All Keyable except：设置哪些属性添加到角色节点中。其中有以下属性可供选择："Translate"项设置是否添加移动属性；"Rotate"项设置是否添加旋转属性；"Scale"项设置是否添加缩放属性；"Visibility"项设置是否添加可见性属性；"Dynamic"项设置是否添加动力学属性。

Redirect 有如下参数。

Redirect Character：勾选该项将容许角色进行重定向设置。

Rotation and translation：包括旋转和位移属性。

Rotation only：仅仅影响旋转属性。

Translation only：仅仅影响位移属性。

3. Create Subcharacter Set 建立子角色

我们可使用定义的角色去创建子角色。当创建子角色时，Maya 就会把子角色添加到当前角色。这是非常有用的，因为我们可使用 Maya 的动画角色功能来分离角色的层次。

创建方法：

选择想要定义角色物体的子角色（比如，组成角色脸部的物体，如耳朵等）

◆ 选择"Character→Create Subcharacter Set"命令就可以进行子角色的创建，具体的参数参看 Create Character Set 中的属性。

4. 编辑角色

编辑角色包括：选择角色、添加通道属性到角色、从角色中删除通道属性、编辑角色通道属性、编辑角色属性、编辑角色组等内容。

（1）选择角色

选择"Character→Select Character Set Node→已有的角色名称"命令，如图 3-24 所示。

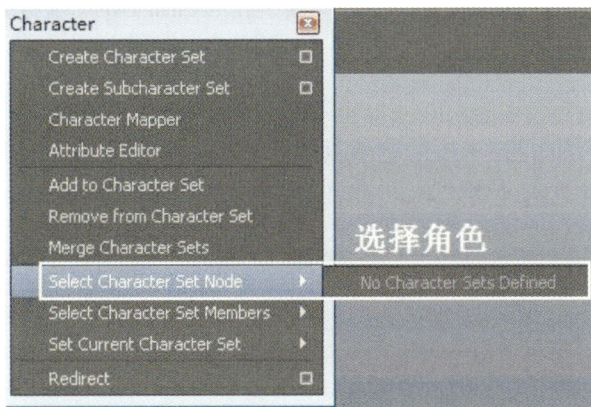

图 3-24　选择角色

（2）添加通道属性到角色

选择"Character→Add to Character Set"命令，我们当前的角色添加任意物体的通道属性，如图 3-25 所示。

提示：此物体可以不是角色中的部分。

（3）从角色中删除通道属性

选择"Character→Remove from Character Set"命令，从当前角色中去除通道属性，如图 3-26 所示。

（4）编辑角色通道属性

通道是显示在"Channel Box"通道盒中的属性。在"Channel Box"通道盒中编辑角色通道的属性内容，如图 3-27 所示。

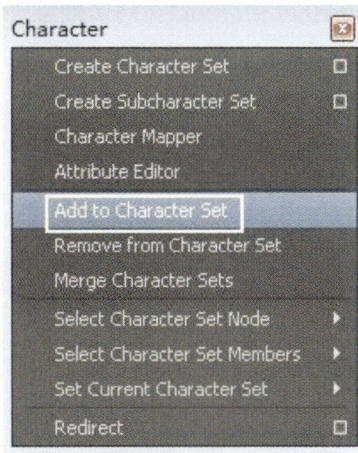

图 3-25　添加通道到角色

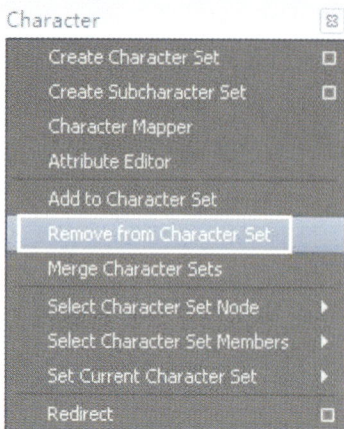

图 3-26　从角色中删除通道

图 3-27　"Channel Box"通道盒中角色属性

使用通道盒编辑通道属性的步骤如下：

◆ 选择要编辑的角色，也可以在"Outliner"列表中选择角色。

◆ 在界面左侧的"Channel Box"通道盒中，角色的通道被默认列出。

◆ 使用鼠标左键单击通道名称，如图 3-27 所示。例如单击 Translate X 或 Translate Y。

◆ 在场景中，按住鼠标中键左右移动鼠标。通过移动鼠标，我们可交互地改变被选择通道的属性值。

提示：在移动鼠标时，按住键盘的"Ctrl"键可进行精确的控制，按住"Shift"键可进行粗略地控制。

（5）编辑角色属性

使用属性编辑器编辑角色属性的步骤如下：

◆ 选择角色，在"Outliner"列表中选择角色。然后，可以通过选择命令"Character →Attribute Editor"访问属性编辑器或者按"Ctrl＋A"组合键打开"属性"编辑器。还可以在 Outliner 中在角色图标上双击打开"属性"编辑器。

◆ 在属性编辑器中列出了下列角色的相关属性："Character Attributes"、"Node Behavior"和"Extra Attributes"，如图 3-28 所示。

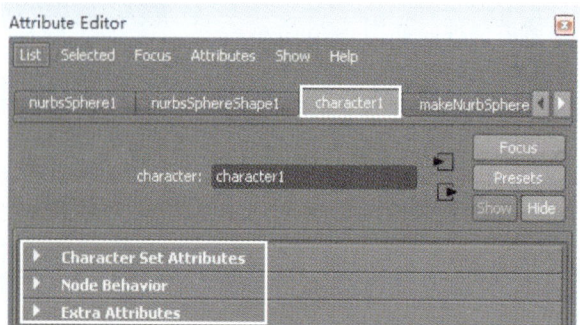

图 3-28　属性编辑器中的角色属性

（6）编辑角色组

编辑角色组包括从组中去除或添加属性。默认设置是角色组包含角色中物体所有可设置关键帧属性。在一般情况下，我们可能仅使用其中的一部分属性，这取决于角色中所包含的物体数量和复杂程度，在角色组中保持所有的属性将导致通道盒中的通道列表过长。因而，在创建角色后可以去除角色组中一些属性，当然也可以再将它们添加回角色组中。

从角色组中去除属性的步骤如下：

◆ 选择"Window→Relationship Editor→Character Sets"命令，打开"Character Editing"模式。编辑器左栏列出了场景中所有的角色组，如图 3-29 所示。

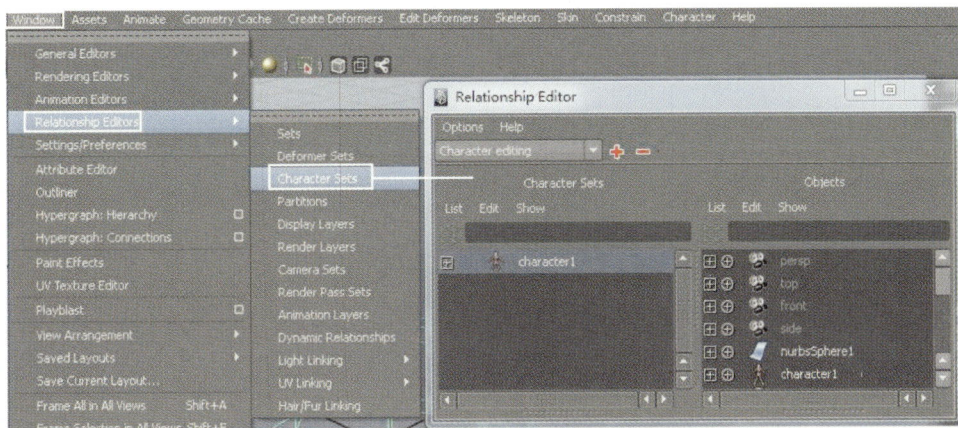

图 3-29 "Character Sets"关系编辑器

◆ 选择一个角色组将其高亮显示。

◆ 单击被选择角色旁边的＋号图标可以列出角色组中所有的属性。

◆ 选择要从角色组中去除的属性，可以使用"Shift"键和鼠标左键选择相互临近的项目，按住"Ctrl"键和鼠标左键可以选择互不临近的项目。

◆ 在 Relationship Editor 中，选择"Edit→Remove Highlighted Attributes"命令。那么被选择属性从角色中去除，如图 3-30 所示。

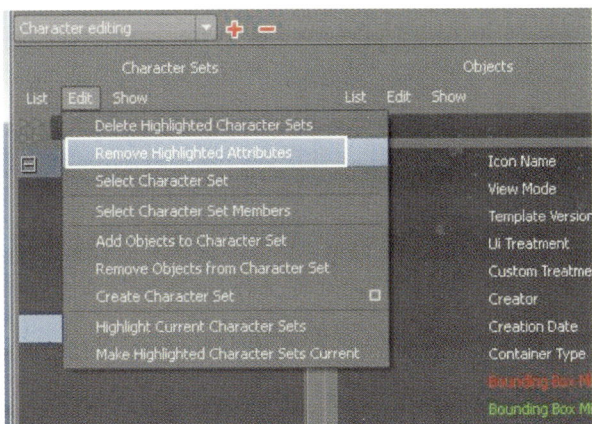

图 3-30 Remove Highlighted Attributes

为角色组添加属性的步骤如下：

◆ 选择"Window→Relationship Editor→Character Sets"命令，打开"Character Editing"模式。编辑器的左栏列出了在场景中的所有角色组；右栏列出了在场景中的所有物体。

◆ 在左栏选择要添加属性的角色组，在右栏选择其属性要添加到角色组的物体。

◆ 单击物体名称旁的"＋"图标，伸展物体使它的属性被列出。

◆ 在要添加到角色组中的属性名上单击。被选择属性将被添加到角色组。

5. Trax Editor 编辑器

使用 Trax Editor 可以创建和编辑独立于时间的角色动画片段。

选择"Window→Animation Editors→Trax Editor"命令，显示"Trax Editor"窗口，如图 3-31 所示。

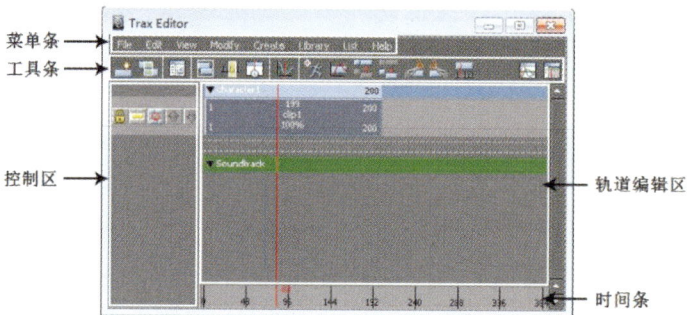

图 3-31　"Trax Editor"窗口

"Trax Editor"窗口有 4 个工作区域：

菜单栏：包含角色和片段有关的选项，让我们可以非线性的创建和编辑动画。

工具条：包含常用菜单的快速选择图标。

控制区：包含控制每个轨道的动画重放按钮。

轨道编辑区：包含所有的轨道，动画片段和音频片段。可在该区域内进行轨道和片段的编辑，形成复杂的动画效果。

(1)Clip 片段的基本概念

片段是 Maya 非线性动画中最基本的部件。我们可以在一个或多个轨道上用一个或多个片段动画角色，并且一个轨道上也可以有多个不同的片段。如果一个角色有多个轨道，Maya 会使用轨道上的所有片段。当我们创建片段时，会产生两种片段：Source clip 源片段和 Regular clip 正常片段。

源片段(Source clip)：源片段包含原始的动画数据。Maya 为了保护原始的动画数据，防止意外的更改，把它们存储在 Visor 库面板中。选择"Window→General Editors→Visor"命令，可以打开"库面板"，如图 3-32 所示。

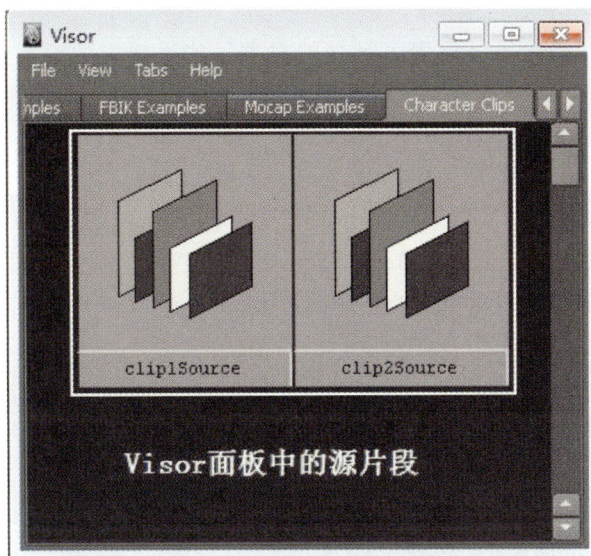

图 3-32　来自 Visor 面板的源片段

正常片段（Regular clip）：正常片段就是源片段的产物或播放实例。它的播放范围是源片段的部分或全部范围，如图 3-33 所示。

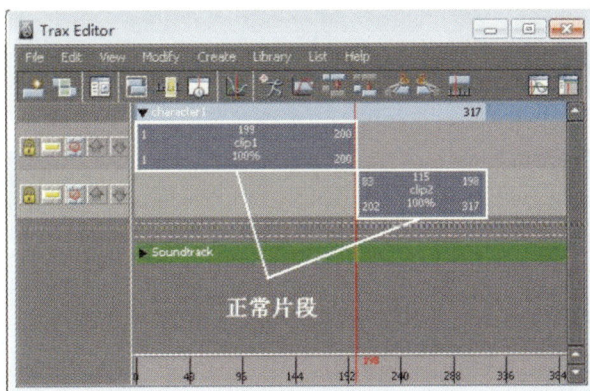

图 3-33　正常片段

除了上述两种常见片段外，Maya 中还提供了概要片段和音频片段。

概要片段（Summary clips）：概要片段代表一个角色组下所有轨道上的片段的时间范围，通过概要片段我们可以整体的移动那些片段。

音频片段（Audio clips）：从 Maya 6.0 以后我们就可以在 Trax Editor 中使用音频片段，当我们在 Trax Editor 中导入 wav 或者 aiff 类型文件时，这些文件在音频轨道（Soundtrack）上显示为音频片段。

（2）创建片段

在动画一个角色之后，我们可以为动画的每个部分创建一个 Clip 片段。创建正常片段的基本条件是角色或对象要有动画曲线，通俗地说是必须存在关键帧。

创建方法：

◆ 选择角色组，或选择已设置了动画的对象。如果选中的对象不存在现有的角色中，Maya 会创建一个包含选中对象的动画通道的新角色。如果选中对象已经存在于角色中，Maya 会向该角色中添加一个片段。

◆ 在"Trax Editor"编辑器中选择"Create→Animation Clip"命令或者从主菜单窗口"Animate→Create Clip"。

◆ 设置好参数后单击"Create Clip"按钮。这样我们就可以为动画的对象创建片段。

在"Trax Editor"编辑器中选择"Create→Animation Clip"命令打开"点约束"参数设置面板，如图 3-34 所示。

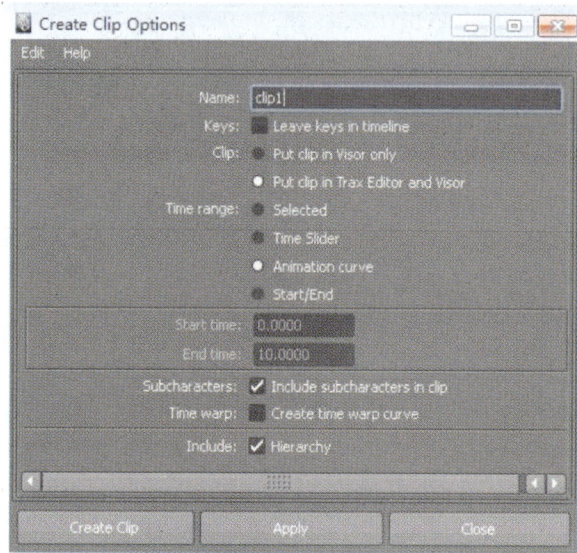

图 3-34　创建"Clip"片段参数面板

创建"Clip"片段视窗有如下参数。

Name：片段的名称。

Keys：勾选该项后，Maya 不会清除时间栏里和 Graph Editor 中的角色组的关键帧，并把片段放进"Visor"窗口里。如果不勾选该项，我们可以选择把片段只是放在 Visor 中，还是放在 Trax Editor 中。

Clip：指定把创建的片段放置在何处。Put Clip in Visor 仅将片段置于 Visor 中；Put Clip in Trax Editor and Visor 将片段置于 Trax Editor 和 Visor 中。

Time range：在 Trax Editor 中确定片段的时间范围。

Subcharacters：选择在片段中是否包含子角色。

Time warp：决定是否建立时间扭曲。

（3）编辑片段属性

在"Trax Editor"编辑器中选中一个片段，选择"Modify→Attribute Editor"命令，打开"Tribute Editor"中的片段属性，如图 3-35 所示。也可以通过鼠标交互的调整片段的各项属性。

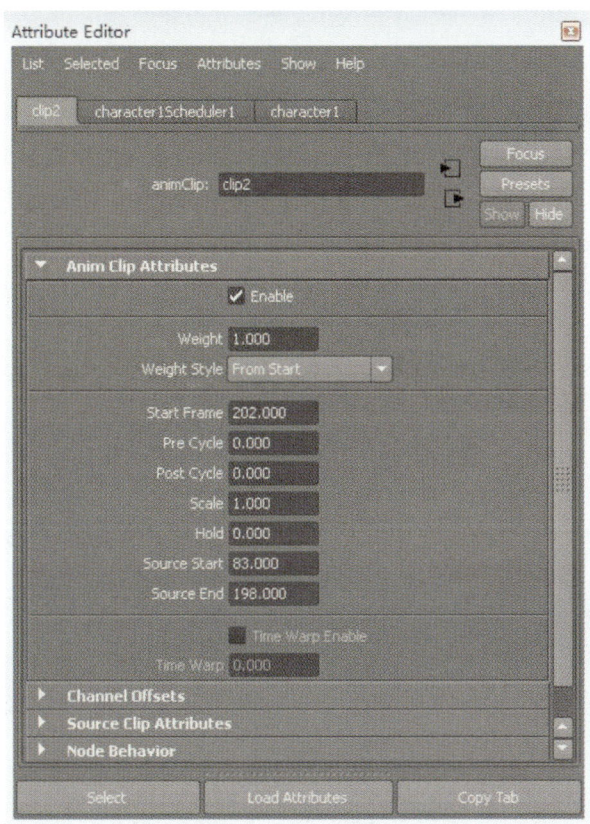

图 3-35 "Attribute Editor"中的片段属性

Attribute Editor 中的片段属性有如下参数。

Enable：决定片段是否产生作用。

Weight：通过指定百分比来缩放片段的属性值，缩放对片段的整个动画起作用。

Start Frame：设置片段的实际播放开始时间，也可以在 Trax Editor 中左右拖动片段来改变播放的开始时间，如图 3-36 所示。

Pre Cycle 前部循环和 Post Cycle 后部循环：指定片段在原始片段之前或之后将重复播放几次。我们也可以按住"Shift"键，在片段右下数字区域，鼠标将出现循环拖动图标，通过循环拖动图标来改变循环的值，如图 3-37 所示。

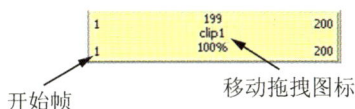

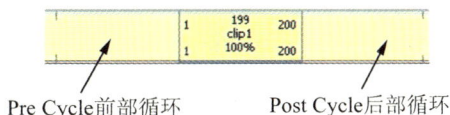

图 3-36 移动片段　　　　　　**图 3-37 片段的循环**

Scale：延长或缩短片段的时间范围。增加缩放的值动画就会放慢。也可以通过拖移片段块的右下边缘显示的缩放拖动图标来改变缩放值，如图 3-38 所示。

缩放百分比　拖动这里进行
　　　　　缩放控制

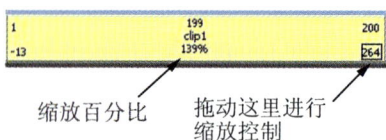

图 3-38　片段的缩放

Hold：保持片段结束的最后姿势的时间也可以通过拖移片段块的右下边缘显示的保持拖动图标来改变保持值，如图 3-39 所示。

保持值　拖动图标

图 3-39　片段保持

Source Start 或 Source End：源片段开始的帧数和源片段结束的帧数。通过编辑这两组选项，我们可以修整(Trim)源片段的始末时间。也可以通过拖移片段块的左上或右下边缘显示的修整拖动图标来改变保持值。

(4)复制片段

我们可以对片段进行复制操作。在"Trax Editor"编辑器中选择"Edit→Duplicate"命令来创建源片段及其动画曲线的拷贝。

(5)分割片段

我们可以对选中的片段进行分割操作。在"Trax Editor"编辑器中选择"Edit→Split"命令把角色的动画分离成多个可重复使用的片段。

(6)合并片段

我们可以通过"Trax Editor"编辑器中"Edit→Merge"命令合并两个或多个选中的片段为一个片段。合并的片段可以是同一个轨道上按序排列的片段，也可以是不同轨道上下排列的片段。

(7)混合片段

我们可以通过"Trax Editor"编辑器中"Create→Blend"命令混合角色组中两个选中片段的通用属性，从而在片段的运动中创建平滑的过渡。

提示：片段中必须有一个或多个共同的属性，否则混合操作会失败。

(8)查看并编辑片段的动画曲线

我们可以为片段打开"Graph Editor"编辑器中修改其动画曲线。在"Trax Editor"编辑器中选择一个片段，选择"View→Graph Anim Curves..."命令，就可以在"Graph Editor"编辑器中编辑动画曲线。这时候编辑的是"源片段"的动画曲线。

(9)禁用和启用片段

一段复杂的动画是使用多个片段来创建运动合成，然后通过启用和禁用片段，控制哪些片段起作用。如果要禁用片段，使用"Trax Editor"编辑器中"Modify→Enable/Disable"命令，则片段不能再播放；如果要使片段能够重新播放，可以再次使用"Trax Editor"编辑器中"Modify→Enable/Disable"命令，重新启用片段。

（10）添加和删除轨道

对于选中的角色组可以添加和删除空轨道。如果向一个角色中添加多个轨道，那么可以把几个相似的片段放在同样的时间范围里，这样便于比较各个动画。

添加轨道：选择片段，用移动拖动工具向上拖动片段，直到出现一条黑线后释放鼠标，将在该轨道下添加一新的空轨道。如果往下拖动鼠标，该片段将被放置在下面新增加的轨道上。

删除空轨道：选择要去除轨道的角色组，在"Trax Editor"编辑器中选择"Modify→Remove Empty Track"命令，Maya 会去除选择角色的所有的空轨道。

（11）创建 Time Warps 时间扭曲

使用 Time Warps 可以在不修改片段动画曲线的情况下改变片段时间，也可以编辑控制包裹的动画曲线以达到修改 Time Warps 的目的。在我们复制或实例化片段时自动创建 Time Warps 会减慢性能。所以仅在需要时创建 Time Warps。

在"Trax Editor"编辑器中选中要创建 Time Warps 的片段，选择"Create→Time Warp"命令，这样选中的片段节点上新增加了"Time Warp"属性。可以编辑"Time Warp"属性控制片段的翻转等操作。

▶ 3.3　角色动画项目实战

1. 项目分析

本项目是制作一个卡通角色骨骼绑定并制作行走动画效果，如图 3-40 所示。

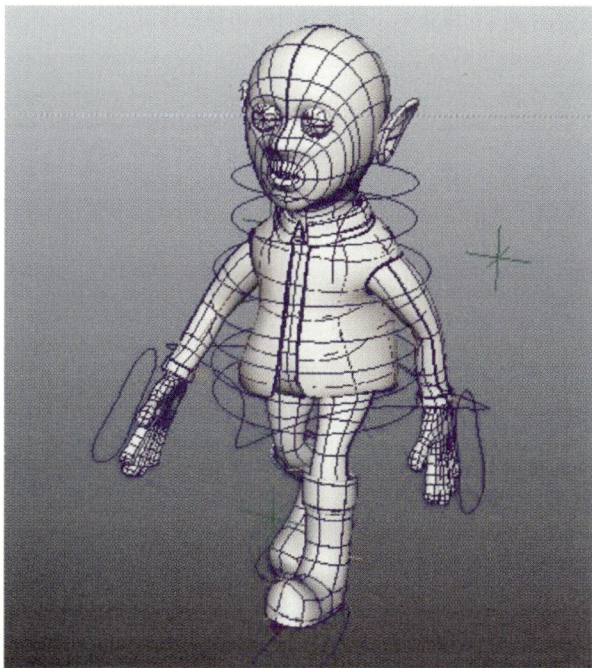

图 3-40　角色行走动画

本项目主要是通过骨骼的创建、添加骨骼控制及蒙皮来使大家熟悉角色动画的制作过程。在进行角色动画制作时,掌握技术仅仅是一个主要的环节。大家还应该去学习动画运动规律、动画时间控制等相关知识。这样才能制作出比较好的角色动画。

2. 项目实战

打开要创建骨骼的角色模型,如图 3-41 所示。选择全部的角色模型,在"Channel Box"通道盒中单击 图标将打开的角色模型创建到层中进行管理,如图 3-42 所示。

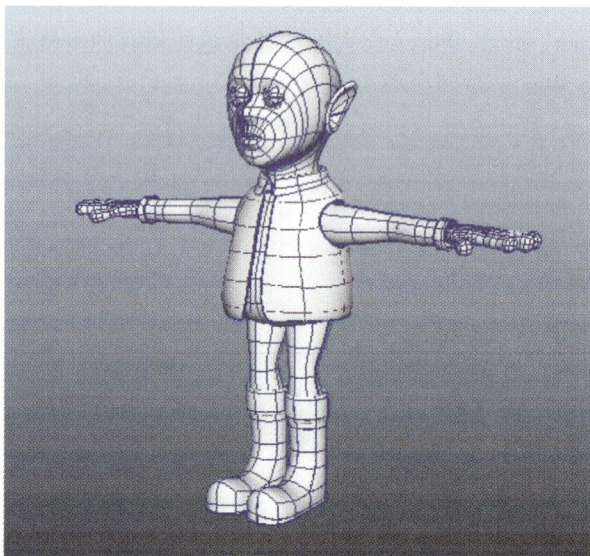

图 3-41　要创建骨骼的角色模型

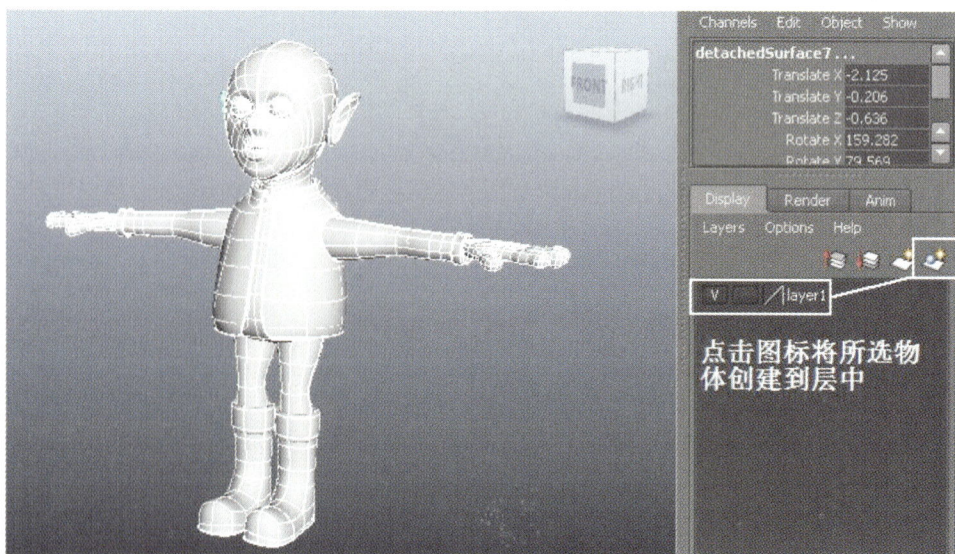

图 3-42　创建层

在创建骨骼前,单击图层管理中物体锁定方式的图标,将模型显示状态调整为线框状态,如图 3-43 所示。

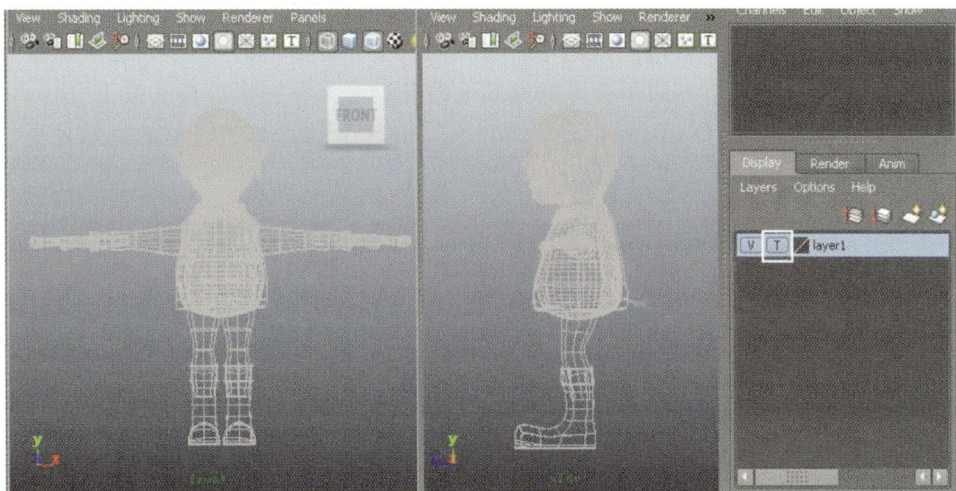

图 3-43 线框锁定模式

步骤一：创建腿部骨骼结构。

选择"Skeleton→Joint Tool"命令工具，在工具参数面板中将 Orientation 设置为 None 的方式并且将试图切换到侧视图，从大腿根部向下依次创建骨骼，如图 3-44 所示。切换到前视窗，可以发现骨骼处于坐标系的中间，把骨骼调整到合适位置，如图 3-45 所示。在为腿部创建骨骼的时候，要为膝盖处创建出一个有一定角度的骨骼，这样在后面为角色创建控制手柄时会减少很多麻烦。

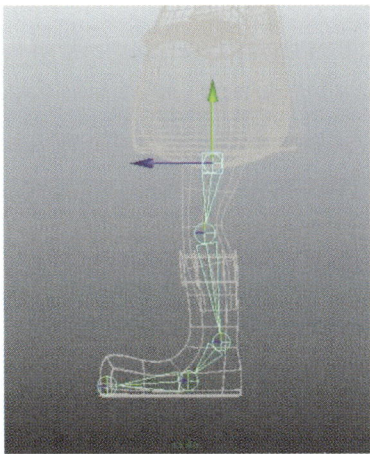

图 3-44 在侧视窗中创建骨骼

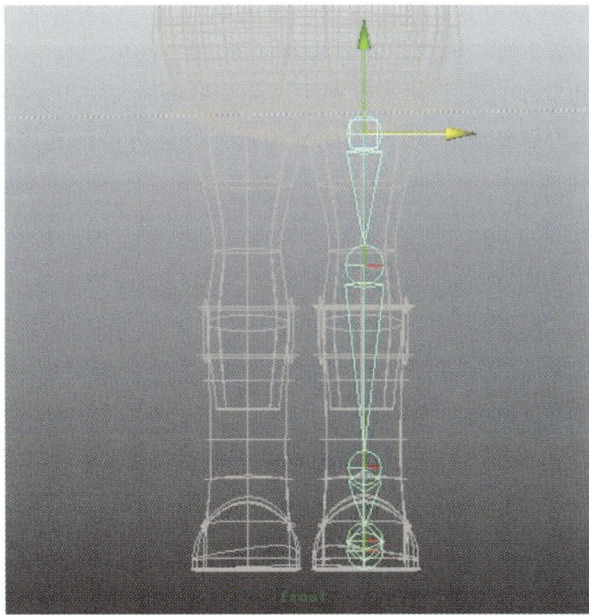

图 3-45 在前视窗侧调整骨骼

步骤二：创建脊椎和头骨骼结构。

选择"Skeleton→Joint Tool"命令工具，在工具参数面板中将 Orientation 设置为

None 的方式并且将试图切换到侧视图，从角色的胯部开始依次往上，为角色创建出脊椎与头部的骨骼结构。在为角色创建骨骼的时候，按下键盘上的"Insert"键来调整骨骼的位置，使用这样的调节方式不会影响到其他的骨骼，调整完毕后再次按下"Insert"键回到原来的状态。选择"Display→Animation→Joint Size"命令修改骨骼的显示大小，如图3-46所示为角色创建完成的脊椎与头部骨骼结构。

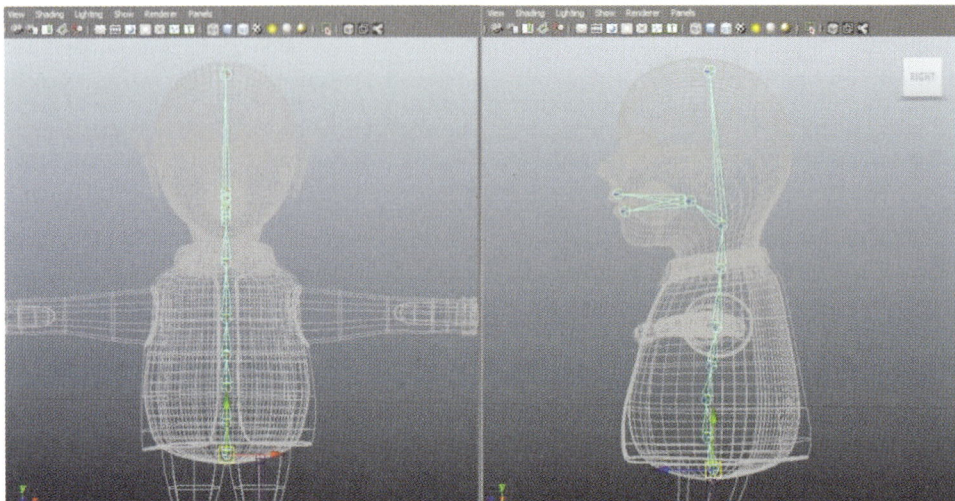

图 3-46　创建脊椎和头部骨骼结构

步骤三：连接腿部与身体骨骼。

选择"Skeleton→Joint Tool"命令工具，在工具参数面板中将 Orientation 设置为None 的方式并且将试图切换到侧视图，在身体根关节的下面再创建一个关节，调整到合适位置，然后把它作为根关节的子物体。这一个关节主要用来控制臀部的扭动，如图 3-47 所示。控制臀部扭动的骨骼创建完毕后，选择大腿的骨骼的根关节，在选择身体的根关节按下"P"键完成腿部与身体骨骼的连接，如图 3-48 所示。

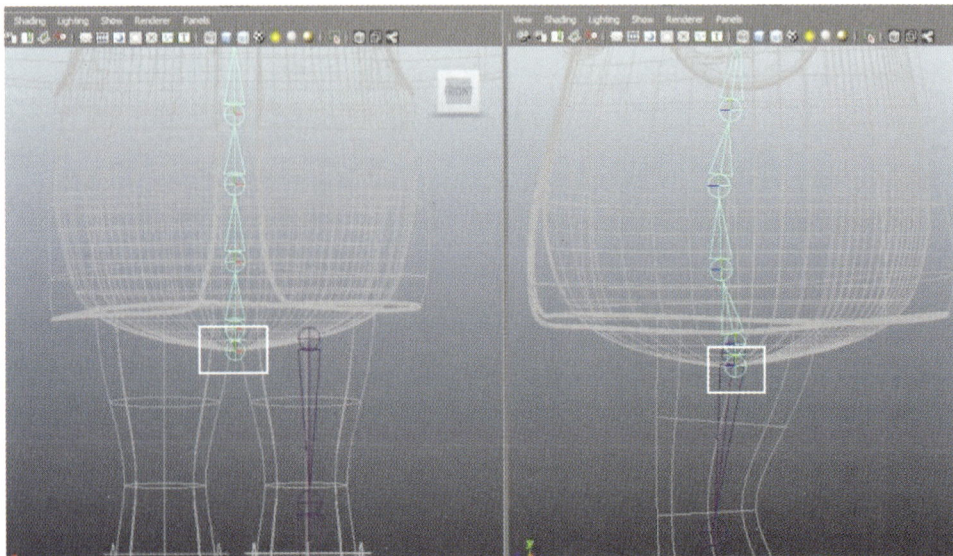

图 3-47　创建控制臀部扭动的关节

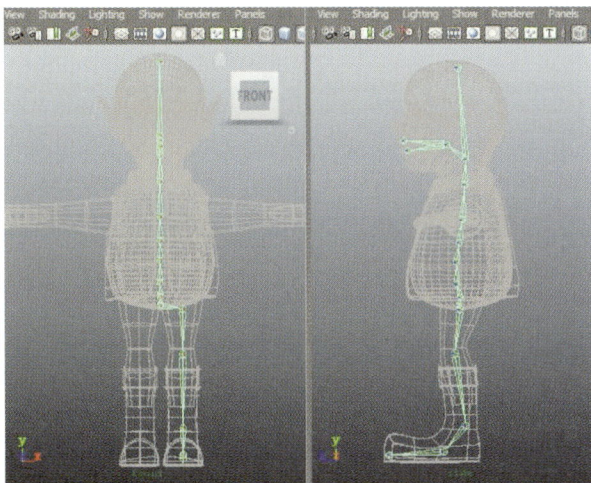

图 3-48　连接腿部与身体骨骼

步骤四：创建肩部、手臂、手的骨骼。

选择"Skeleton→Joint Tool"命令工具，在工具参数面板中将 Orientation 设置为 None 的方式，从肩部往手的部位依次创建肩部、手臂和手指的骨骼结构，如图 3-49 所示。在创建肩部与手臂骨骼的时候，我们需要在侧视图、前视图、顶视图以及透视图中不停的切换并观察位置，只有这样才能更准确地创建骨骼。

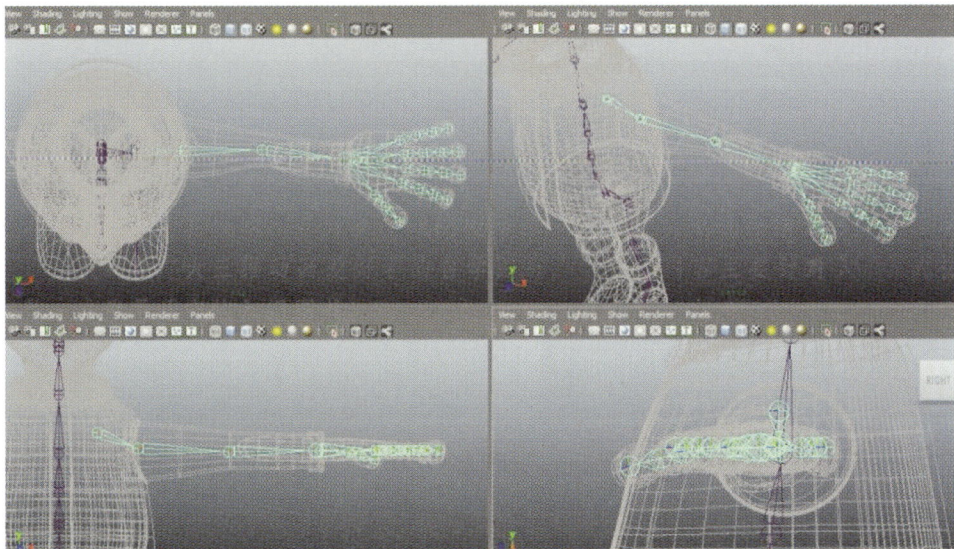

图 3-49　创建肩部、手臂和手指骨骼

我们把肩部与手臂的骨骼调整到合适的位置就完毕了。在单独调整手指骨骼位置的时候，不要旋转骨骼而应该采用按下"Insert"键的方式进行调整。因为要保持骨骼的初始旋转属性为 0，这样在以后的设置中能够避免一些不必要的麻烦。

步骤五：肩部、手臂骨骼与脊椎骨的连接。

锁骨的位置确定好后，将其连接到脊椎的骨骼上。选择手臂根关节，再选择脊椎

骨按"P"键如图 3-50 所示肩部、手臂骨骼与脊椎连接到一起。

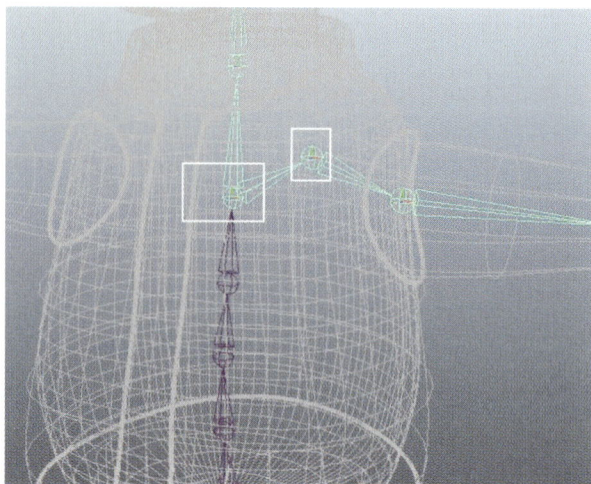

图 3-50　连接手臂与脊椎

步骤六：下面为创建好的骨骼进行重命名以便于后面的具体操作。具体的命名如图 3-51、图 3-52。当然具体的命名大家可以根据自己的习惯去定义，但在命名的时候尽量选择英文或拼音。

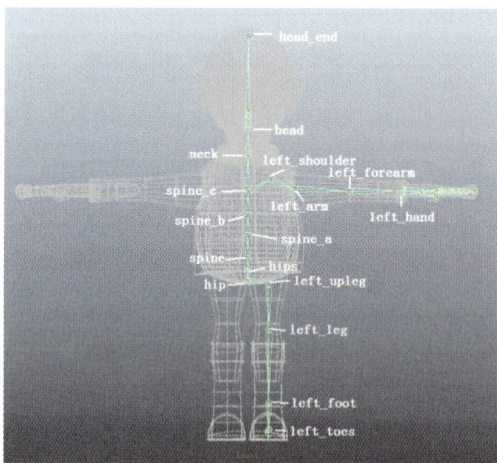

图 3-51　整体身体骨骼命名

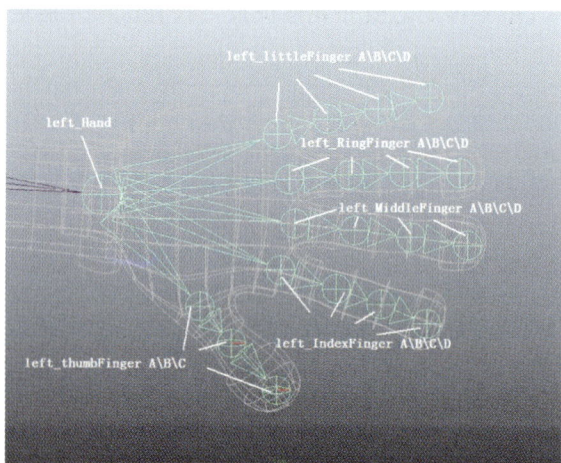

图 3-52　手骨骼命名

给骨骼命名是非常重要，不仅可以方便以后权重绘制等动画调节工作，还可以便于数据的管理。特别是在动画属于一项团队项共同开发和制作的项目。因此，大家要养成良好的骨骼命名习惯。

步骤七：制作另一半身体的骨骼。

我们已经建立角色的左半部分骨骼，下面通过镜像的方式得到右半部分。选择"Skeleton→Mirror Joint"命令打开"镜像骨骼"的属性面板，参数设置如图 3-53 所示。

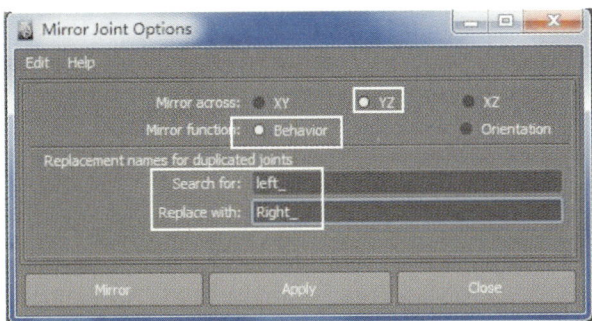

图 3-53　镜像参数设置

在 Outliner 中选择骨骼 Left_Shoulder 关节，然后在"Mirror Joint"面板中单击 Apply。选择骨骼"Left_UpLeg"关节，将"Mirror function"属性修改为"Orientation"并镜像骨骼。这样，角色的骨骼就建立完毕了，如图 3-54 所示。

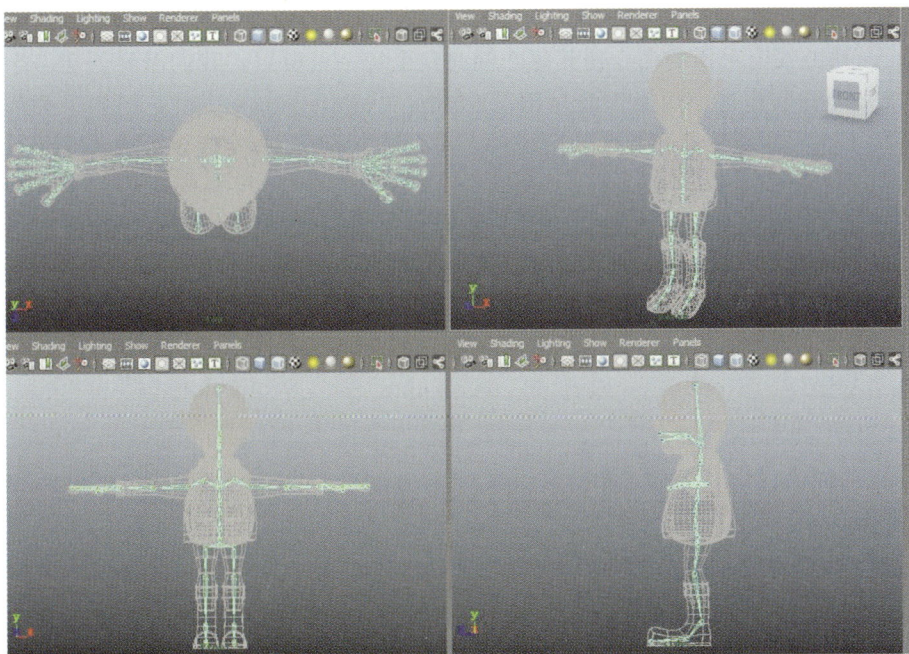

图 3-54　骨骼效果

步骤八：检查并修正关节的坐标轴方向。

修正关节的坐标轴方向，目的在于使关节在运动的过程中处于正确的运动形式。当改变关节的位置时，它们的局部旋转轴的方向不受影响。由于局部旋转轴不受影响，所以当改变关节的位置时，坐标轴不再与骨骼对齐。修正关节的坐标轴方向通常有手动和输入脚本的两种方式。选择创建好的骨骼的根关节，按下"F8"键进入元素选择状态，然后单击元素图标栏中的问号图标。这样就会显示骨骼局部坐标轴的关系，如图 3-55所示。从图中可以看到左右两端的坐标轴是相反的，同时手部的坐标轴也并不是完全合理的。

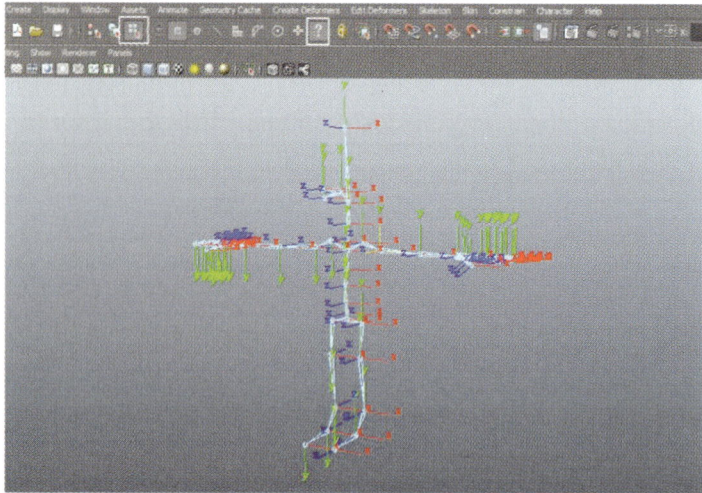

图 3-55   修改前的坐标轴状况

　　Maya 中并没有可用的命令使其每个轴向完全统一。所以，我们需要创建一个简单的 MEL 脚本来实现这个功能。该 MEL 脚本是："rotate-r-os 0 0 0"。例如手关节 y 轴需要旋转 180°，才能使其和其他轴向统一，那么这个 MEL 脚本应该写成："rotate-r-os 0 180 0"。

　　下面就来具体的修正这些错误。打开如图 3-56 所示脚本编辑面板，在面板中输入"rotate-r-os 180 0 0"语句并用";"结尾。

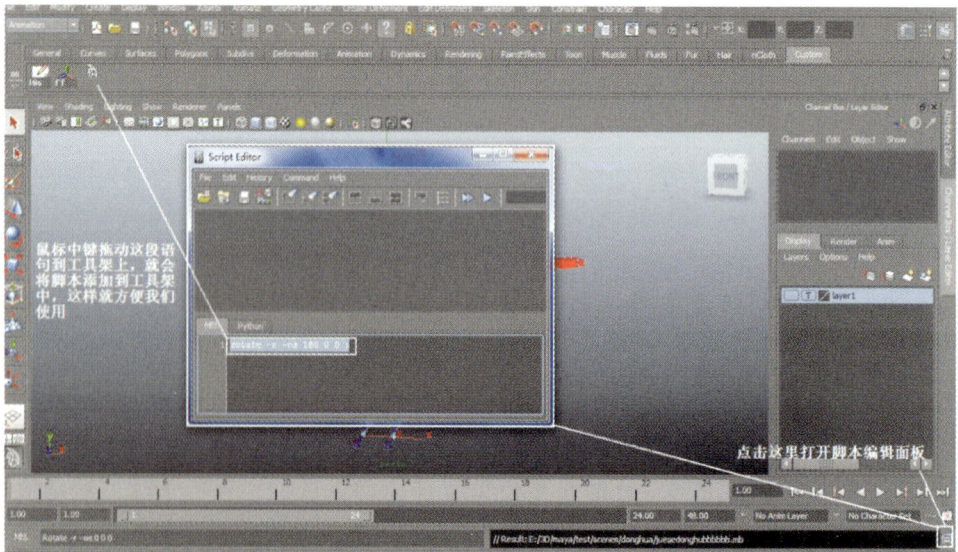

图 3-56   脚本编辑面板

　　选择我们要改变的坐标轴，单击工具架上添加的语句脚本就可以将坐标轴翻转过来，如图 3-57 就是修改后的效果。

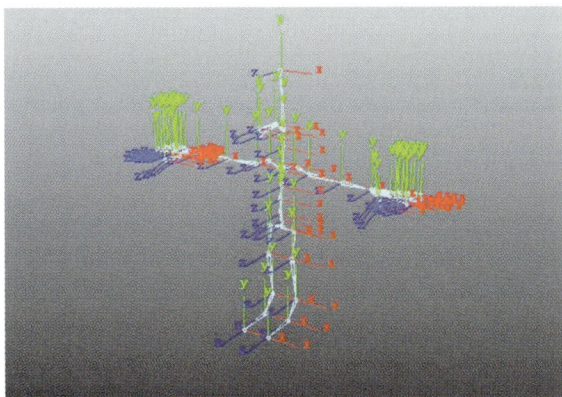

图 3-57　修改后的坐标轴效果

　　然后选择将手部的坐标轴通过旋转操作器进行手动的修改，修改为如图 3-58 所示效果。这样就有利于手部动画的表现。

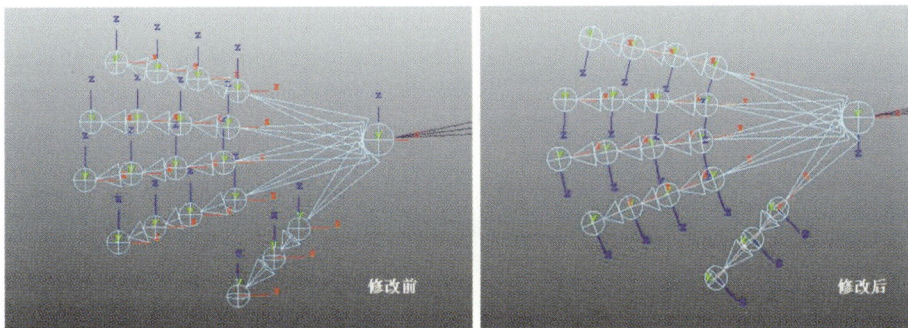

图 3-58　修改前后的对比效果

　　修改完后，在侧视图创建两组控制脚的骨骼，如图 3-59 所示。然后给左侧的骨骼从根部关节进行命名依次为："left_c_foot_a、left_c_foot_b、left_c_foot_c、left_c_foot_d"，如图 3-60 所示。

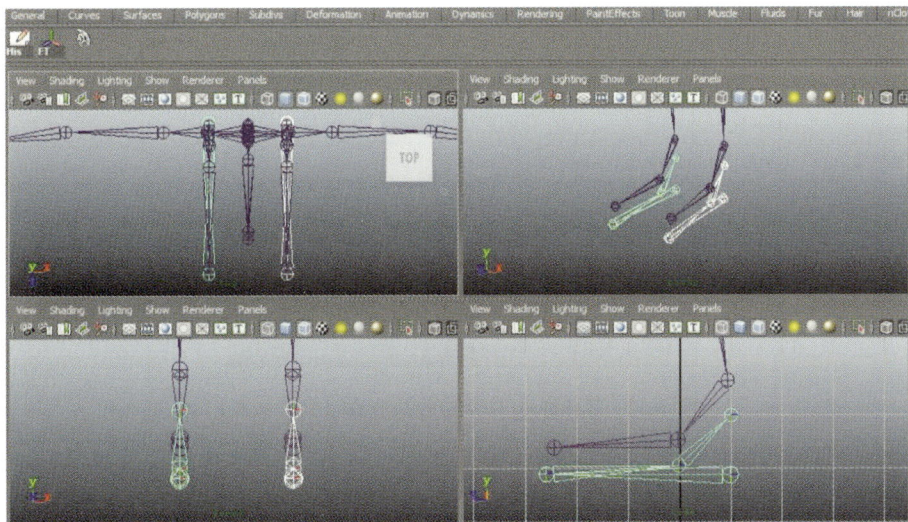

图 3-59　控制脚的骨骼

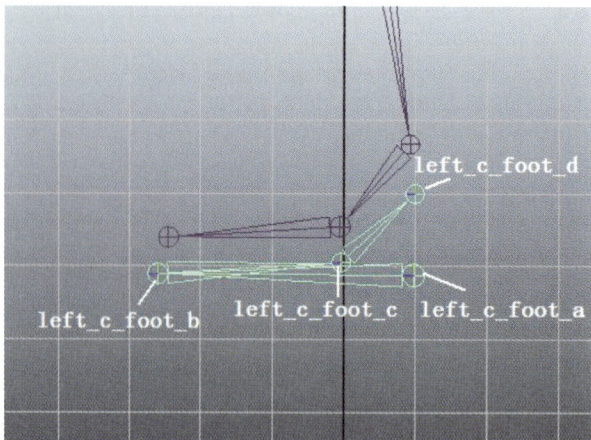

图 3-60　骨骼命名

这样我们就完成了角色所需骨骼的创建。

步骤九：创建角色控制物件。

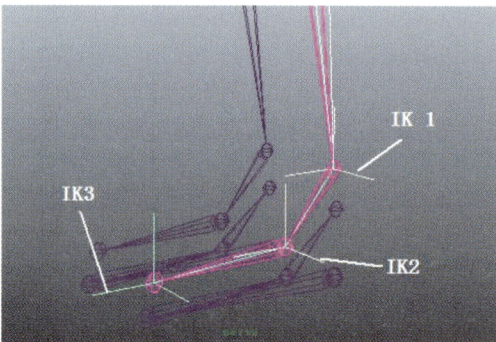

图 3-61　创建 IK 控制器

首先，为角色进行腿部的设置。选择"Skeleton→IK Handle Tool"命令工具，从"Left_UpLeg"往下依次创建 3 个 IK 控制器，如图 3-61 所示，3 个 IK 分别是 IkHandle1、IkHandle2、IkHandle3。其中 IkHandle1 的 Current solver 设置为 IkRPsolver 类型；IkHandle2、IkHandle3 设置为 IkSCsolver 类型。

为了方便控制，分别让三个 IkHandle 与脚部的关节进行父子关联，如图 3-62 所示。IkHandle1 成为"left_c_foot_d"的子物体；IkHandle2 成为"left_c_foot_c"的子物体；IkHandle3 成为"left_c_foot_b"的子物体。

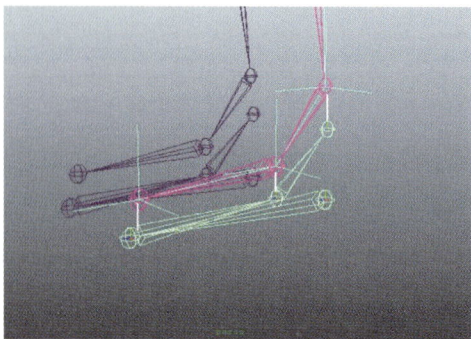

图 3-62　IkHandle 与脚部的关节进行父子关联

下面用曲线绘制一条类似于脚的曲线，如图 3-63 所示。这条曲线将用于控制整个脚步的动画效果。

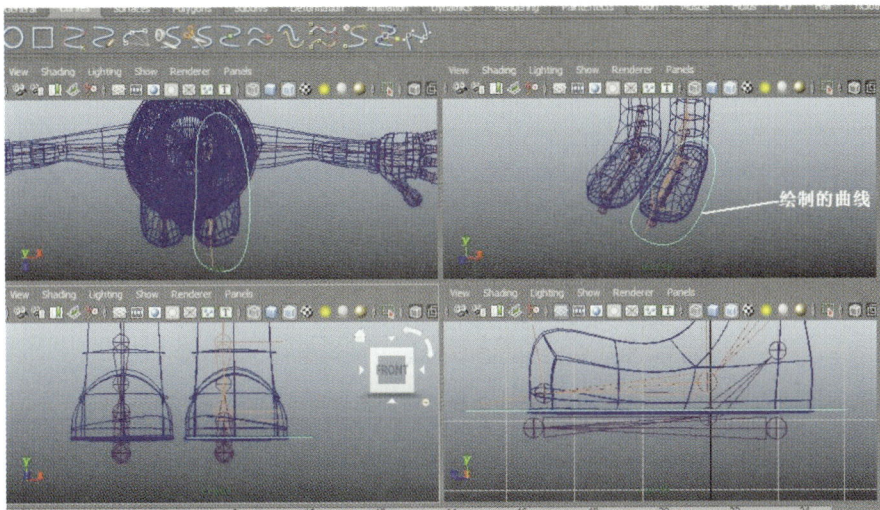

图 3-63　绘 制 曲 线

选择绘制好的曲线，在"Channel Box"通道盒中选择"Edit→Add Attribute"命令，在弹出的编辑面板中为曲线添加控制属性，设置如图 3-64 所示。我们添加了一个"foot _c_rotate"属性，且该属性值最大为 5，最小为-5，默认值为 0。

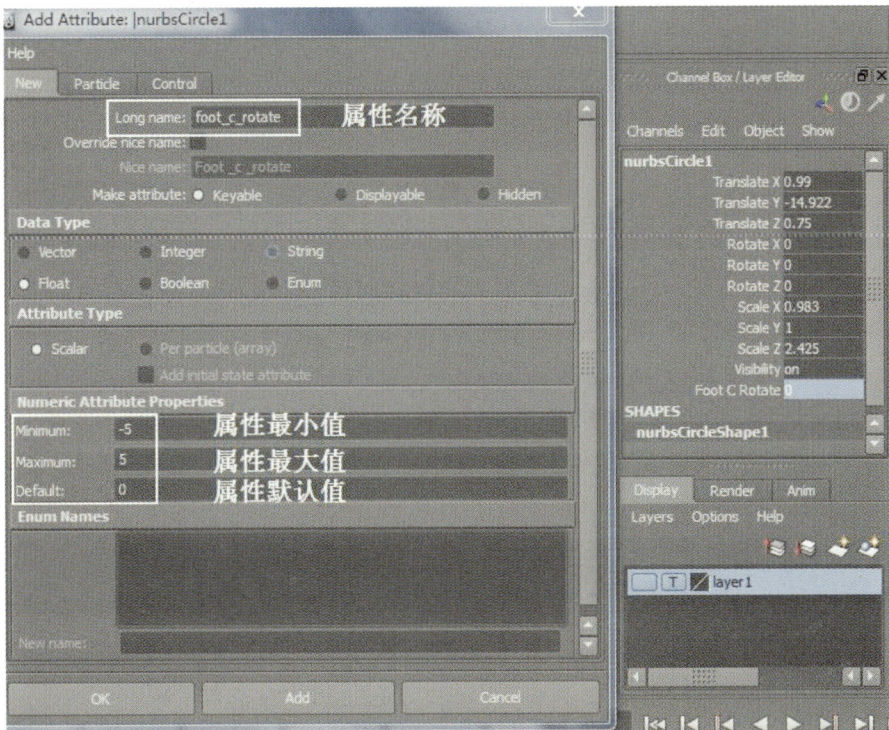

图 3-64　为曲线添加属性

下面具体来制作控制曲线的属性。首先选择控制脚部的那组骨骼，然后再选择曲线并按下"P"键。这样曲线就控制了脚部的移动，如图 3-65 所示。

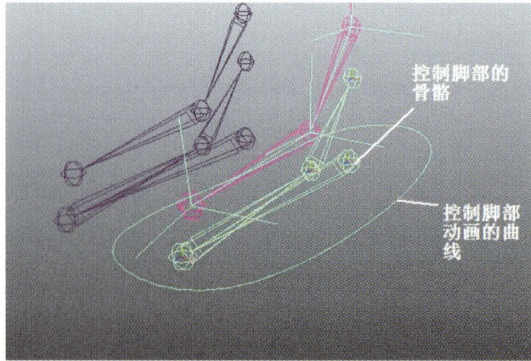

图 3-65 曲线控制脚部骨骼

选择打开"驱动关键帧"面板，分别载入驱动者与被驱动者设置，如图 3-66 所示。

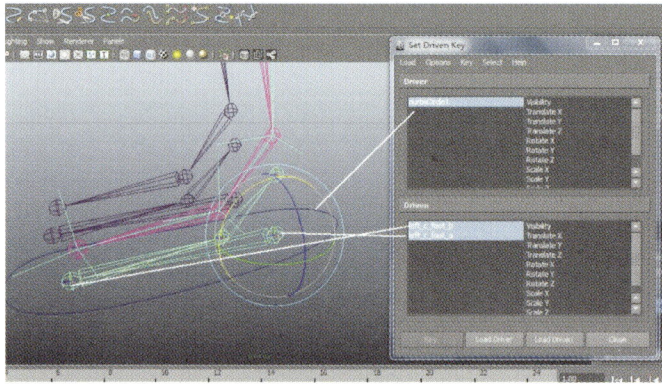

图 3-66 驱动关键帧

分别选择要进行驱动关键帧设置的参数，如图 3-67 所示。在默认状态时，分别对"left_c_foot_a"关节和"left_c_foot_b"关节的旋转属性"Rotate X"为 0 的状态进行驱动关键帧的记录，单击"Key"按钮进行记录。

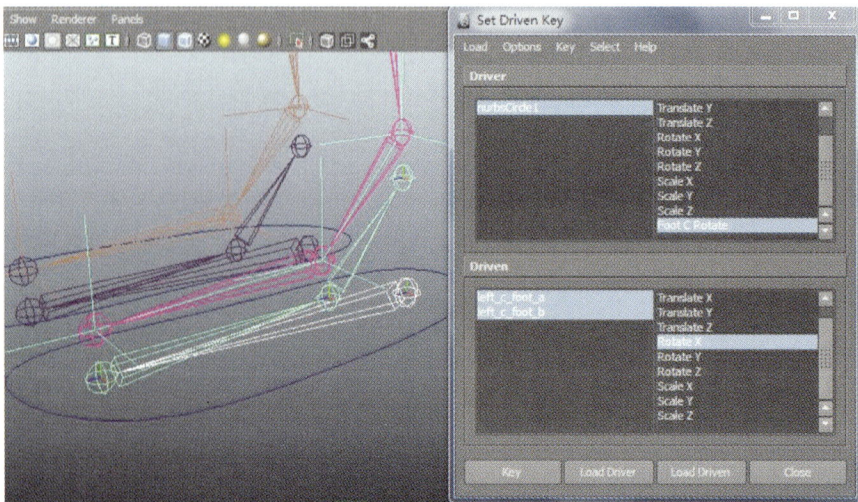

图 3-67 驱动关键帧创建方式

选择"left_c_foot_a"命令关节，将 Rotate X 轴旋转−40°，再选择曲线将"foot_c_rotate"数值改为 5，单击"Key"按钮记录驱动关键帧；选择"left_c_foot_b"命令关节，将 Rotate X 轴旋转 40°，再选择曲线将"foot_c_rotate"数值改为−5，单击"Key"按钮记录驱动关键帧。这样我们就将腿部的控制转化到曲线上，使用相同的方式完成另外一条腿的控制，如图 3-68 所示。

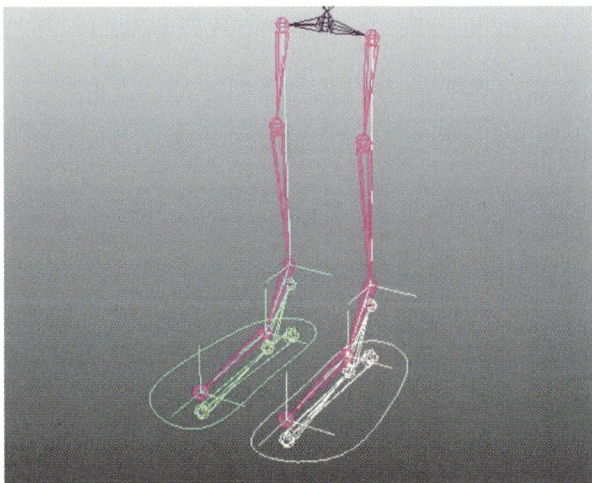

图 3-68　对于腿的控制

给腿部添加极矢量约束。选择"Create→Locator"命令创建一个 Locator 定位器。按"V"键吸附到膝关节上，然后朝膝关节前方拖动一段距离。选择命令"Locator"，然后按"Shift"键加选 IkHandle1，选择"Constrain→Pole Vector"命令，创建一个极矢量约束。现在这个 Locator 就可以控制膝关节的运动了，如图 3-69 所示。按照同样的方式完成两个腿部膝关节的运动控制。

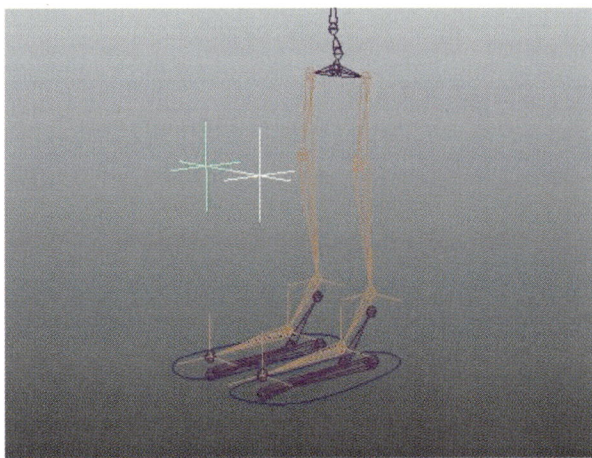

图 3-69　膝关节控制

把 Locator 做为腿部控制器的子物体，并对其进行 Freeze 冻结。这样腿部的设置就完成了。

步骤十：接下来我们为头部和上身进行设置，创建控制物体。

选择"Create→NURBS Primitives→Circle"命令，创建一个 NURBS 圆环曲线来作为控制器，如图 3-70 所示调整到身体以外的大小状况。创建完毕后在调整控制器之前，我们首先按"Ctrl＋G"组合键为曲线创建一个空组，打完组后按住"V"键把控制器吸附到 Hips 处，我们用这个控制器来控制根关节的运动，如图 3-71 所示。

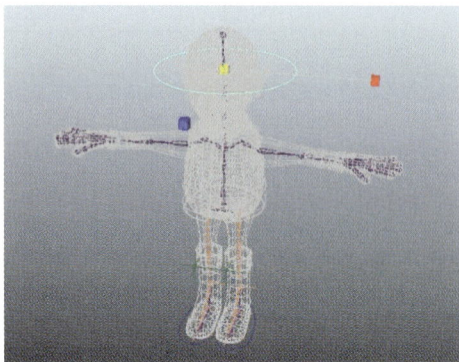

图 3-70 创建圆环曲线

图 3-71 移动到根关节处

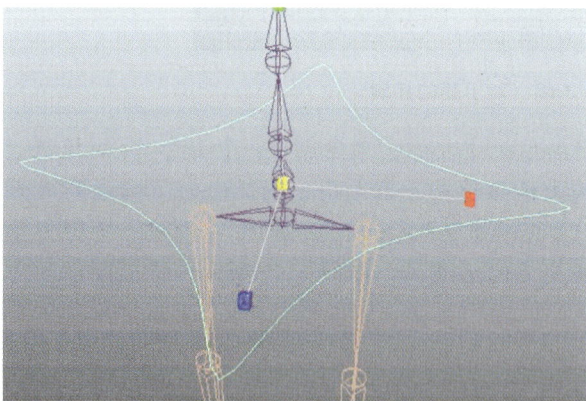

图 3-72 调整后的曲线形态

由于根关节的运动主要控制身体的上半部分进行移动或旋转，所以把这个控制器的形状调整成容易辨认的外形效果，如图 3-72所示。大家也可以根据自己的想法自行调整任意形态。

选择控制器，按住"Shift"键再选择根关节的骨骼，选择"Constrain→Parent"命令创建一个父子约束。现在曲线就可以控制根关节的骨骼了，如图 3-73所示。

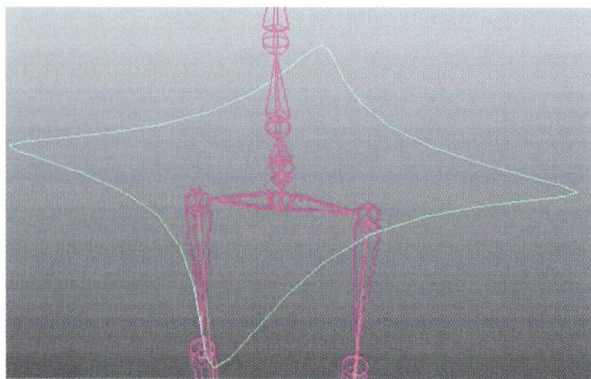

图 3-73 建立根关节控制

提示：在创建完控制器后，需要给控制器打一个组，修改控制器的时候，要去修改控制器的组，但是在做约束的时候，必须要用控制器去缺约束骨骼，而不能用组去约束。

下面继续为躯干和头部的其他关节骨骼进行设置。躯干和头部除了根关节外，其他关节的设置方法都是一样的。先为每个关节创建一个控制器并分别给每个曲线建立一个空组，如图 3-74 所示。在调整或移动曲线时记得一定要移动曲线的组节点。

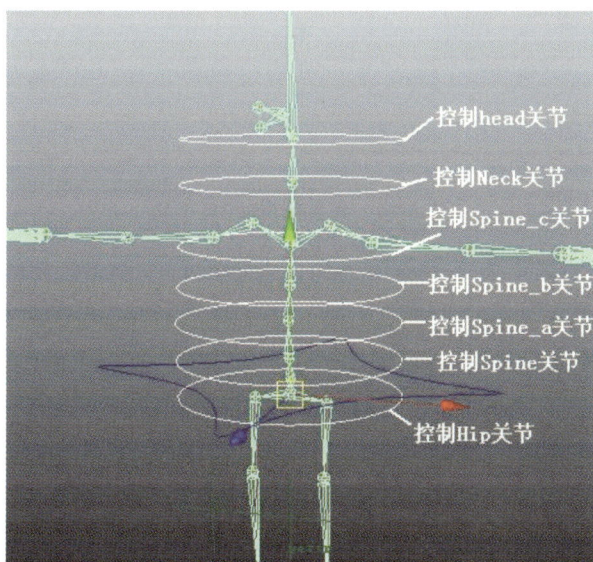

图 3-74　建立其他关节的控制曲线

创建完曲线后清除历史记录和进行数值冻结，选择"Constrain→Orient"命令用每一个控制器来和它相对应的关节分别做一个方向约束。然后把每一个曲线控制器的组作为它所控制的骨骼的上一层级关节的子物体，如图 3-75 所示。

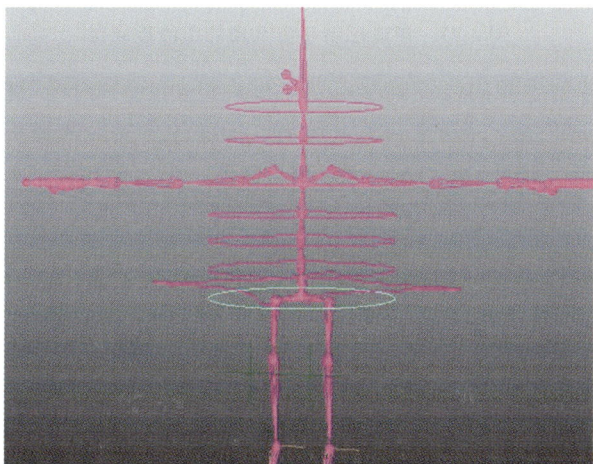

图 3-75　创建其余控制

步骤十一：下面来完成手臂和手的动画控制。

选择"Skeleton→IK Handle Tool"命令，选择为手臂创建 IK 手柄，如图 3-76 所示。

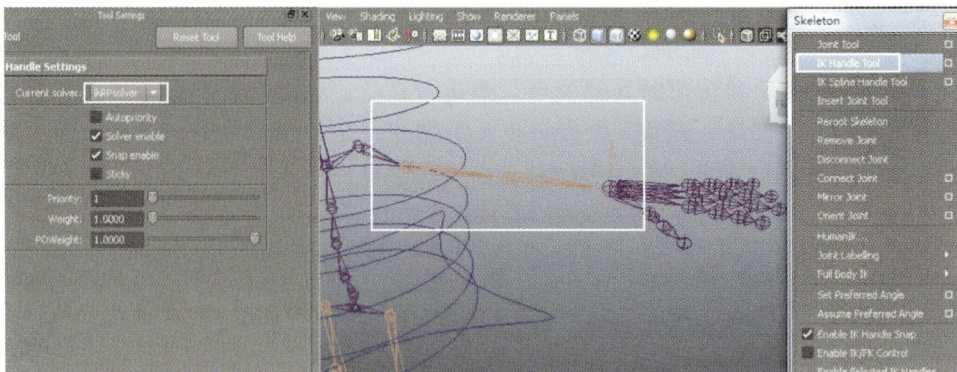

图 3-76　为手臂创建 IK 手柄

IK 控制手柄创建完毕后，再创建一个手臂的曲线控制器，可以控制手臂的运动。并把轴心捕捉到手腕关节处，如图 3-77 所示。注意调整好位置和形态后冻结数值。

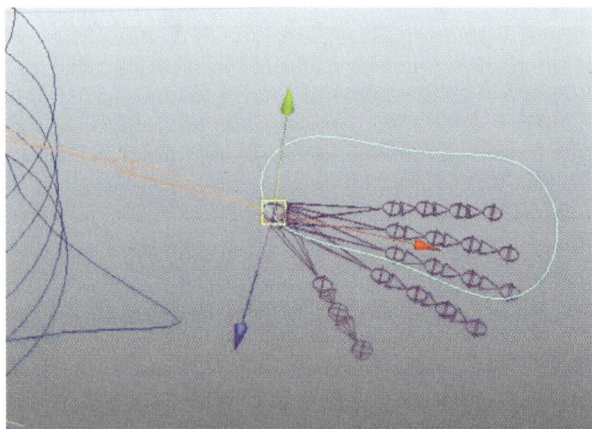

图 3-77　创建控制手臂运动的曲线控制器

选择刚才所创建的手臂曲线控制器，然后按住键盘上的"Shift"键加选 IK 控制手柄，执行"Constrain→Point"命令，创建一个点约束。同样的方法，选择手臂曲线控制器并选择"Hand"骨骼，执行"Constrain→Orient"命令，创建一个方向约束，如图 3-78 所示。

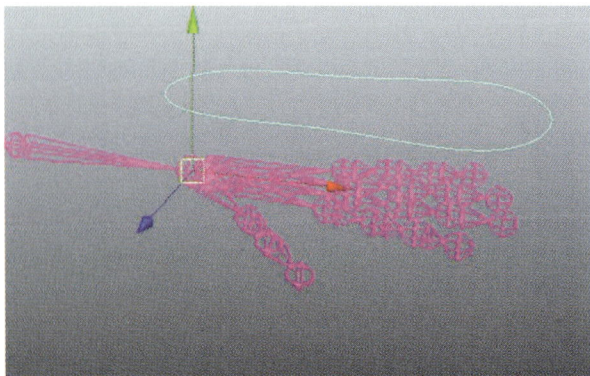

图 3-78　创建约束

建立好约束后使用驱动关键帧的方式为手部添加握拳等控制。选择左侧控制手臂运动的曲线控制器，在"Channel Box"通道盒中添加"hand_c_woquan"属性，属性值的最大值、默认值、最小值分别设置为 5、0、0。具体的添加方式大家可以参考脚部控制。选择"Animate→Set Driven key→set"命令打开"驱动关键帧控制"面板，将曲线控制器添加到 Driven 中，再选择所有的手指关节添加到 Driven 中。在 Driven 中的右侧面板中选择"hand_c_woquan"属性并将数值设置为 0，在 Driven 中的选择全部关节的"Rotate z"属性，在初始状态单击"Key"按钮记录关键帧。然后将"hand_c_woquan"属性数值设置为 5，并将手指关节调整为握拳状态后单击"Key"按钮在此记录关键帧。这样我们就通过曲线控制器的"hand_c_woquan"属性控制了手掌握拳和展开动作。

创建一个"Locator"定位器并捕捉到肘关节位置，然后移动到合适位置。选择"Locator"定位器，在选择 IK 控制手柄，选择"Constrain→Pole Vector"命令创建极矢量约束。并把 Locator 作为肩胛骨的子物体，如图 3-79 所示。

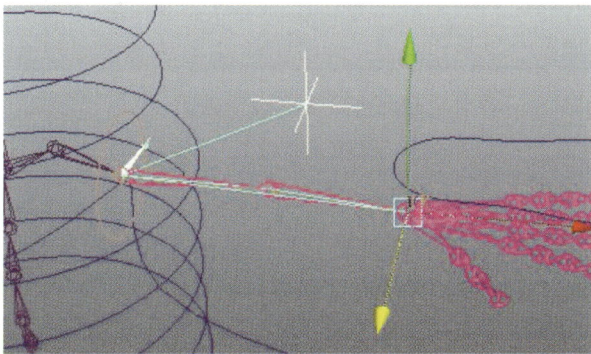

图 3-79　创建 Locator 定位器

最后，为肩胛骨创建曲线控制器，并做一个方向约束。然后把肩胛骨的控制器作为 Spine3 的子物体，如图 3-80 所示。

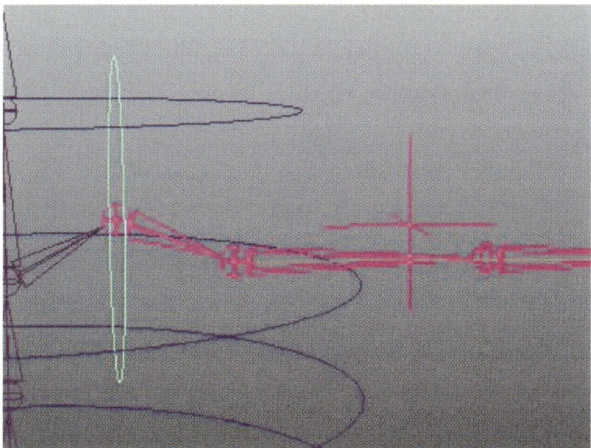

图 3-80　为肩胛骨创建曲线控制器

这样使用同样的方法，为身体另一侧添加控制，最终效果如图 3-81 所示。骨骼的

设置方法有很多种，每一种方法都有其优缺点，但方法都是相似的。具体运用哪一种方法将根据大家的需要与爱好来决定。

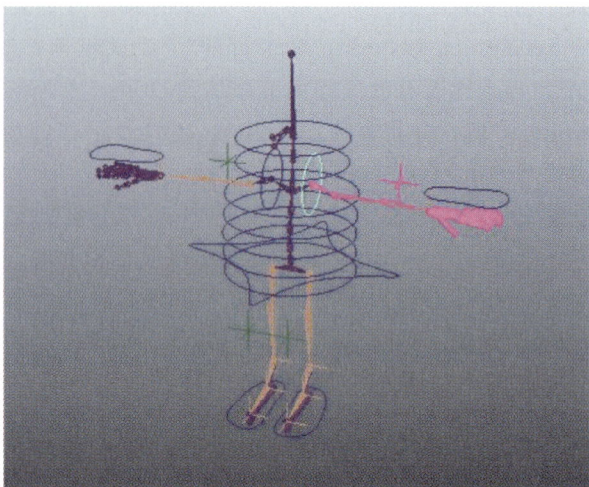

图 3-81　最终绑定效果

绑定完成后对每个控制器"Channel Box"通道盒中的位移、旋转、缩放等属性值进行简化。在"Channel Box"通道盒中选择"Edit→Channel Control"命令打开"通道属性控制"窗口，如图 3-82 所示。在窗口中我们可以选择添加或去除我们不需要的属性值。这样我们就可以精简我们要进行关键帧设置的属性数值。

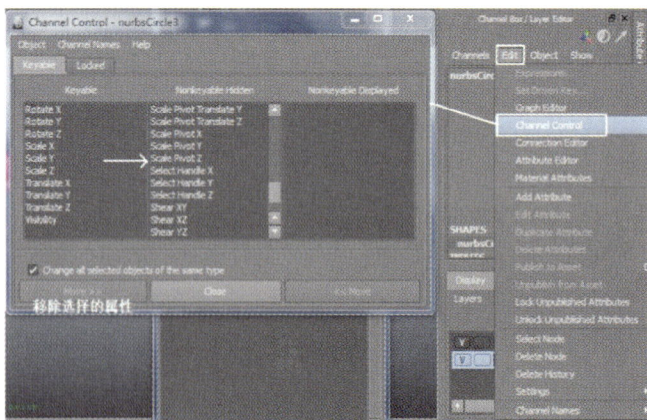

图 3-82　"通道属性控制"窗口

步骤十二：骨骼蒙皮。

本项目中的模型范例是由多个物体组成的。其中眼睛、耳朵都不参与到骨骼蒙皮的过程中，只需将它们和骨骼做父子约束就可以了。因此，为了方便起见可以将它们先隐藏起来。选择眼睛、耳朵等不需要参与蒙皮的物体，按下"Ctrl＋H"组合键就可以隐藏物体。

提示：同样可以在菜单中完成隐藏物体和恢复显示物体的操作，如图 3-83 所示。

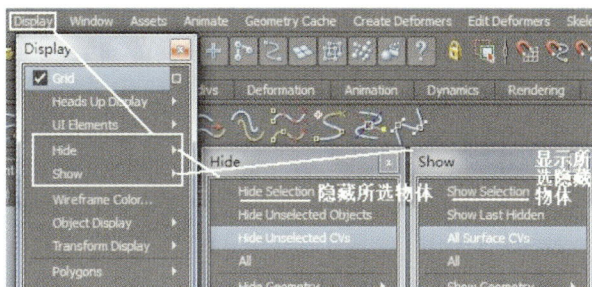

图 3-83　隐藏和显示物体菜单

在"Outliner"大纲列表中选择"Hips"命令关节，然后选择所有模型并选择"Skin→Bind Skin→Smooth Bind"命令为模型添加光滑蒙皮属性，如图 3-84 所示。

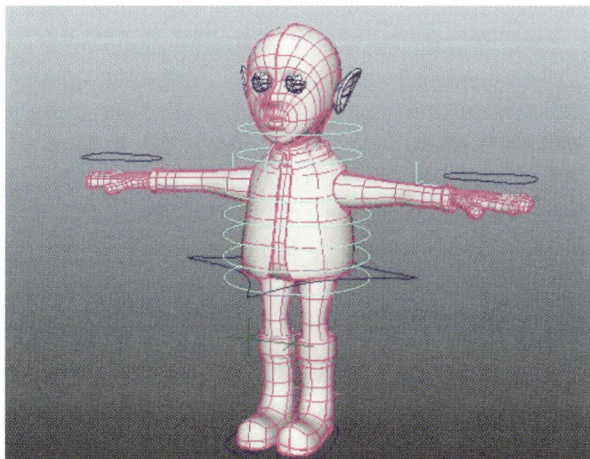

图 3-84　光滑蒙皮

这时，调节一下手或腿部任意曲线控制器，会看到模型的很多地方都存在着变形的问题，如图 3-85 所示脖子在扭动时出现的问题：衣领也跟随一起被拉伸了。

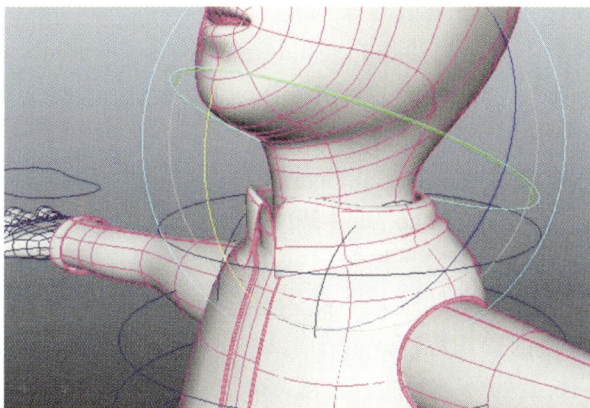

图 3-85　脖子在扭动时的问题

下面就以脖子为例进行蒙皮权重的绘制，从而改善脖子部位的动画效果。选择衣领物体，并选择"Skin→Edit Smooth Skin→Paint Skin Weights Tool"命令工具，打开如图 3-86 所示工具面板。

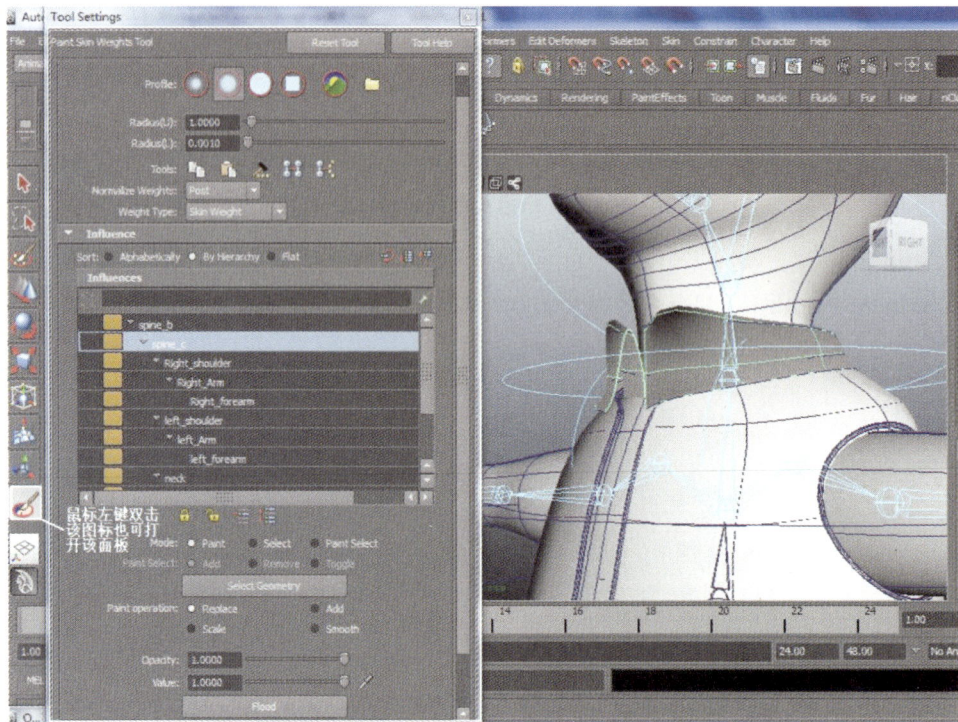

图 3-86　Paint Skin Weights Tool 工具面板

在 Influence 选项栏中选择"Spine_c"命令关节，将 Paint operation 改成 Replace，将 Value 值改成 0（0 数值在绘制时以黑色显示并表示不受当前所选关节控制，1 数值刚好相反）。然后我们开始用笔刷进行绘制，绘制的时候配合使用 Smooth 光滑来绘制权重。如果笔刷大小不太适合，我们可以通过"Brush"选项里的"Radius(U)"滑杆来调节笔刷半径大小或者按住"B"键鼠标左键来调整。

在绘制的时候我们不断的通过选择"Spine_c"、"Spine_b"、"neck"、"head"命令这几个关节来调整绘制权重。同时，不断通过旋转曲线控制器来测试效果。修改结果如图 3-87 所示。

调整完成后选择"Skin→Go to Bind Pose"命令将骨骼恢复成绑定时的姿势。按照同样的方式我们可以通过耐心细致地调整整个身体的权重来改善骨骼对模型的影响程度。对于对称性的物体我们可以只绘制物体一侧的权重效果，

图 3-87　修改后的衣领效果

然后选择模型并执行"Skin→Edit Smooth Skin→Mirror Skin Weights"命令将绘制的权重数值进行镜像。

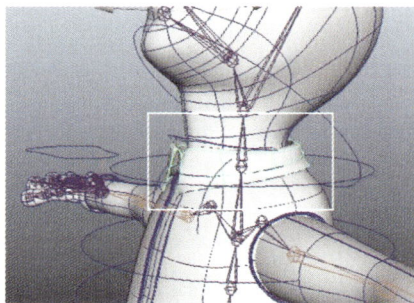

在权重的绘制过程中还可以通过选择"Window→General Editors→Component Editor"命令打开"元素"编辑器，如图 3-88 所示。

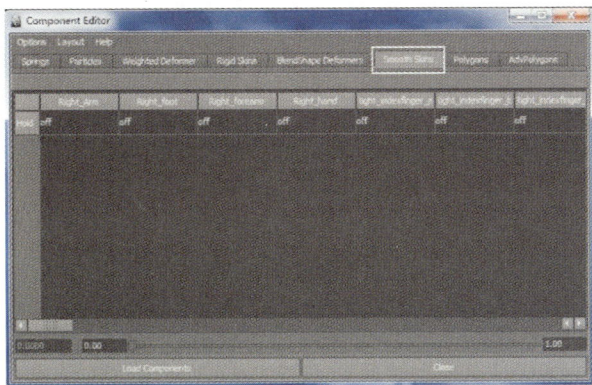

图 3-88   "Component Editor"元素编辑器

在"Component Editor"元素编辑器中我们可以选择命令"Smooth Skins"选项卡，在该选项卡中可以进行光滑蒙皮权重的修改工作。选择要修改的物体并选择物体的点元素，如图 3-89 所示所选点元素就会显示在"Smooth Skins"选项卡中，同时我们可以看到每个点都被什么关节所控制着，数值 1 表示完全控制，0 表示不控制。可以通过修改数值来改善关节对物体的影响作用。

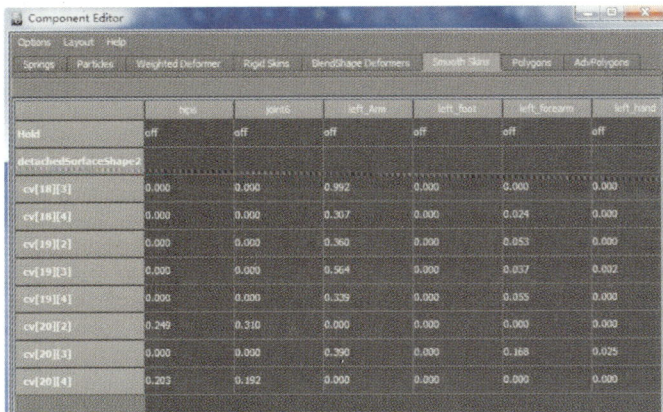

图 3-89   "Smooth Skins"选项卡

这样就可以通过"Paint Skin Weights Tool"和"Component Editor"元素编辑器的配合来完成模型蒙皮后的权重绘制工作。这是一个漫长而繁复的工作过程，希望大家耐心细致的调整。在权重绘制完成之后就可以通过对曲线控制器进行关键帧的创建来制作我们想要的动画效果了。

步骤十三：下面制作一段简单的循环走动画效果。

选择前一阶段制作的所有控制器，选择"Character→Create Character Set"命令打开"属性"面板设置如图 3-90 所示，设置好后按回车键创建角色。创建角色可以方便我们进行动画关键帧的设置，创建角色后所有控制器的属性都被添加到角色组中，如图

3-91 所示在 Channel Box 中可以看到这些属性值。

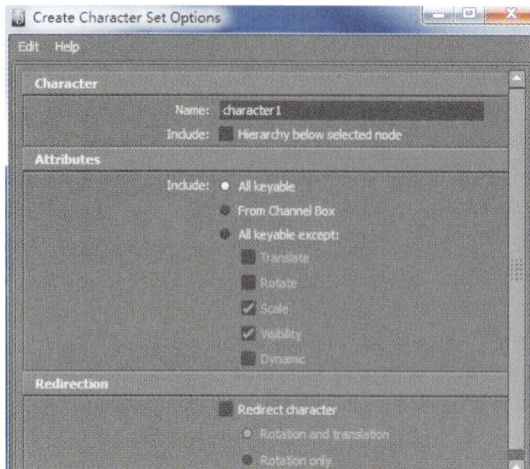

图 3-90 "Create Character Set"属性窗口

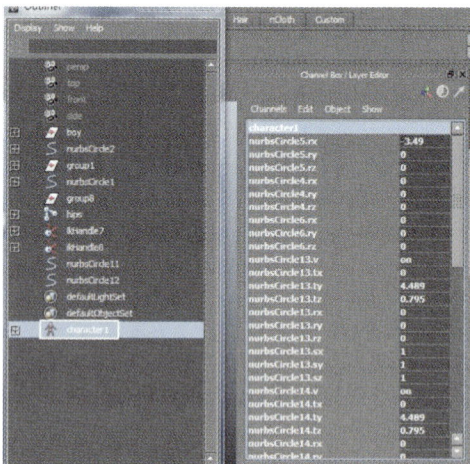

图 3-91 Channel Box 中的角色属性

图 3-92 建立关键帧

这样在调整动画时只需要在角色中进行关键帧的设置就可以了，避免了不同的控制器进行关键帧创建的麻烦。

下面，我们就可以进行动画的调整了。将时间滑块移动到第 1 帧，在"Channel Box"通道盒快捷键选择命令"Key all"或者按下"S"键快捷的建立关键帧，如图 3-92所示。

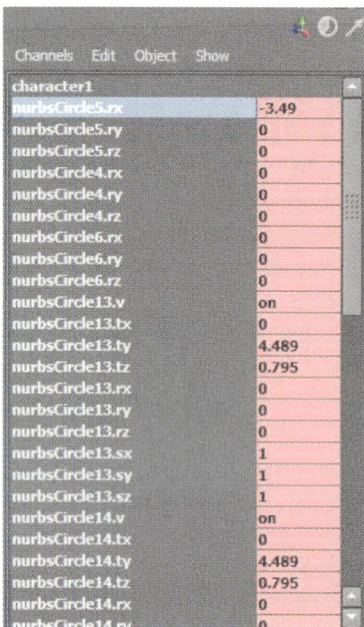

为了方便我们记录其余的关键帧，这时可以打开"自动记录关键帧"按钮，如图 3-93 所示。移动时间滑块到其他帧处，通过控制曲线控制器来改变角色的动作并记录关键帧。依此类推我们可以调整出角色的任意动作效果。在调整的同时大家应结合所掌握的运动规律等知识合理的制作角色的动作效果。

图 3-93 "自动记录关键帧"按钮

调整完全部的动作后，关闭"自动记录关键帧"按钮。不断地播放动画来观察动作的合理性并及时的修正，如图 3-94 所示走路动画效果。

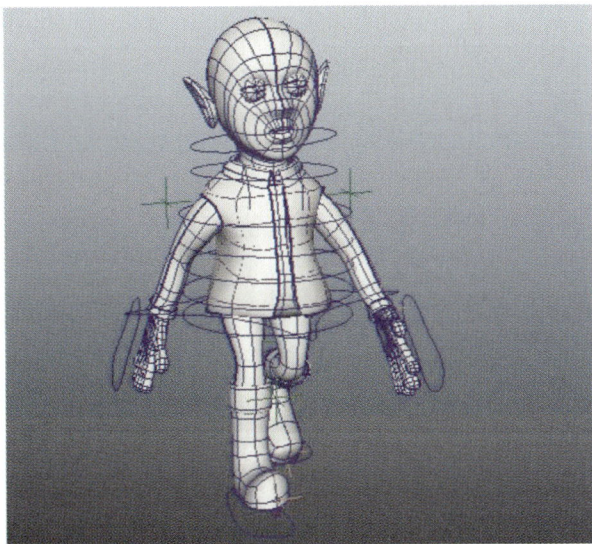

图 3-94   走路动画效果

打开"Outliner"大纲列表选择命令"Character 1"。然后选择"Window→Animation Editors→Trax Editor"命令打开"非线性"编辑器，如图 3-95 所示。在"Trax Editor"非线性编辑器中选择"Create→Animation clip"命令将制作的角色动画以 Clip 片段的方式建立如图3-95所示。

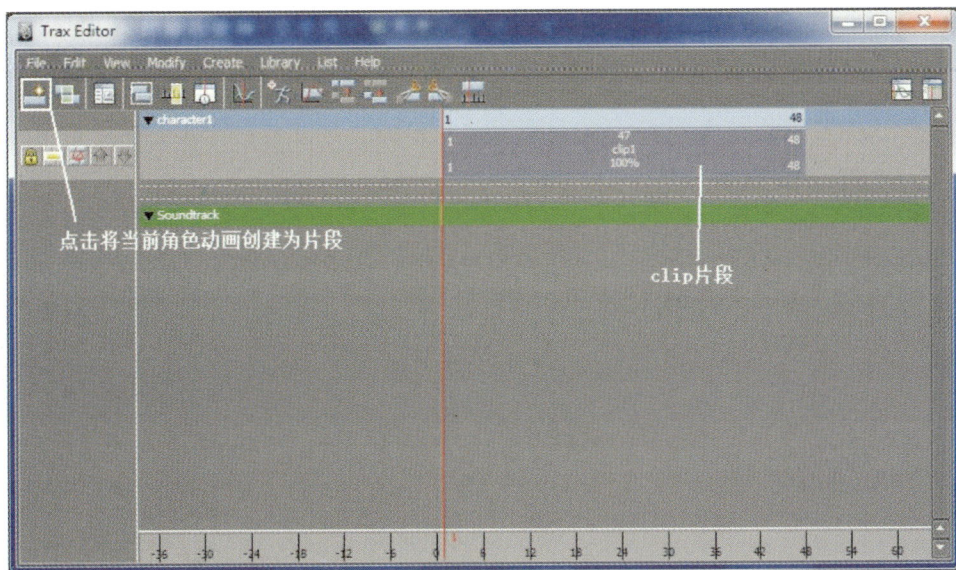

图 3-95   "Trax Editor"非线性编辑器

选择"Clip1"命令片段，按下"Ctrl＋A"组合键打开"属性编辑"面板，如图 3-96 所示。

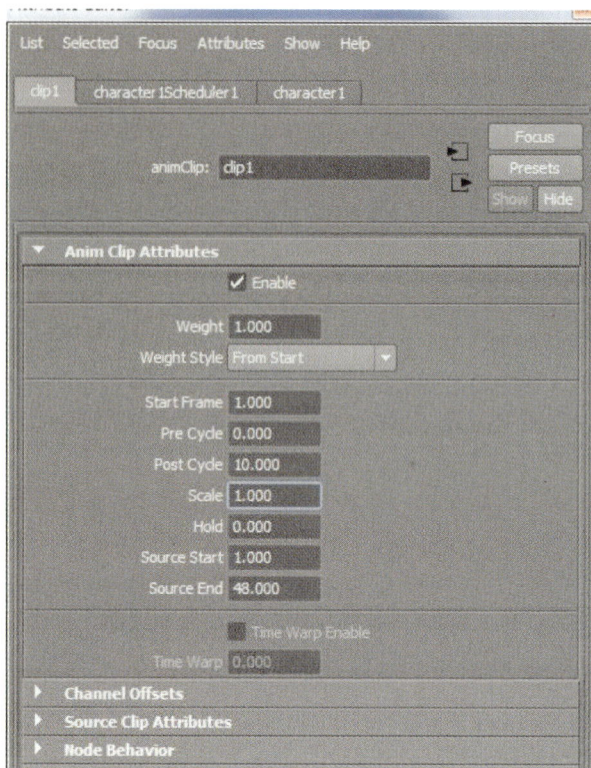

图 3-96　"Clip"属性面板

在"Post Cycle"属性中输入 10，这样就可以将当前走路动画循环 10 次。这样也就制作出循环走的动画效果。

角色动画是动画制作中比较重要的一个环节，希望大家通过多加练习来掌握角色动画的制作技术。

本 章 小 结

本章节主要讲述 Maya 中角色动画的制作方式。通过本章的学习大家掌握了骨骼、蒙皮、约束、角色等基本概念。通过角色绑定的实践练习使大家掌握了角色动画的基本制作技能。

>>> 实训练习

1. 实训项目一

实训项目内容：制作一段角色动画。

制作要求：

(1) 人物角色模型大家根据情况自行制作，要求必须具备完整的身体结构。

(2) 建立完整合理的骨骼和辅助控制系统。

（3）为角色制作循环走和循环跑动画各一套。

2．实训项目二

实训项目内容：制作一段自创角色的动作片段。

制作要求：

（1）模型制作可以是简单的几何结构也可以是写实的卡通形象。

（2）建立完整合理的骨骼和辅助控制系统。

（3）自创动作一段，动作的难易程度大家根据自己的能力自行确定。但要求动作具备完整的开始动作和结束动作。

>>> **课后思考**

1．什么是骨骼？骨骼在角色动画中的作用？

2．Maya 中有几种蒙皮类型？它们的特点是什么？

3．收集不同的骨骼绑定方式，并分析每种绑定方式的特点。

第4章　粒子动画

了解粒子动画的基本概念和基本操作原理，了解粒子的基本知识，掌握 Maya 中粒子的创建方法，具备基本的粒子动画制作能力。

通过本章的学习，熟练掌握粒子的创建方式和粒子属性调整，能够制作简单的粒子动画效果。

1. 了解粒子的基本概念；
2. 掌握 Maya 中粒子的基本制作原理；
3. 掌握各项粒子的属性控制方式；
4. 掌握 Maya 中各种动力场的基本属性及应用方法。

▶ 4.1　粒子基础要点

4.1.1　理解粒子

粒子物体是具有相同属性的多个粒子的集合，在一个粒子物体中可以包含一个粒子，也可以包含成千上万个粒子。场景中的每个粒子属于某个粒子物体。

通常粒子动画的制作过程包括：创建粒子、修改粒子属性、动画粒子运动及渲染输出粒子特效等四个方面。

4.1.2　创建粒子

按"F5"键切换到 Dynamics 动力学模块，在 Maya 中可以通过以下方式进行粒子的创建：

1. Particle Tool 粒子创建工具

选择"Particles→Particle Tool"命令工具在场景内创建并放置粒子，在默认设置状态，每单击一次鼠标将创建一个粒子物体或者可以设置参数选项进行粒子网格的创建，如图 4-1 所示。

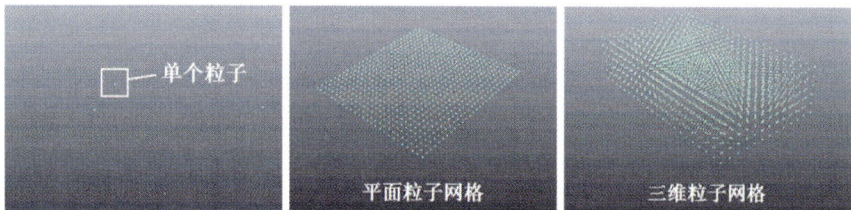

图 4-1　Particle Tool 创建粒子

选择"Particles→Particle Tool ▣"命令打开"粒子创建工具"参数面板，如图 4-2
所示。

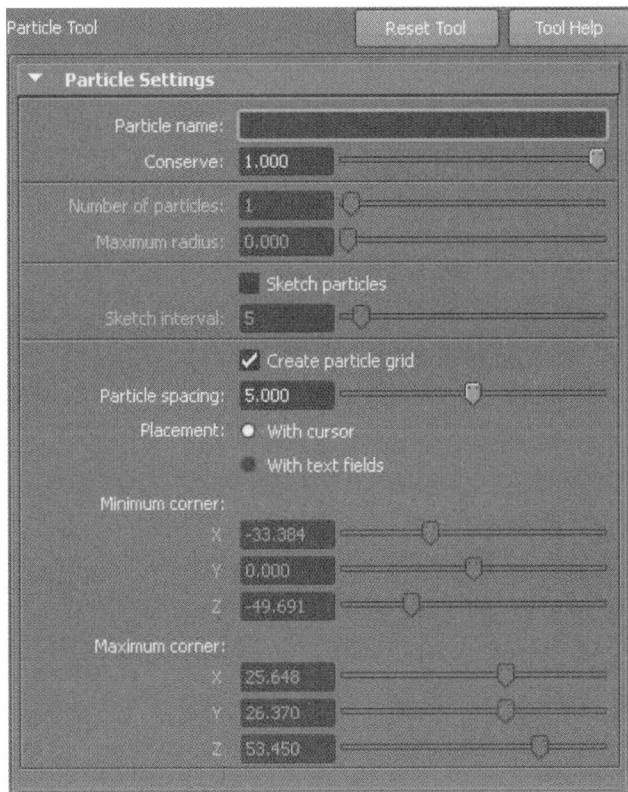

图 4-2　Particle Tool 参数面板

Particle Tool 视窗有如下参数。

Particle Name：给创建的粒子命名。

Conserve：该属性决定了粒子的运动，粒子的速度和加速度等属性受动力场的作
用控制程度。

Number of Particles：该属性决定了用户每次单击鼠标所创建的粒子数量。

Maximum radius：如果 Number of Particles 选择的数值大于 1，在创建粒子时将
随机地在球形区域分配粒子数。粒子的数目由 Number of Particles 数值决定，Maxi-
mum radius 决定了这个区域的最大半径。

Sketch Particles：勾选该项，可以采用绘画的方式进行粒子的建立。

Sketch Interval：该属性设置了粒子之间的像素间隔。

Create Particle Grid：勾选该项，可以建立 2D 和 3D 粒子网格。

Particle Spacing：该属性设置网格中粒子之间的间距。

Placement：该项决定了粒子的建立方式。With Cursor 使用鼠标放置粒子网格；
With Text Fields 使用输入数值的方式建立粒子网格。

提示：在工作区单击创建 2D 粒子网格：在 Particle Tool 视窗中选择"Create Parti-

cle Grid"命令选项，在视图的任意位置单击建立粒子网格的两个粒子点，如图 4-3 所示 A、B 两个位置。按"Enter"键创建 2D 粒子网格，效果如图 4-4 所示。

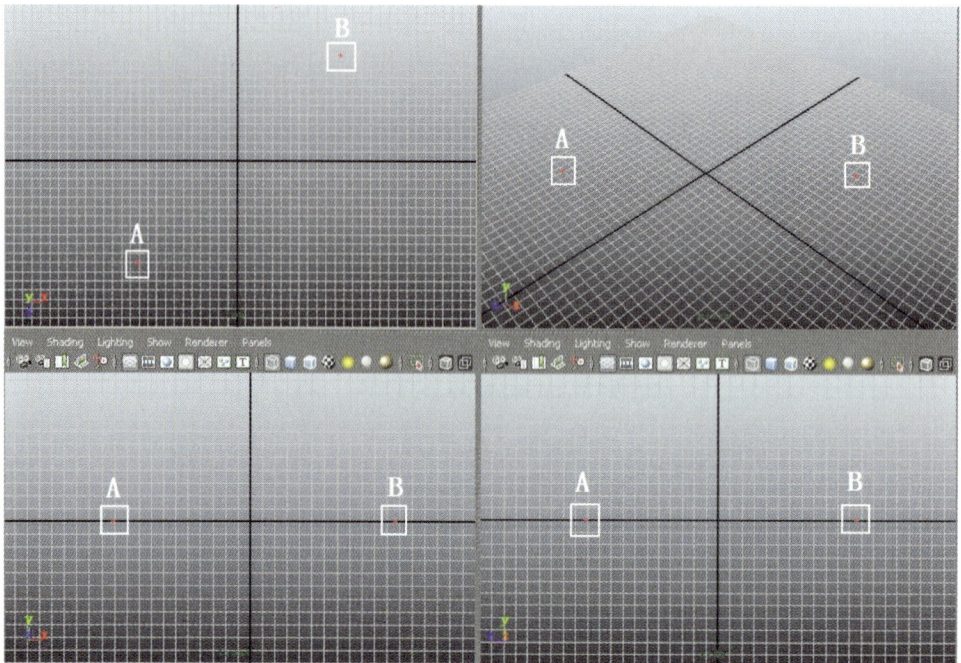

图 4-3　2 个粒子点位置

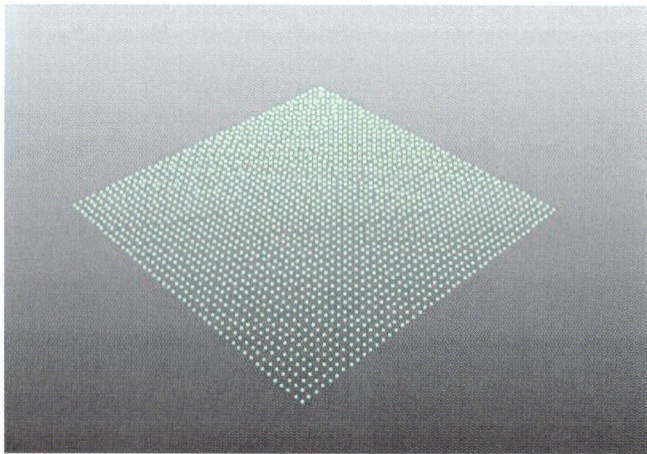

图 4-4　创建 2D 粒子网格

在工作区单击创建 3D 粒子网格：在透视图中，首先建立 A、B 两个粒子点，不要按"Enter"键。然后，按下"Insert"键进入编辑模式，拖动点上下移动到合适的位置，位置如图 4-5 所示。按住"Shift"键可以结束移动方向，调整好后按"Enter"键生成 3D 粒子网格，效果如图 4-6 所示。

2. Emitter 粒子发射器

选择"Particles→Create Emitter"命令创建粒子发射器，它自动地产生动画粒子运

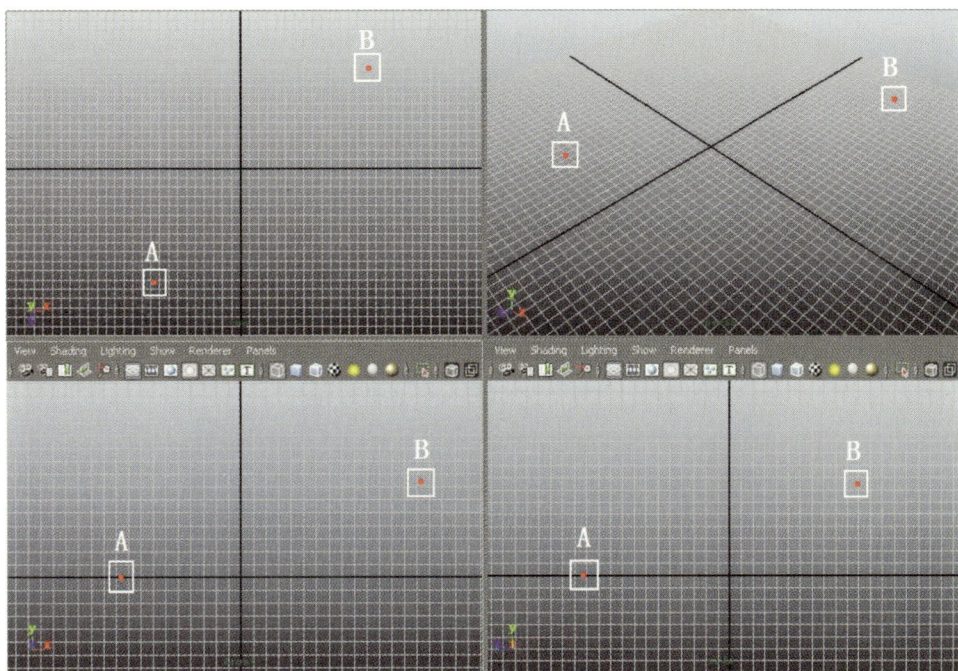

图 4-5　2 个粒子点的位置

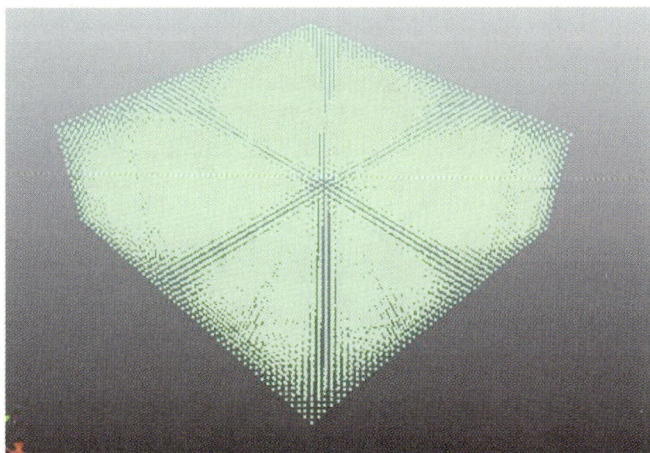

图 4-6　创建 3D 粒子网格

动，如图 4-7 所示。

选择"Particles→Create Emitter"命令打开"粒子发射器"参数面板，如图 4-8 所示。

Emitter 粒子发射器视窗有如下参数。

Basic Emitter Attributes 基本发射器属性：

Emitter type：发射器类型，下拉菜单中有 5 种发射器类型供选择。"Omni"为全方向点发射器类型，粒子向所有的方向发射；"Directional"为某个具体方向点的发射器类型，粒子将向指定的方向发射，可指定 X、Y 和 Z 方向；"Surface"在物体表面上随机

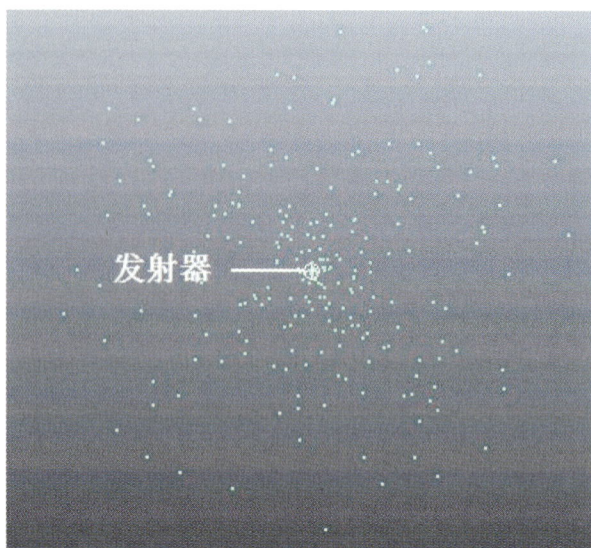

图 4-7　发射器发射粒子

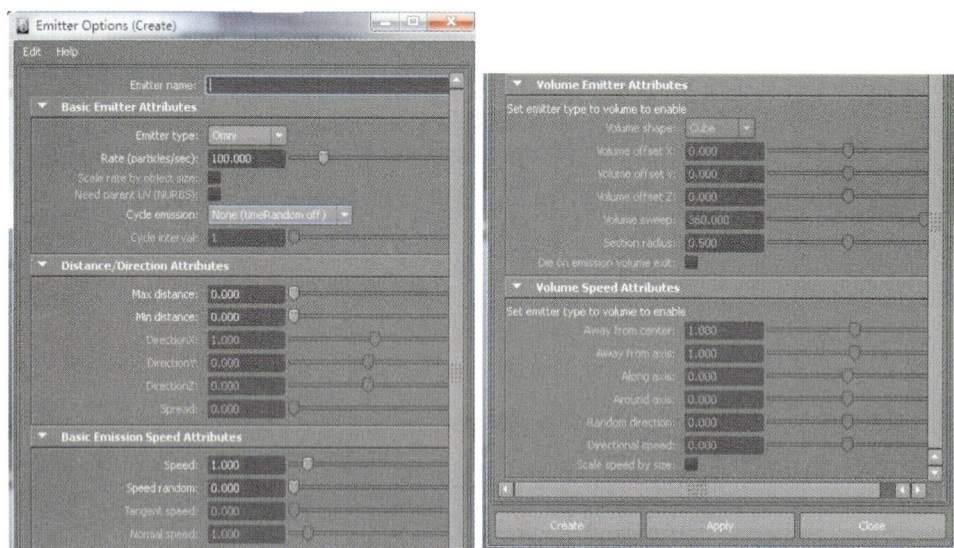

图 4-8　发射器属性面板

分配位置发射粒子；"Curve"在曲线上随机分配位置发射粒子；"Volume"从一个封闭体积中发射粒子，可以从下拉菜单"Volume Shape"中选择形状。

提示如下。

Rate：设置在每个动画时间单位内粒子发射的平均速度。

Sacle Rate by Object Size：如果勾选该项，发射粒子的物体的尺寸将影响每帧发射粒子的速率。物体越大，发射速率也越大。

Need Parent UV：该项只用于 NURBS 表面发射器。勾选该项，Maya 为粒子形态节点添加"Parent U"和"Parent V"属性并设置"Need Parent UV"为 On。可以使用父节点 UVs 以驱动一些其他参数诸如颜色或不透明度的数值。

Cycle Emission：该属性允许重新开始发射的随机数序列。可以使用此属性创建简单的循环粒子特效。

Cycle Interval：当使用 Cycle Emission 时定义了重新创建随机数字序列的帧间隔。

Distance/Direction Attributes 方向控制属性：

Min Distance：该项设置从发射器到粒子开始发射位置处的最小距离。

Max Distance：该项设置从发射器到粒子发射结束位置处的最大距离。

Direction X、Y、Z：设置粒子发射的方向。

Spread：当使用方向发射器时，被发射的粒子按照圆锥形进行随机发射，该属性设置这个圆锥的区域大小。

Basic Emission Speed Attributes 速度控制属性：

Speed：该项决定了粒子发射的速度的快慢。

Speed Random：该项为发射速度添加随机性。如果属性为正值，发射器为每个粒子生成随机速度。

Tangent Speed：该项设定了表面或曲线发射的切线分量的大小。该属性只对表面和曲线发射器有效。

Normal Speed：该项设定了表面或曲线发射的法线分量的大小。此属性只对表面和曲线发射器有效。

Volume Emitter Attributes 体积发射器属性：

Volume Shape：指定粒子被射入的体积形状。选择命令"Cube"（立方体），"Sphere"（球体），"Cylinder"（圆柱体），"Cone"（圆锥体）或"Torus"（圆环）。

Volume Offset X、Y、Z：发射体积至发射器的偏移。如果旋转发射器，则此偏移方向也将随之旋转，因为它是在局部空间中进行工作的。

Volume Sweep：规定除了立方体外其他体积的旋转角度。

Section Radius：规定了圆环固体部分的厚度，与圆环的中心环半径相关。圆环中心环半径是由发射器缩放决定的。如果缩放发射器，Section Radius 将保持其与中心环的比例关系。

Die on Emission Volume Exit：勾选该项，则被发射粒子离开此体积后将会消失。

Volume Speed Attributes 体积发射器的速度属性：

Away From Center：指定粒子离开立方体或球体中心点的速度。

Away From Axis：指定粒子离开圆柱体，圆锥或圆环体中心轴时的速度。

Along Axis：指定粒子沿所有体积中心轴运动时的速度。对立方体和球体而言，中心轴被定义为 Y 轴正半轴。

Around Axis：指定粒子沿体积的周围运动时的速度。

Random Direction：为粒子 Volume Speed 属性添加方向和初始速度的不规则性，与 Spread 属性对其他属性所起的作用有一些相同。

Directional Speed：对所有体积发射器的 Direction X Y Z 属性所指定的方向上添加速度。

Scale Speed by Size 如果勾选该项，则当体积的尺寸增加时，粒子速度增加。

3. 从物体发射粒子

选择"Particles→Emit from Object"命令，通过曲线物体或几何体表面来发射粒子，如图 4-9 所示。几何体表面可以是表面发射粒子，也可以是几何体的顶点位置发射粒子。可以通过修改 Emitter type 发射器类型选项来得到。

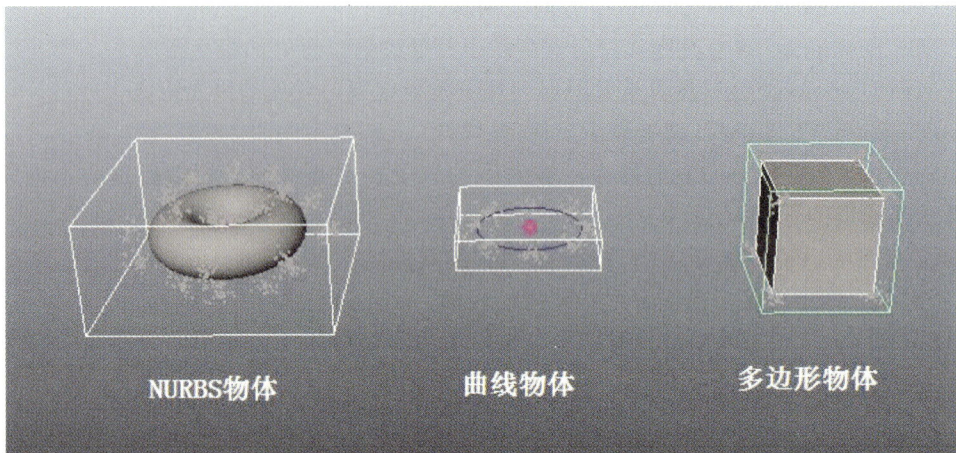

图 4-9　物体发射粒子

Emit from Object 从物体发射粒子的参数面板的基本参数与 Create Emitter 的参数面板内容基本一致，请大家参看 Create Emitter 参数内容。

4. 碰撞产生新粒子

通过粒子与几何体碰撞产生新的粒子，如图 4-10 所示。

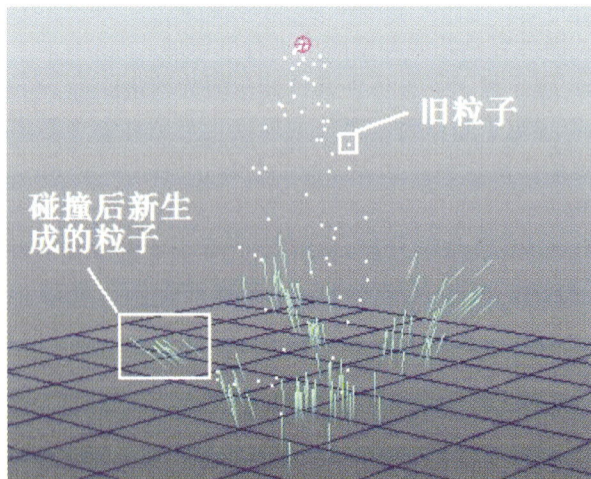

图 4-10　碰撞后生成新粒子

粒子碰撞的具体内容将在 4.2 节"Maya 粒子动画"部分讲述。

4.1.3　粒子的基本属性

Maya 中的粒子有非常多的属性，其中有一部分直接显示在面板上，还有一部分在需要时可以随时把它们提取出来放在面板上。除此之外，还可以根据自己的需要给粒子物体添加用户属性，当然这些属性并不直接控制粒子的行为，必须通过其他手段来控制粒子行为，控制手段包括：属性关联（Connection Attribute）、关联动画（Set Driven Key）、表达式（Expression）以及脚本（Script）等。

在创建粒子物体后，可使用"Attribute Editor""属性"编辑器去编辑粒子物体各个显示属性和运动属性。选择"Window→Attribute Editor"命令或按住"Ctrl＋A"组合键打开"属性"编辑器，如图 4-11 所示。

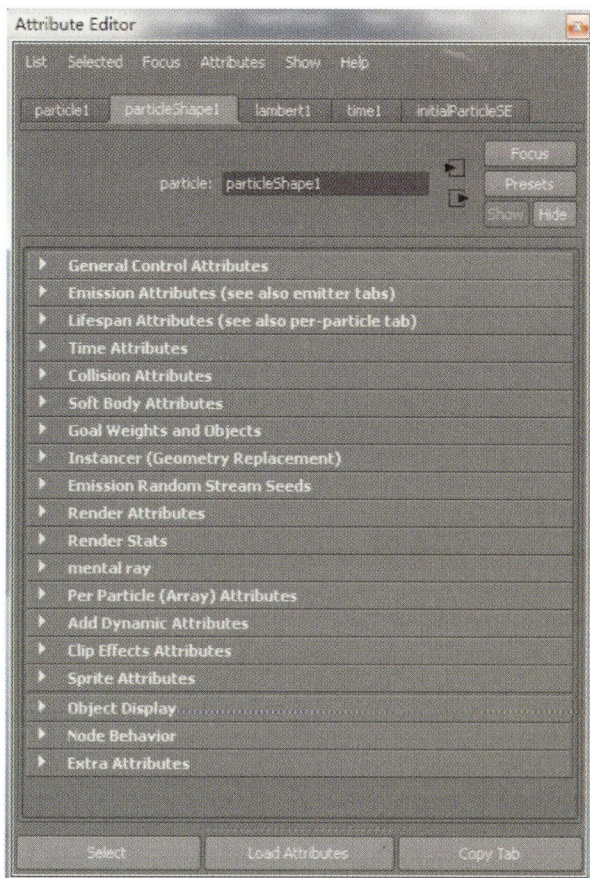

图 4-11　粒子"Attribute Editor""属性"编辑器

在"Attribute Editor"属性编辑器中列出了粒子的各项内容。其中很多属性仅在创建了相应的动力学效果后才显示。如果要编辑粒子物体的粒子属性，需要在"Attribute Editor"属性编辑器中，单击如图 4-11 所示的"particleShape1"命令选项卡，通过表格的形式向大家讲述每一组属性的内容，如表 4-1 所示。

表 4-1　属性的内容

属性组名	属性名（Attribute Editor）	内容
一般控制属性	General Control Attributes	整个粒子物体的控制属性
发射属性	Emission Attributes	粒子物体的发射属性
生命属性	Lifespan Attributes	决定粒子寿命的属性
时间属性	Time Attributes	粒子受动力学影响的时间起点及随时间的变化
碰撞属性	Collision Attributes	粒子碰撞计算的精确程度
柔体属性	Soft Body Attributes	调整柔体效果的高级用户特性
目标权重及物体	Goal Weights and Objects	给粒子物体或柔体增加目标物体后，目标对粒子物体或柔体影响的属性
粒子替代属性	Instancer	动画粒子被几何物体替代时，影响替代过程的特性
随机属性	Emission Random StreamSeeds	用随机的数据流控制发射粒子随机位置
渲染属性	Render Attributes	影响粒子如何显示和渲染的属性
渲染系统	Render Stats	控制软件渲染粒子的渲染特性
单粒子属性	Per Particle Attributes	单粒子的一般运动和显示属性（此栏所列出的属性都是单粒子属性，但有几个属性比较特殊，其属性名不是以 PP 结束的）
添加动力学属性	Add Dynamic Attributes	通过 Add Attributes Editor 增加的粒子属性。这里的属性是粒子的内建属性，不是用户自定义属性
额外属性	Extra Attributes	用户自定义的单物体（per object）属性

4.1.4　粒子的渲染类型

一个粒子物体的粒子渲染类型指定了它的粒子形态。例如，可将粒子显示为球体、拖尾或平面图形。在选择了粒子渲染类型以后，可为渲染类型添加属性特效，调整粒子的外观。

渲染类型是粒子最重要的特性，它直接决定了粒子在场景中以及在最后渲染的视觉效果。在 Maya 中粒子分软件渲染和硬件渲染两种方式进行输出，其中 Points、MultiPoint、Streak、MultiStreak、Sprite、Spheres、Numeric 属于硬件渲染方式；Blobby surface(s/w)、Cloud(s/w)、Tube(s/w)属于软件渲染方式。

打开粒子的"Attributes Editor"属性编辑器，单击"particleShape1"命令选项卡进入粒子形状编辑表，展开该表中"Render Attributes"渲染属性栏，从"Particle Render Type"粒子渲染类型下拉式菜单中选择粒子渲染类型，如图 4-12 所示。

在为粒子指定渲染类型后，不同渲染类型的粒子各自特性不会自动显示，要用粒子渲染类型下的"Add Attribute for Current Renter Type"显示。当显示了指定粒子的特性后，再改变粒子类型，粒子的这一部分特性不会自动更新，还要使用该命令按钮

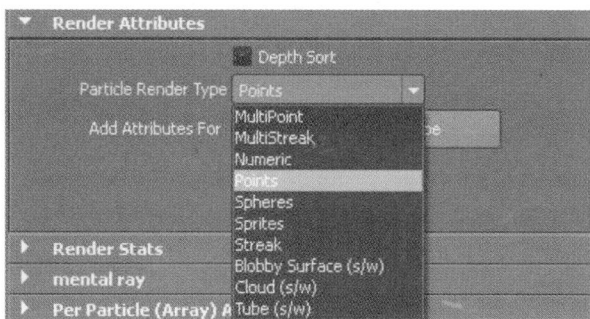

图 4-12　"Render Attributes"渲染属性栏

来显示新粒子类型的参数，如图 4-13 所示。

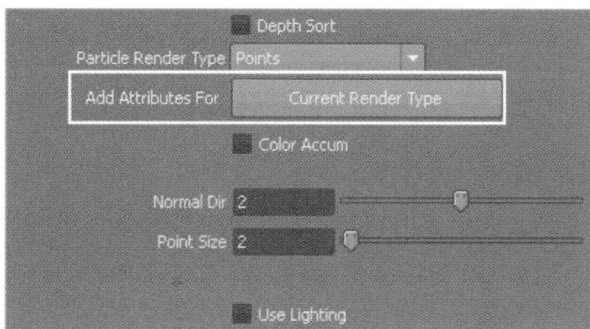

图 4-13　显示粒子类型参数

下面，我们分别来学习不同粒子的渲染类型。

1. Points

点粒子类型，在场景中以点的形状显示。这是新建粒子的默认类型，如图 4-14 所示。

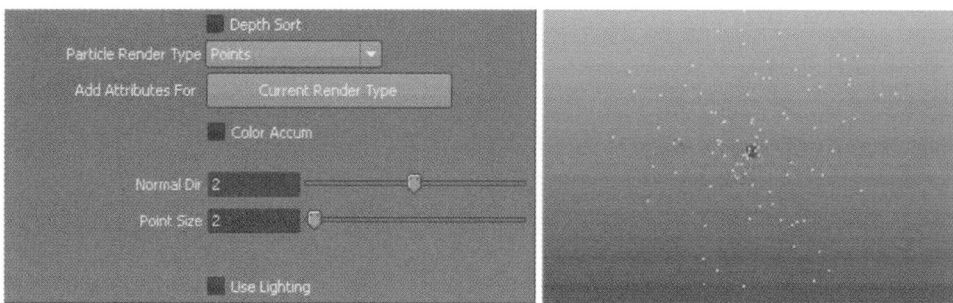

图 4-14　Points 粒子类型

Color Accum：当粒子产生重叠时，加重重叠部分的 RGB 颜色和不透明性。一般来说重叠部分变亮且更加不透明。

Normal Dir：在场景中加入灯光时调整运动粒子的照明。可取 1、2、3 三个值。当全部或大多数粒子向着灯光运动时，此值取 1；当粒子不动或从灯前掠过时取 2；当粒子运动方向远离光源时取 3。

Point Size：粒子点的大小。粒子的大小与摄像机远近无关。

Use Lighting：用添加到场景中的灯光来照明粒子。

2. MultiPoint

多点粒子类型，在场景中每个粒子都显示为许多个点，使粒子显得比较密集，如图 4-15 所示。

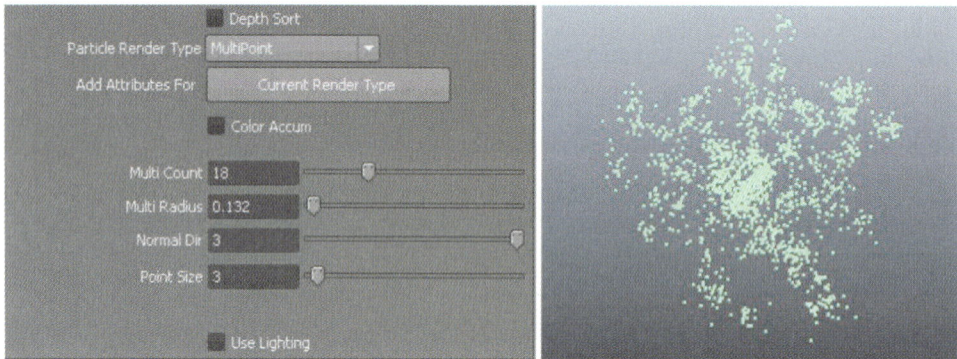

图 4-15　MultiPoint 粒子类型

Multi Count：每组粒子中包括多少个粒子点。

Multi Radius：代表一个粒子的多个点随机地分布在一个球形区域中，此参数定义该球形区域的半径。

3. Streak

条纹粒子，在场景中显示为带尾巴的运动粒子。尾巴的长度以粒子的运动速度为基础，所以当该粒子停止或运动速度非常慢时将看不到粒子，如图 4-16 所示。

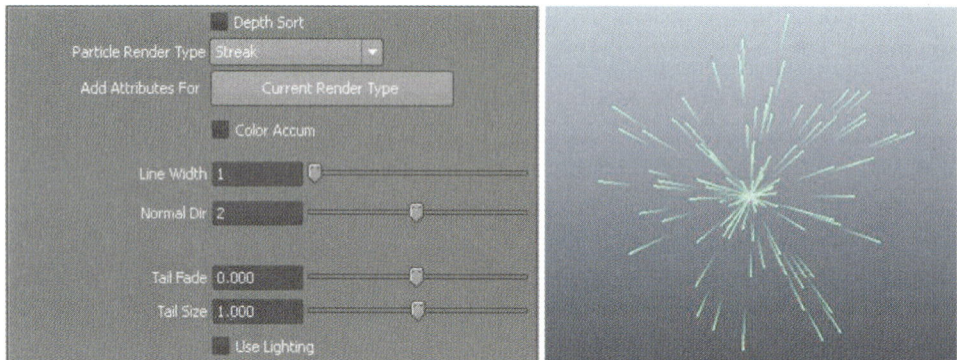

图 4-16　Streak 粒子类型

Line Width：每个条纹的宽度。

Tail Fade：粒子轨迹的透明度。0 为完全透明，1 为完全不透明。

Tail Size：粒子轨迹长度的比例值，当此值为 1 时，粒子轨迹长度为系统默认值，此值由粒子的运动速度决定。当此值不为 1 时，对粒子轨迹进行缩放。

4. MultiStreak

多条纹粒子，每个运动粒子显示为多个带尾巴的点。粒子运动越快，粒子的尾巴越长，如图 4-17 所示。

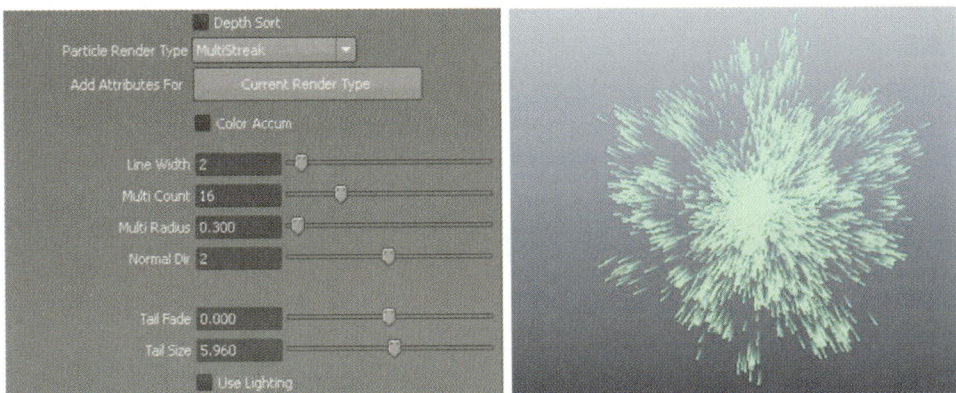

图 4-17　MultiStreak 粒子类型

5. Sprites

图像粒子，此类型粒子可以在每个粒子上添加一个纹理图像或图像序列。每个粒子可以显示相同的图像、不同的图像或图像序列，如图 4-18 所示。

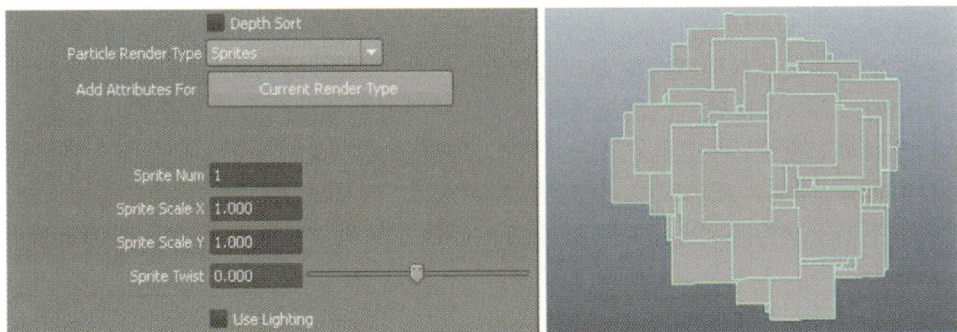

图 4-18　Sprites 粒子类型

Sprite Num：当使用图片序列时，该属性设置序列文件数量。

Sprite Scale X：图像在 X 方向上的缩放比例。

Sprite Scale Y：图像在 Y 方向上的缩放比例。

Sprite Twist：图像绕垂直摄像机平面的轴转动一个角度，以逆时针方向为正向。

6. Spheres

球形粒子，将粒子渲染成不透明的球体形态，如图 4-19 所示。

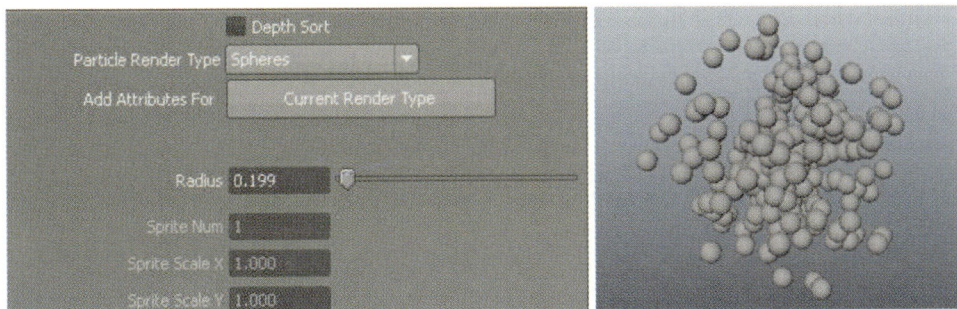

图 4-19　Spheres 粒子类型

Radius：球形粒子的半径大小。如果要指定每个粒子的半径，需要增加"Radius-PP"属性。

7. Numeric

数字渲染类型，此类型粒子显示粒子物体某些属性的当前值。如果用于想知道粒子的当前位置、速度、粒子 ID 号等属性时，如图 4-20 所示。

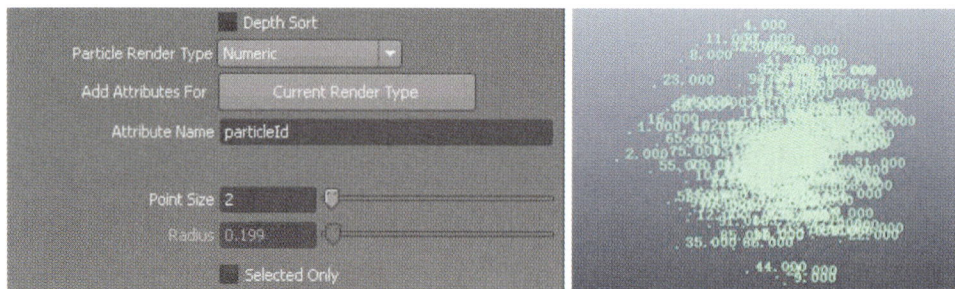

图 4-20　Numeric 粒子类型

Attribute Name：在此属性输入区中写入希望显示的粒子属性名。

Point Size：粒子点的大小。对于 Numeric 粒子，此属性并不控制数字的显示大小，只控制数字前面代表粒子所在位置的点的大小。粒子的大小与摄像机远近无关。

Selected Only：仅显示当前被选择粒子的属性值。使用此选项必须进入次物体元素选择级选择单个粒子，才能起作用。

8. Blobby surface(s/w)

粒子类型显示为球融合体。所谓球融合体就是把许多球进行融合形成的表面，如图 4-21 所示。

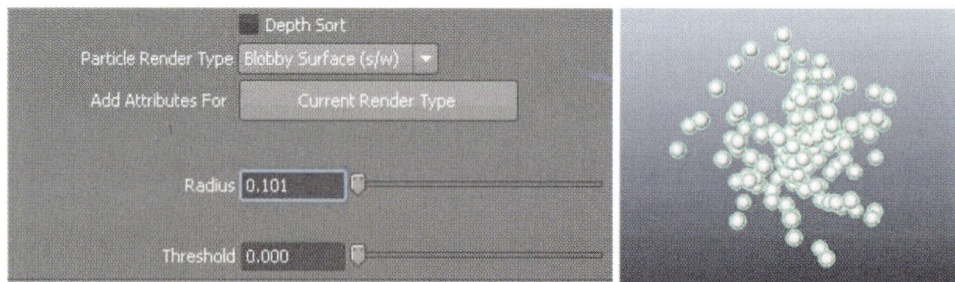

图 4-21　Blobby surface 粒子类型

Threshold：表面融合阈值，控制两个粒子之间的表面融合。当此参数为 0 时，粒子不融合，当参数越接近 1，粒子的融合度越强。当此值过大时，粒子有可能就看不到了。

9. Cloud（s/w）

云团粒子。此类型粒子显示为模糊的、云状的球融合体。球融合体就是把许多球进行融合形成云团，如图 4-22 所示。

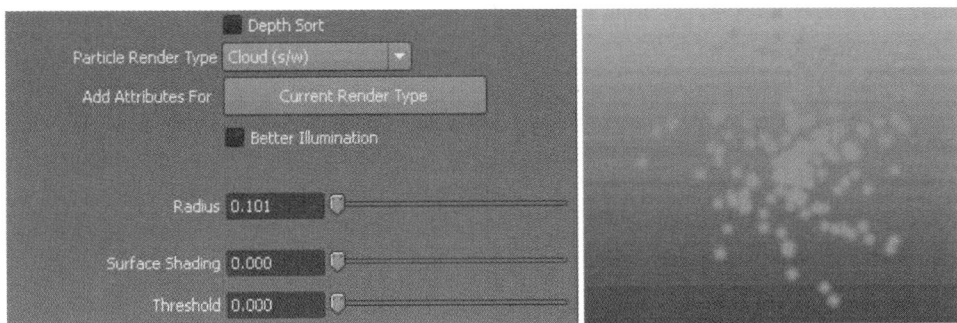

图 4-22　Cloud 粒子类型

Better Illumination：提供更加柔和的照明和阴影，这会花费更多的渲染时间。

Surface Shading：设置"云团"的清晰程度。取 1 时"云团"显示很清晰，取 0 时，显示更加模糊的效果。

10. Tube（s/w）

管状粒子。粒子显示为管状，如图 4-23 所示。

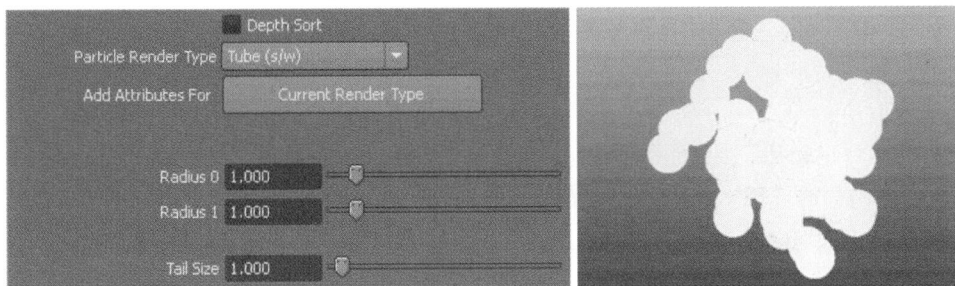

图 4-23　Tube 粒子类型

Radius0：Tube 的起点半径。

Radius1：Tube 的终点半径。

Tail Size：Tube 的长度比例。将此值与粒子速度相乘得到 Tube 长度。粒子运动速度越快，"管"越长。

4.1.5　粒子寿命

我们可以通过设置粒子的寿命，使它们在到达指定的年龄时消失。虽然可以为 Particle Tool 所创建的粒子设置寿命，但典型的应用是为发射器所发射粒子设置寿命。例如，可通过设置寿命，弹出发射的烟或火焰。可以控制整个物体的寿命，也可以控制单个粒子的寿命。粒子的寿命属性在"Attributes Editor"中"Lifespan Attributes"栏中定义和修改，如图 4-24 所示。

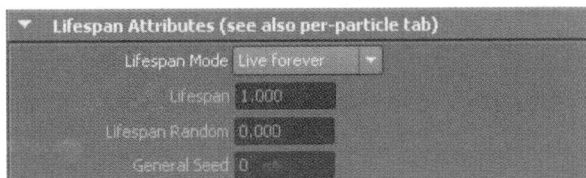

图 4-24　粒子寿命属性

粒子寿命值的定义有四种模式：Live forever、constant、Random Range、lifespan

PP only。

1. Live forever

Live forever 是粒子创建后默认的寿命类型，该项属性决定了粒子永远存在。

2. constant

当 Lifespan Mode 设置为 constant 模式时，所有例子在同一年龄消亡。选择"constant"命令模式后，在 Lifespan 中设置需要的数值。Lifespan 属性数值是粒子物体被创建后存在的秒数。

3. Random Range

当 Lifespan Mode 设置为 Random Range 模式时，可以使粒子在随机年龄消失，这样可以制作出更加真实自然的效果。可以在"Lifespan"和"Lifespan Random"两个属性数值中设置需要的参数。"Lifespan"为粒子寿命的中间值，"Lifespan Random"是其变化范围。

4. lifespan PP only

当 Lifespan Mode 设置为 lifespan PP only 模式时，我们可以控制单个粒子的寿命。

4.1.6　粒子色彩

我们可以通过下列方式给粒子设定色彩和材质效果。

1. 使用颜色的三种 RGB 成分添加和设置 Per Object 属性，物体中的所有粒子使用相同的颜色

创建方法：

◆ 选择粒子物体，按"Ctrl＋A"组合键打开"属性"编辑器，在"Add Dynamic Attributes"部分，单击"Color"按钮，如图 4-25 所示。

◆ 在弹出的"Particle Color"对话框中，选择"Add Per object Attribute"命令，然后单击"Add Attribute"按钮，如图 4-26 所示。

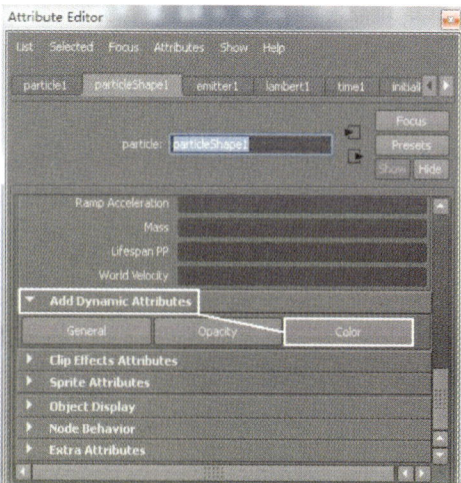

图 4-25　打开"属性"编辑器

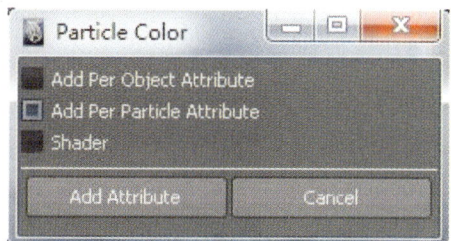

图 4-26　Particle Color 对话框

◆ 此时，可以再查看"Render Attributes"部分，看到增加了"Color Red"、"Color Green"、"Color Blue"三个数值，可以通过修改数值来获得粒子的色彩，如图 4-27 所示。

提示：按键盘上的数字"5"键观察粒子色彩。

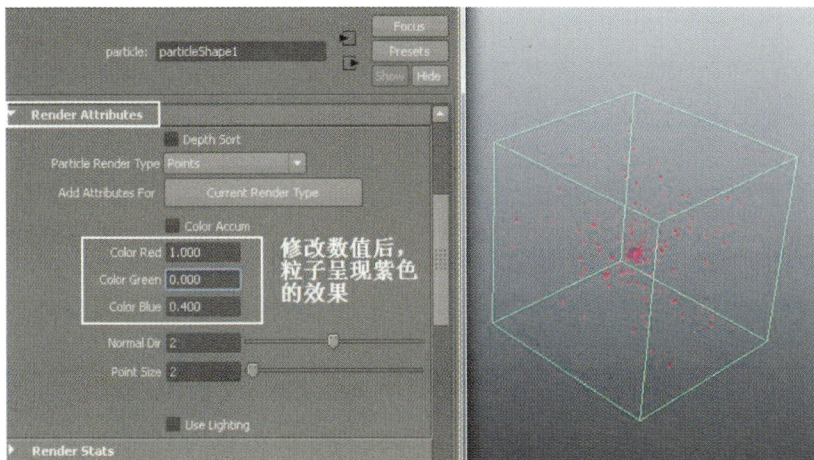

图 4-27　修改粒子色彩

2. 添加 Per Particle RGBPP 属性，这意味着可单独地设置每个粒子的颜色

创建方法：

◆ 选择粒子物体，按"Ctrl＋A"组合键打开"属性"编辑器，在 Add Dynamic Attributes 部分，单击"Color"按钮，如图 4-25 所示。

◆ 在弹出的"Particle Color"对话框中，选择"Add Per Particle Attribute"命令，然后单击"Add Attribute"按钮，如图 4-26 所示。

◆ 此时，可以看到在"属性"编辑器中的"Per Particle（Array）Attributes"部分，添加了"RGB PP"属性，如图 4-28 所示。

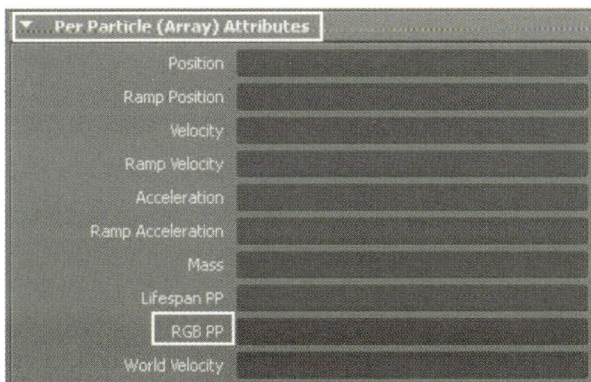

图 4-28　RGB PP 属性

◆ 在"RGB PP"属性属性栏中按鼠标右键选择"Create Ramp"命令。刚创建"Ramp"的属性盒，然后选择"arrayMappern. outColorPP→Edit Ramp"命令编辑 Ramp 纹理的色彩关系。可以通过 Ramp 纹理为粒子物体的每个粒子添加不同的色彩值，如图 4-29所示。

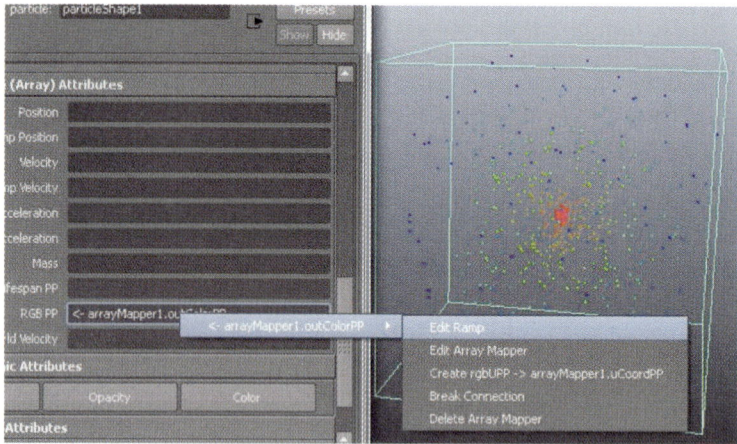

图 4-29　为粒子添加 **Ramp** 纹理

3. 为粒子物体施加材质纹理

创建方法：

◆ 选择粒子物体，按"Ctrl＋A"组合键打开"属性"编辑器，在"Add Dynamic Attributes"部分，单击"Color"按钮，如图 4-25 所示。

◆ 在弹出的"Particle Color"对话框中，选择"Shader"命令弹出"Hypershade 材质"编辑窗口。

◆ 为粒子物体创建和编辑材质纹理。

4.1.7　粒子透明

可以为粒子设置透明属性。其中对于硬件渲染粒子可以通过添加属性的方式控制其透明性，对于软件渲染粒子必须在材质中设置透明属性。

1. 设置 Per Object 透明性属性

创建方法：

◆ 选择粒子物体，按"Ctrl＋A"组合键打开"属性"编辑器，在"Add Dynamic Attributes"部分，单击"Opacity"按钮，如图 4-30 所示。

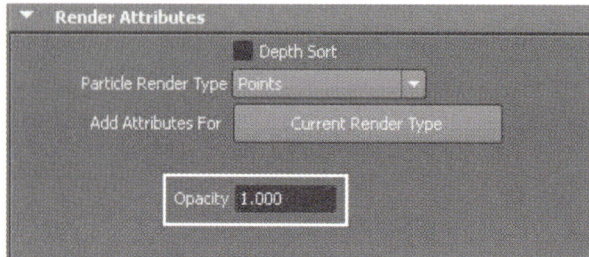

图 4-30　打开"属性"编辑器

◆ 弹出"Particle Opacity"对话框，选择"Add Per Object Attribute"命令，单击"Add Attribute"按钮为粒子添加透明控制。"Opacity"透明属性显示在"属性"编辑器的"Render Attributes"部分，如图 4-31 所示。

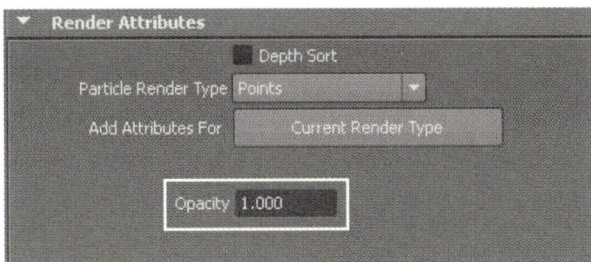

图 4-31　添加 Opacity 透明属性

◆ 这样可以修改"Opacity"透明属性数值对粒子物体的透明度进行整体的控制。

2. 设置 Per Particle 透明性属性

创建方法：

◆ 选择粒子物体，按"Ctrl＋A"组合键打开"属性"编辑器，在"Add Dynamic Attributes"部分，单击"Opacity"按钮，如图 4-30 所示。

◆ 弹出"Particle Opacity"对话框，选择"Add Per particle Attribute"命令，单击"Add Attribute"按钮，这样我们就为粒子添加了"Opacity PP"属性，"Opacity PP"属性显示在"属性"编辑器的"Per Particle（Array）Attributes"部分，如图 4-32 所示。

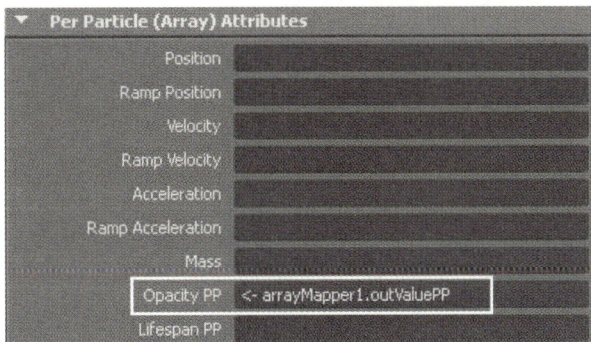

图 4-32　添加 Opacity PP 透明属性

◆ 在"Opacity PP"属性栏中单击鼠标右键选择命令"Create Ramp"。单击鼠标右键创建好 Ramp 的属性栏，然后选择"arrayMappern．outValuePP→Edit Ramp"命令编辑 Ramp 纹理的色彩关系，这里最好使用黑、白、灰的色彩关系。可以通过 Ramp 纹理为粒子物体的每个粒子添加不同的透明度。注意这里的色彩的透明度关系决定了透明程度。

▶ 4.2　Maya 粒子动画

4.2.1　粒子碰撞

在 Maya 中可以使粒子物体与几何体产生碰撞。在碰撞的瞬间，一个物体移动，或两个物体都移动。也可以使粒子分裂、发射新粒子或使粒子消失等。

1. 粒子与几何体碰撞

粒子可以与多边形表面或 NURBS 表面进行碰撞，可以通过为粒子与物体间建立碰撞关系，起到阻挡粒子的作用。

创建方法：

◆ 选择场景中的粒子，然后按住"Shift"键选择几何体。

◆ 选择"Particles→Make Collide"命令。

◆ 然后播放动画，这样粒子与几何体接触后就产生了碰撞，如图 4-33 所示。

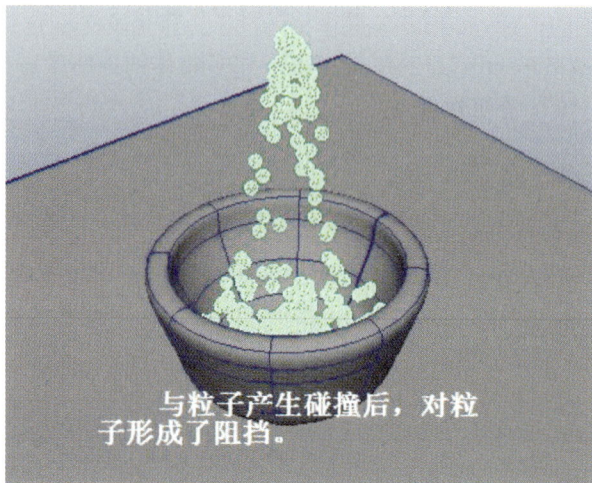

图 4-33　粒子碰撞

◆ 选择与几何体碰撞的粒子。

◆ 选择"Window→Relationship Editors→Dynamic Relationships"命令，打开"Dynamic Relationships Editor 动力学关联"编辑器。

◆ 在"Dynamic Relationships Editor 动力学关联"编辑器的"Selection Modes"模式部分，选择命令"Collisions"碰撞模式，如图 4-34 所示。在动力学关联编辑器中左侧蓝条显示了碰撞粒子物体，右侧蓝条显示了被碰撞的几何体。

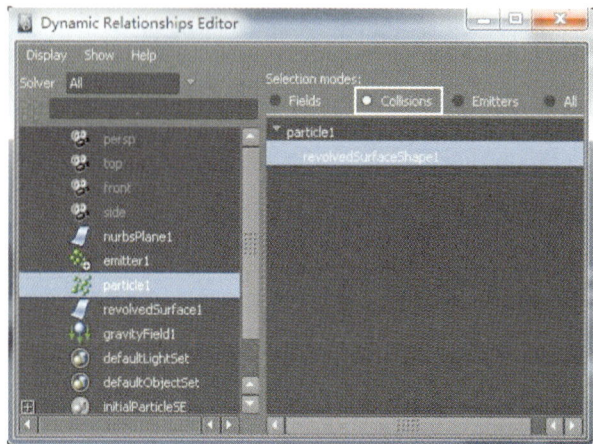

图 4-34　"Dynamic Relationships Editor 动力学关联"编辑器

◆ 在"Dynamic Relationships Editor 动力学关联"编辑器中通过鼠标单击的方式决定物体与粒子是否保持碰撞。

选择"Particles→Make Collide→▣"命令打开"碰撞"参数面板，如图 4-35 所示。

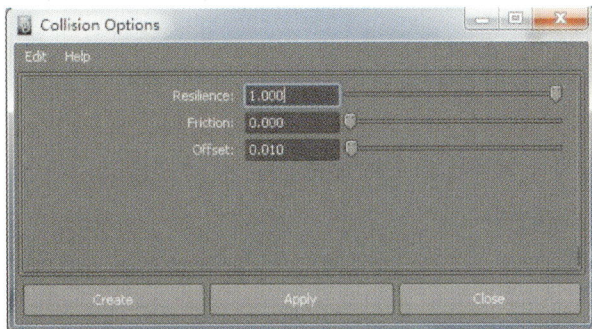

图 4-35　Collide 参数面板

Collide 视窗有如下参数。

Resilience：设置回弹的程度。值为 0 时，粒子碰撞物体后不会弹跳。值为 1 时，则粒子弹跳最大。在 0 到−1 之间的值，使粒子以折射的方式穿过表面。

Friction：设置碰撞表面摩擦力的大小，从而决定了粒子在与碰撞表面平行方向上的速度。当值为 0 时，碰撞表面的摩擦力为 0；当值为 1 时，碰撞表面的摩擦力最大。

2. 粒子的碰撞事件

通过创建粒子碰撞事件，可以使粒子在碰撞后分裂、发射新粒子或消失。

创建方法：

◆ 选择要建立碰撞事件影响的粒子物体。

◆ 使粒子碰撞几何体。

◆ 选择"Particles→Particle Collision Events"命令。弹出 Particle Collision Events Editor 的物体列表，如图 4-36 所示。

Particle Collision Events 视窗有如下参数。

Set Event Name：为粒子碰撞事件命名。

All Collisions：勾选该项，粒子每次碰撞几何体时粒子碰撞事件都起作用。

Emit：勾选该项时，粒子碰撞后

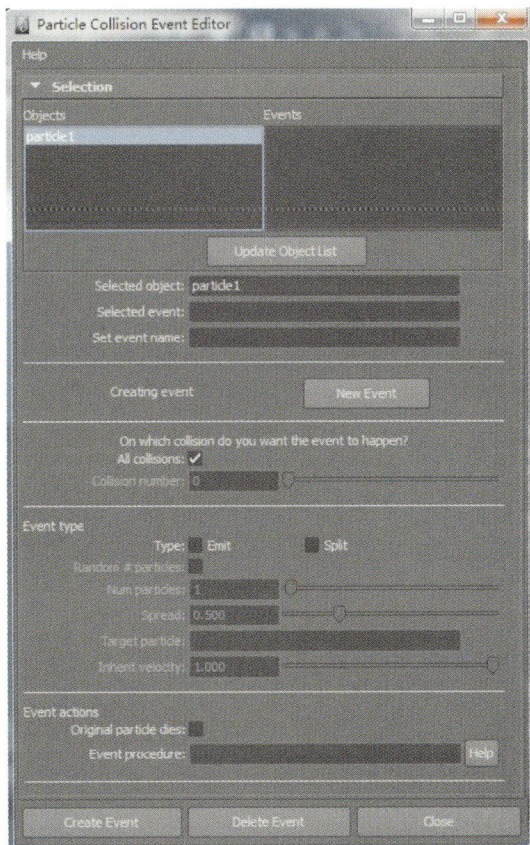

图 4-36　Particle Collision Events 参数面板

135

将发射新粒子。粒子数目由 Num Particles 项确定。

Split：勾选该项时，当碰撞发生时，原始的粒子将分裂产生新的粒子。新粒子的数目由 Num Particles 项确定。

Random ♯ Particles：不勾选该项，则分裂或发射产生的粒子数目是由 Num Particles 决定的；勾选该项时，则分裂或发射产生的粒子的数目是 1 和 Num Particles 项数值之间的随机的数值。

Num Particles：此项决定了粒子在碰撞事件中分裂或发射产生的粒子的数目。

Spread：此项设置发射粒子的扩展角度。

Target Particle：指定粒子物体，它的属性被新粒子使用。如果不指定目标，则被指定一个默认名。

Inherit Velocity：设置碰撞后的新粒子继承原始粒子速度的程度。

Original Particle Dies：此项设置了碰撞发生后原始粒子将消亡。

Event Procedure：指定在粒子碰撞时将要执行的 MEL 脚本的名称。

4.2.2 粒子目标

1. 粒子目标的基本操作

所谓目标就是粒子跟随或向其运动的物体。可使用目标制作粒子的跟随运动，这用其他的动画技术难以实现。除了表面上的曲线外，其他物体都可作为粒子的目标物体。跟踪物体的运动取决于目标物体的类型和目标物体的数目。

创建方法如下：

◆ 选择要受目标物体控制的粒子。

◆ 按住"Shift"键，选择作为目标的物体。此时的目标物体可以是单个物体也可以是多个物体。

◆ 选择"Particles→Goal"命令，这样就为粒子物体建立了目标。调整目标的影响后播放动画，观看粒子向目标运动。

选择"Particles→Goal"命令打开"目标"参数面板，如图 4-37 所示。

图 4-37　Goal 参数面板

Goal 视窗有如下参数。

Goal weight：目标权重控制，决定了粒子被目标物体控制的程度。

Use transform as goal：勾选该项，粒子会跟随物体的变化而变化，而这种改变不是指目标物体的顶点等元素的变化。

2. 粒子目标的属性编辑

通过选择受目标影响的粒子按住"Ctrl＋A"组合键打开"属性"面板，选择到"Goal Weights and Objects"属性部分，如图 4-38 所示。

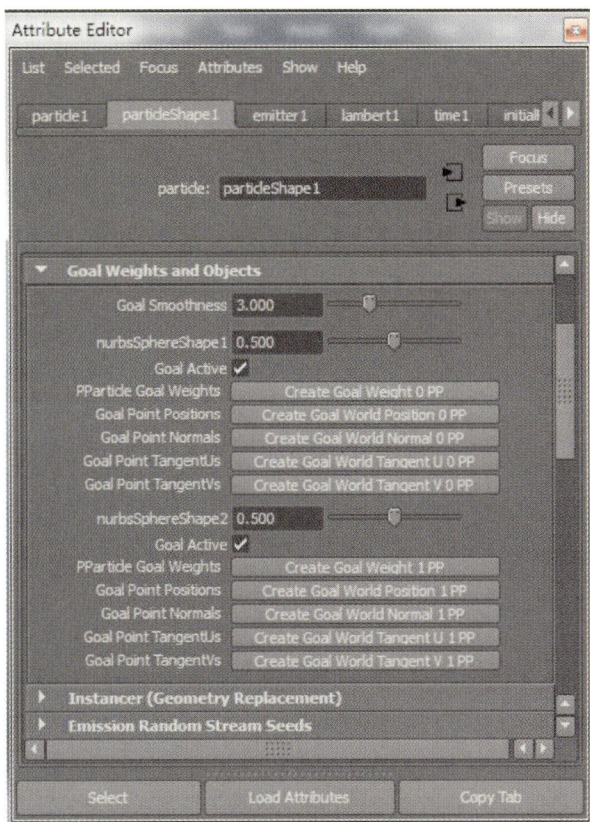

图 4-38　Goal 属性编辑

Goal Smoothness：当 Goal Smoothness 为 1 时，当目标权重从 0 到 1 增加时，目标权重的实际影响程度呈线性增加。当 Goal Smoothness 的值较高时，当目标权重从 0 开始增加时，目标权重作用增加缓慢，但当值接近 1 时，其作用迅速增加，如图 4-39 所示可以看到当 Goal Smoothness 为 1、3、10 时三种不同的影响状况。

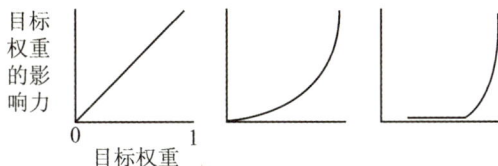

从左到右Goal Smoothness 数值为1、3、10

图 4-39　Goal Smoothness

nurbsSphereShape1、nurbsSphereShape2：这里的 nurbsSphereShape1、nurbsSphereShape2 是分别控制粒子与物体间的目标权重关系。nurbsSphereShape1、nurbsSphereShape2 是场景中目标物体的名称，也就是说场景内有几个物体作为粒子的目标，那

在 Goal Weights and Objects 属性部分就会有几个该属性。

Goal Active：勾选该项，当前物体就会应用目标权重。

4.2.3 粒子替代

可以通过粒子替代的方式制作各种复杂的群集动画效果。例如，一群游动的鱼、树叶飘落等都可以通过粒子替代实现。

创建方法如下：

◆ 选择充当替换物的物体，可以使单个物体也可以是多个物体。

◆ 然后选择要进行替换的粒子物体。

◆ 选择"Particles→Instancer"命令，这时播放动画可以看到粒子被物体替代了的画面，如图 4-40 所示。

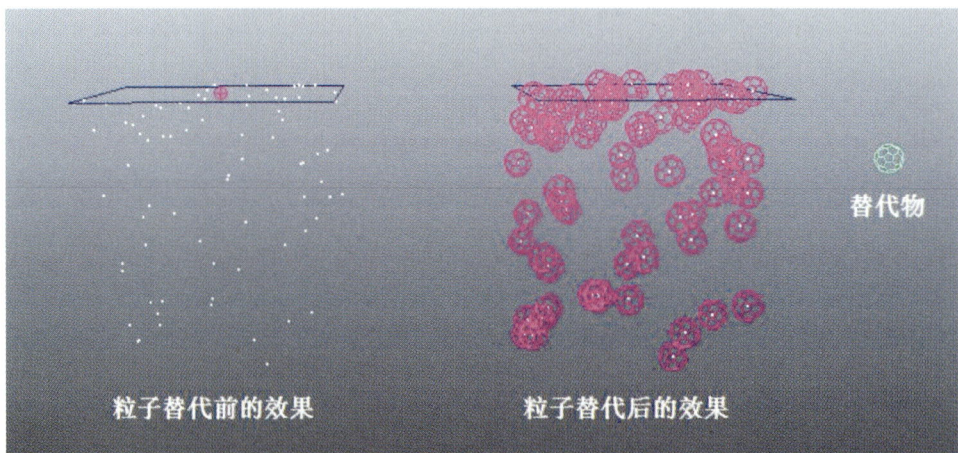

图 4-40　粒子替代效果

选择"Particles→Instancer"命令打开"粒子替代"参数面板，如图 4-41 所示。

Instancer 视窗参数如下：

Particle Instancer Name：为粒子替代命名。

Rotation Units：该选项设置旋转单位。可以选择弧度或者半径方式表述。

Rotation Order：该选项设置旋转顺序，这个属性决定了坐标轴旋转的优先顺序。例如，XYZ、XZY、ZXY。

Level of Detail：该选项设置替代物显示的级别，有三种方式：Geometry（几何体形态）、Bounding Box（几何体的方盒边界形态）、Bounding Boxes（所有物体的边界形态），如图 4-42 所示。选择这个属性可以加快运算速度。

Cycle：替代物体的循环控制，这个属性常用于多个物体替代粒子的效果。None 指替代一个单独的物体；Sequential 指粒子被多个物体替代后，物体按照顺序循环显示。

Cycle Step Unit：当使用 Sequential 时，这个选项被激活。该属性决定了使用秒或帧作为循环的时间单位。

Cycle Step：这个属性决定了循环显示的时间间隔。

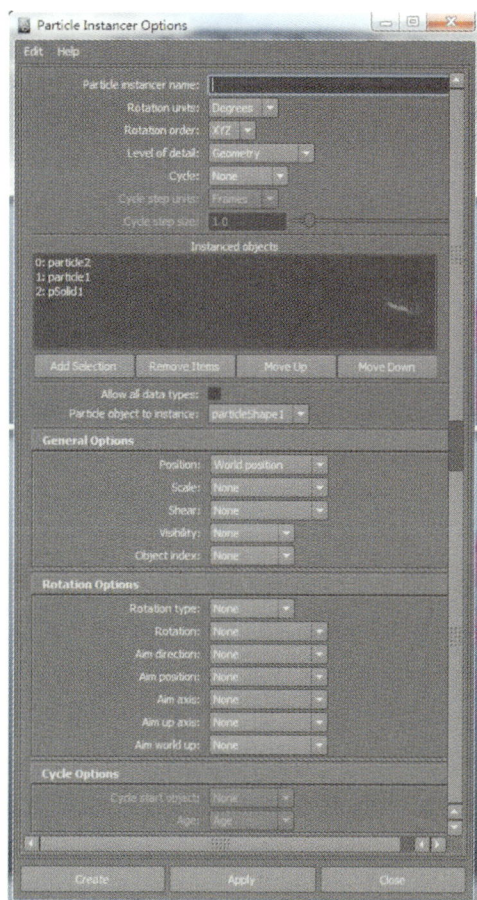

图 4-41　"粒子替代"参数面板

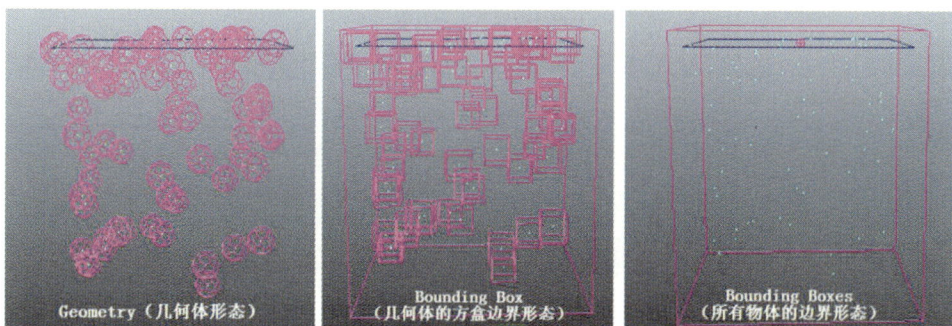

图 4-42　Level of Detail

4.2.4　动力场

1. 场的基本知识

使用动力场用户可模拟自然界的动力运动，例如，空气的浮动、刮风等效果。在 Maya 中使用粒子制作出真实的动画效果，就必须使用到动力场。

在 Maya 中动力场有三种形式：独立场、物体场和体积场。

（1）独立场。

独立场不属于任何物体，是在场景中的固定位置或运动位置对物体产生影响。它在场景中用图标代表。如果打开 Outliner 大纲列表，会看到每个类型的场作为一个独立的节点存在，不受任何其他节点控制，如图 4-43 所示场景中的独立场。

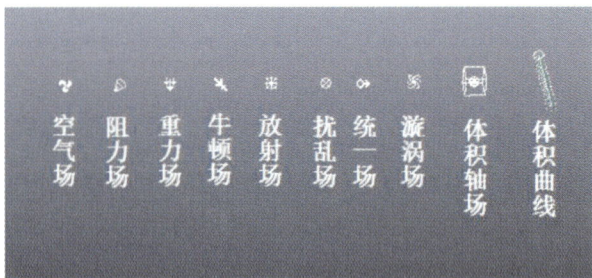

图 4-43　场景中的独立场

（2）物体场。

物体场隶属于场景中的物体。它相当于把一个场的作用力添加到物体表面来发挥场的作用。在工作视图中，物体场会表现为在物体附近的一个小图标，在 Outliner 大纲列表中，物体场会表现为归属在物体节点下游的一个场节点。

可以为多边形物体、NURBS 曲线或曲面、粒子、晶格或表面上的曲线添加场。物体场可从物体的中心发挥作用，也可在一部分或所有的 CVs、编辑点、顶点或晶格点发挥作用，如图 4-44 所示为场景中的物体场。

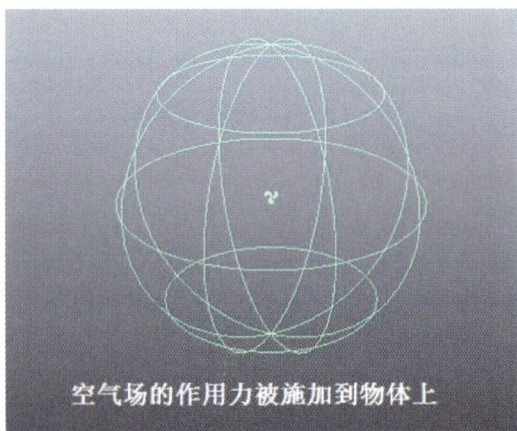

图 4-44　物体场

（3）体积场。

体积场是一种定义了作用区域的场。也就是说，可以选择一个体积场作为影响粒子或刚体等物体的场的空间区域。体积场可以选用的形状是立方体，球体，圆柱体，圆锥体，圆环体和圆环线体积等形态，如图 4-45 所示场景中的体积场。

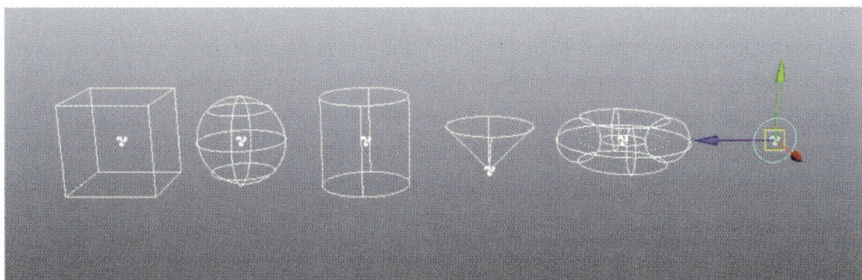

图 4-45   体积场

2. 场的创建

(1)创建独立场。

创建方法如下：

◆ 选择想让场影响的物体。

◆ 选择"Fields→某个动力场"命令，如 Air 空气场，播放观看场的作用效果。

(2)创建物体场。

创建方法如下：

◆ 选择"Fields→某个动力场"命令来创建一个需要的场。如果场已经存在，选中它。

◆ 按住"Ctrl"键选择希望添加场作用力的物体。

◆ 选择"Fields→Use Selected as Source of Field"命令，将场添加到物体。

◆ 在 Outliner 中，选择要让物体场影响的物体，按住"Ctrl"键选择场。

◆ 选择"Fields→Affect Selected Object"命令，播放观看场的作用效果。

(3)创建体积场。

创建方法如下：

◆ 选择创建好的场，按住"Ctrl＋A"组合键打开"属性"编辑器。

◆ 在"Volume Control Attributes"选项的"Volume Shape"下拉列表中选择一种体积
形状，如图 4-46 所示。

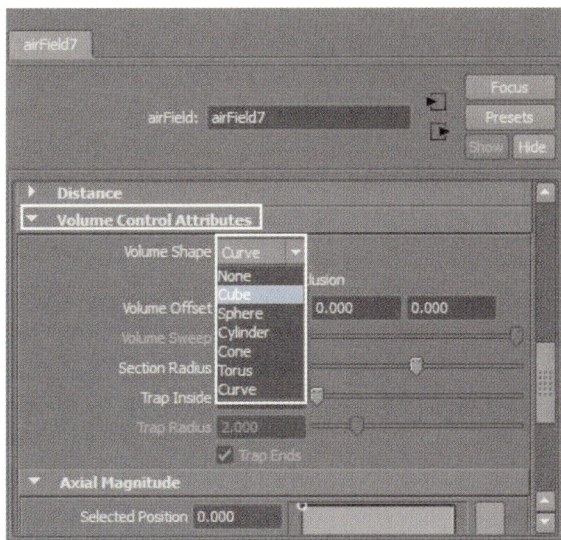

图 4-46   体积场的创建

3. 动力场的种类

在 Maya 中有十种动力场，选择"Fields"菜单，如图 4-47 所示。

（1）Air 空气场。

空气场模拟显示中空气流动的效果。被空气场影响的物体会产生运动来反映空气对物体的影响，如同物体被风吹走的效果。

选择"Fields→Air"命令打开"空气场"参数面板，如图 4-48 所示。

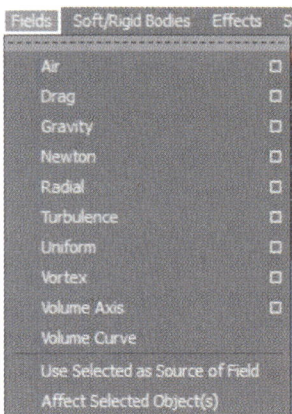

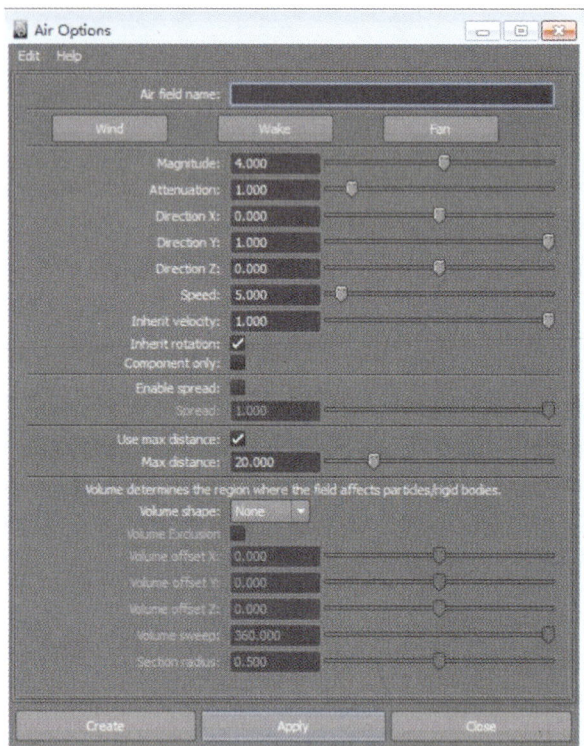

图 4-47　动力场菜单　　　　图 4-48　Air 空气场参数面板

Air 空气场视窗参数如下：

Air field name：为创建的空气场命名。

空气场有三种表现方式：Wind（风力）、Wake（移动力）、Fan（扇形）。

Magnitude：此项属性决定了场的作用力的强弱。数值越大，作用力越强。

Attenuation：当空气场和被影响物体之间的距离增加时，使用此项可以设置空气场强度的衰减速度。

DirectionX、Y、Z：指定空气运动的方向。

Speed：设置空气场中粒子或物体的运动速度。

Inherit Velocity：当空气场作为子物体时，此项指定了运动空气场的速度影响 Direction 和 Magnitude 程度。

Inherit Rotation：当空气场作为子物体时，并且随物体一起旋转时，则空气场本身的旋转会影响空气场所产生的风的运动。

Component Only：勾选该项，空气场仅仅对气流方向上的物体起作用；如果关闭该项，空气场对所有物体的影响力是相同的。

Enable Spread：打开或关闭传播的开关。

Spread：当打开"Enable Spread"时，则空气场的影响范围是一个圆锥形的区域，此项设置此圆锥形区域的角度。

Use Max Distance：此项决定是否使用 Max Distance 项来设置空气场的影响范围。勾选该项时，空气场只对被影响物体在 Max Distance 项所设置的范围内的部分起作用；反之，无论被影响物体距离空气场多远，空气场都会对物体起作用。

Max Distance：此项设置是空气场影响范围的最大距离。

注：在下面场的讲述中相同参数将不重复讲述，具体请参看空气场。

（2）Drag 阻力场。

使用阻力场可模仿对运动物体的摩擦力或阻力。

选择"Fields→Drag"命令打开"阻力场"参数面板，如图 4-49 所示。

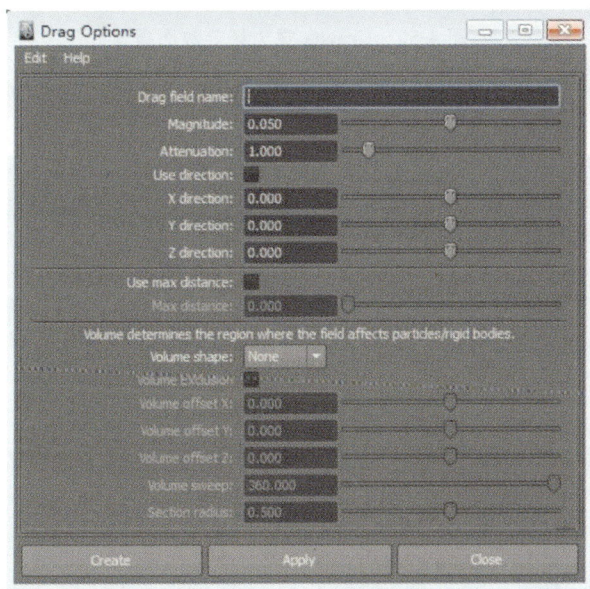

图 4-49　Drag 阻力场参数面板

Drag 阻力场视窗参数如下：

Use Direction：设置阻力场的作用力方向。

X、Y、Z Direction：设置阻力场沿 X、Y 和 Z 轴影响的方向。

（3）Gravity 重力场。

重力场模仿地球的重力，它在固定的方向加速物体。

选择"Fields→Gravity"命令打开"重力场"参数面板，如图 4-50 所示。

（4）Newton 牛顿场。

牛顿场可以用来模拟物体在相互作用的引力和斥力下的作用，相互接近的物体间会产生引力和斥力，值的大小将取决于物体的质量。

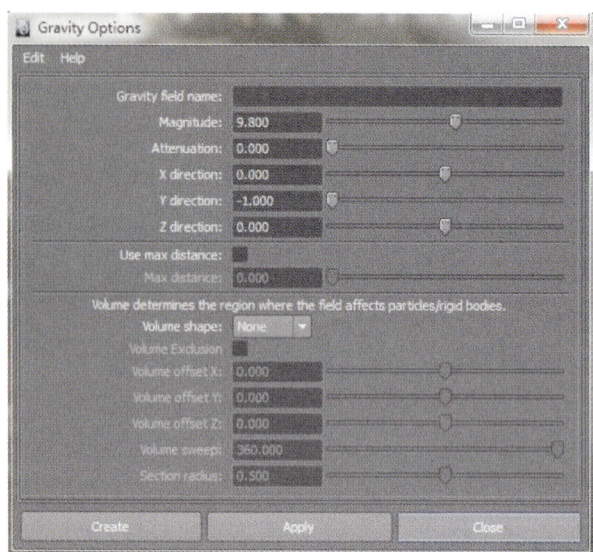

图 4-50　Gravity 重力场参数面板

选择"Fields→Newton"命令打开"牛顿场"参数面板，如图 4-51 所示。

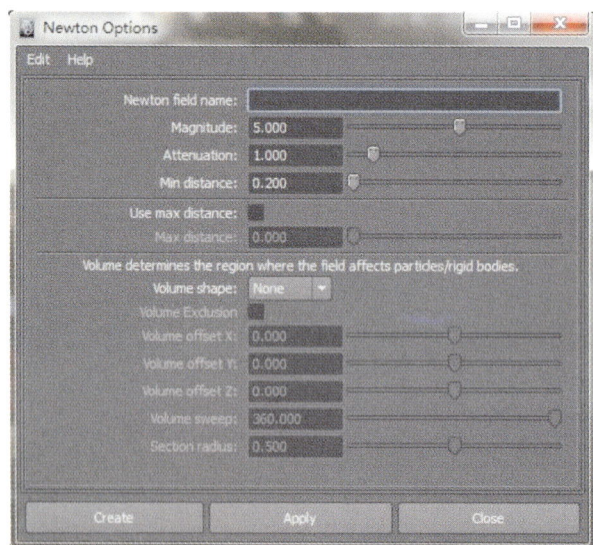

图 4-51　Newton 牛顿场参数面板

(5)Radial 放射场。

放射场就像磁石，使用放射场可以排斥或吸引被影响物体。例如，可以控制爆炸等由中心向外辐射的各种现象。

选择"Fields→Radial"命令打开"放射场"参数面板，如图 4-52 所示。

Radial 放射场视窗参数如下：

Radial Type：此项控制放射场衰减的方式。当值为 1 时，放射场的影响力在物体到达最大距离时而迅速衰减为 0。

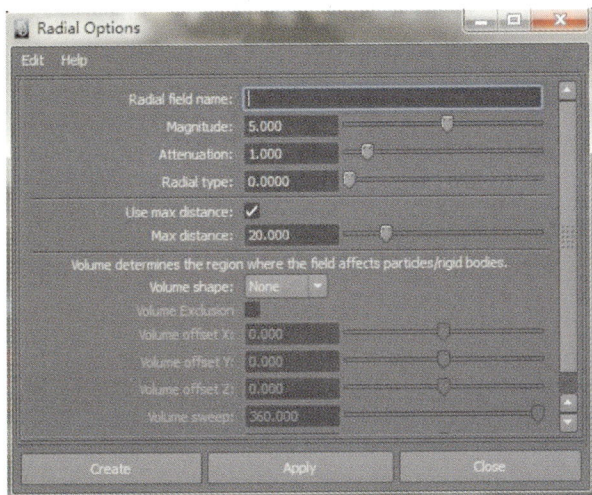

图 4-52　Radial 放射场参数面板

（6）Turbulence 扰乱场。

扰乱场可以使被影响物体产生无规律的运动。扰乱场和其他场搭配使用可以模仿自然界中如空气、水等物体的无规律的运动。

选择"Fields→Turbulence"命令打开"扰乱场"参数面板，如图 4-53 所示。

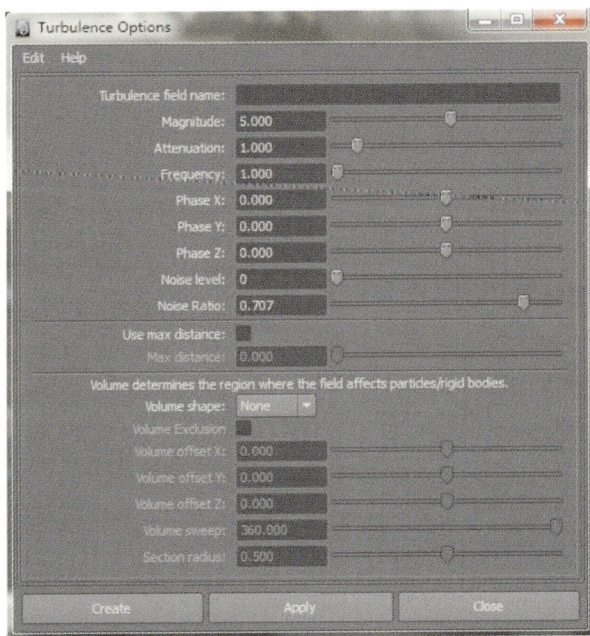

图 4-53　Turbulence 扰乱场参数面板

Turbulence 扰乱场视窗参数如下：

Frequency：此项设置扰乱场的频率。值越大，物体无规律运动的频率越高。

Phase X，Y，Z：此项设置扰乱场相位的大小，这可影响中断的方向。

Noise Level：值越大，震荡越不规则。控制整个运动的无规律性。

Noise Ratio：决定连续噪波的重量。

(7)Uniform 统一场。

统一场可以在某个方向上：影响物体作的匀速运动。

选择"Fields→Uniform"命令打开"统一场"参数面板，如图 4-54 所示。

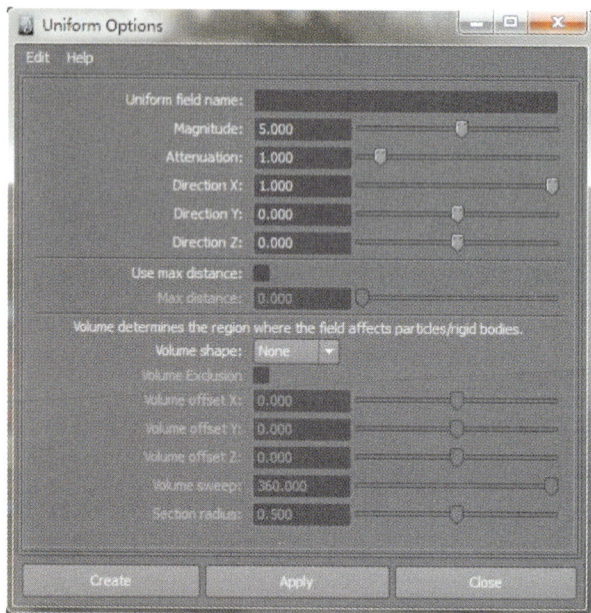

图 4-54　Uniform 统一场参数面板

(8)Vortex 漩涡场。

漩涡场使被影响物体做圆环状的抛射运动，例如：旋转的车轮上甩出的水滴所作的运动或者龙卷风所作的运动。

选择"Fields→Vortex"命令打开"漩涡场"参数面板，如图 4-55 所示。

Vortex 漩涡场视窗参数如下：

Axis X、Y、Z：指定漩涡场沿哪条轴发挥场的作用力。

(9)Volume Axis 体积轴场。

体积轴场是一种局部作用的范围场，只有在选定的形状范围内的物体才可能受到体积轴场的影响。

选择"Fields→Volume Axis"命令打开"体积轴场"参数面板，如图 4-56所示。

Volume Axis 体积轴场视窗参数如下：

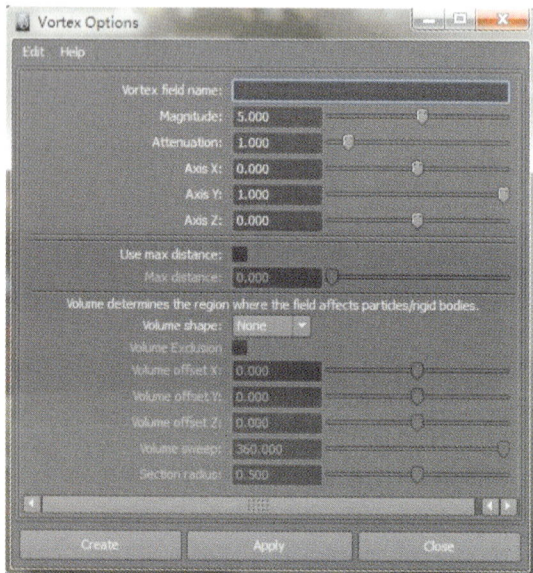

图 4-55　Vortex 漩涡场参数面板

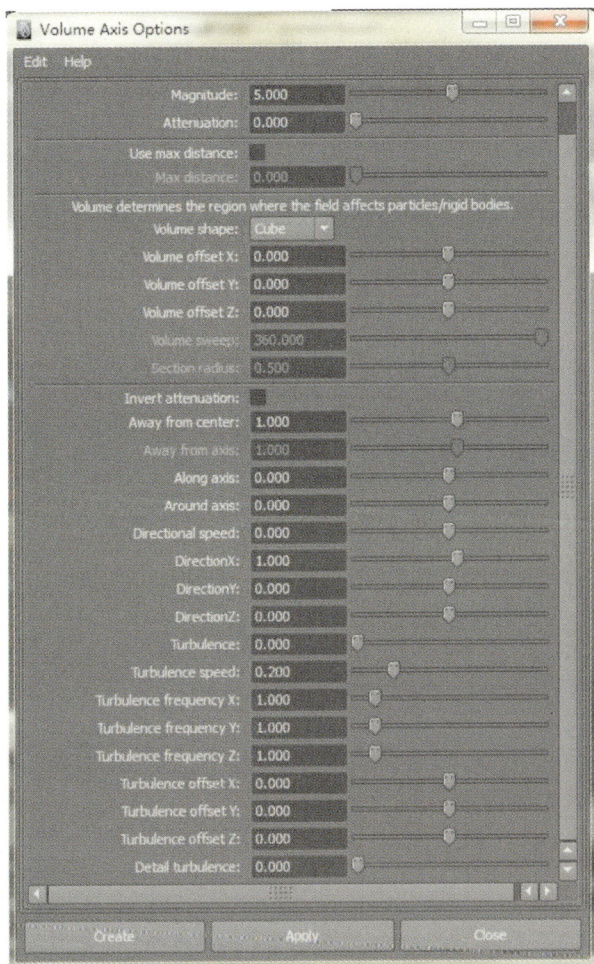

图 4-56　Volume Axis 体积轴场参数面板

Volume Shape：指定体积轴场影响粒子和刚体的空间区域的封闭体积形状。

Volume Offset X，Y，Z：从动力场实际位置偏移体积轴场。

Volume Sweep：指定出立方体外所有体积形状的旋转角度。

Section Radius：指定了圆环体积形状的实体部分厚度。

Invert Attenuation：当用户打开"Invert Attenuation"属性并设置"Attenuation"为大于 0 的数值时，在体积边缘的体积轴场强度为最大而在中心轴处的场强衰减为 0。

Away From Center：指定粒子离开立方体或球体中心时的速度。用户可以使用此属性来创建爆炸效果。

Away From Axis：指定粒子离开圆柱体，圆锥体或圆环体的中心轴的速度。对圆环体而言，中心轴是圆环实体部分的中心圆。

Along Axis：指定粒子在所有体积中心轴上移动的速度。

Around Axis：指定粒子围绕所有体积中心轴移动的速度。当圆柱体形状使用此属性时，可以创建出气体盘旋效果。

Directional Speed：在所有体积中，添加"Direction XYZ"属性所指定的方向的

speed。

Direction X，Y，Z：按指定 X，Y，Z 轴的方向移动粒子。

Turbulence：添加扰乱作用力。

Turbulence Speed：添加的扰乱作用力的速度。

Turbulence Frequency X，Y，Z：控制在 X、Y、Z 三个方向上的扰乱频率。

Turbulence Offset X，Y，Z：控制在 X、Y、Z 三个方向上的扰乱偏移。

Detail Turbulence：细节扰乱。

▶ 4.3 粒子动画项目实战

4.3.1 落叶

1. 项目分析

本项目主要是制作一段树叶飘落的动画效果，如图 4-57 所示。

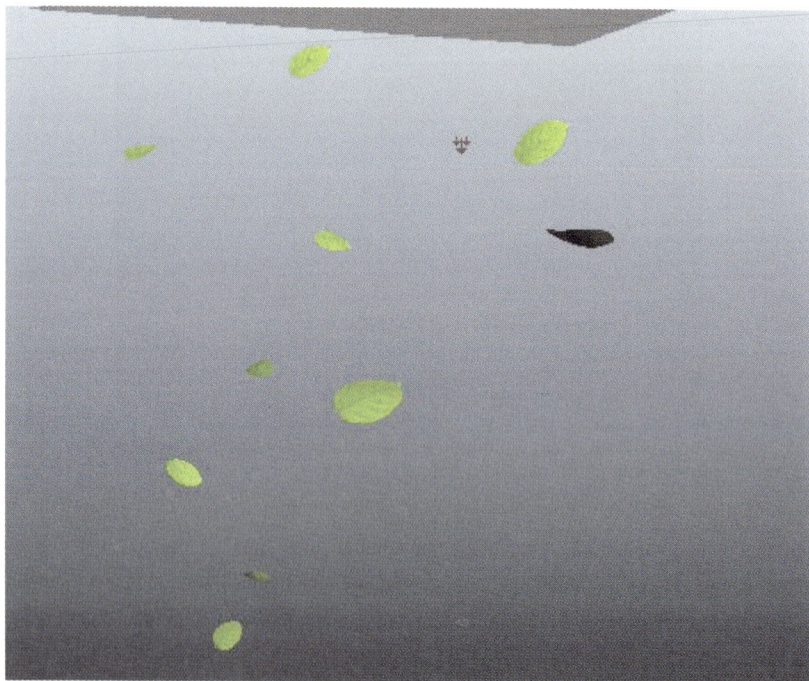

图 4-57 飘落的树叶

在本项目中主要用到了粒子替代和随机表达式技术。使用粒子替代完成了树叶效果的制作，使用表达式完成了树叶的随机翻滚和随机大小的控制。

2. 项目实战

步骤一：选择"Create→NURBS Primitives→Plane"命令创建平面物体，如图 4-58 所示。

在 Channel Box 通道盒中修改 Plane 平面的参数，如图 4-59 所示。这样就创建好了一个用于发射树叶的平面物体。

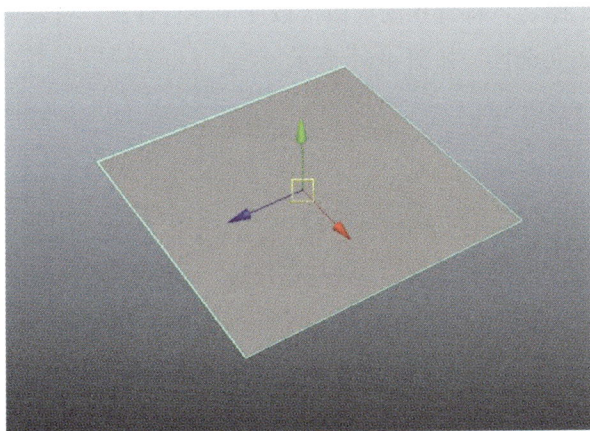

图 4-58　创建 Plane 平面

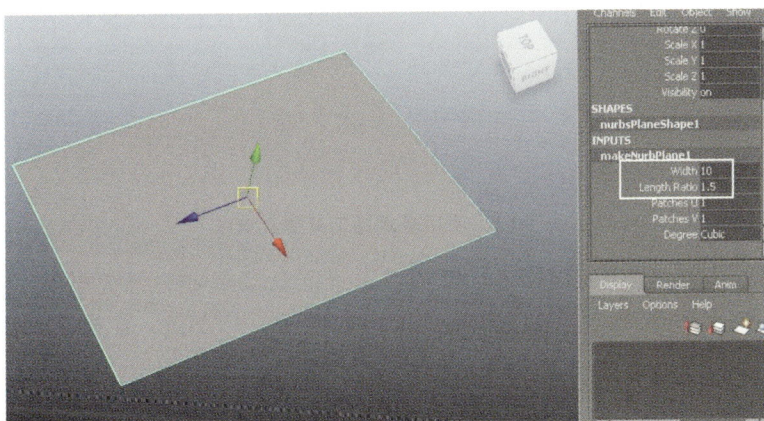

图 4-59　修改平面物体参数

步骤二：启动 Photoshop CS4 秩序，载入一张树叶的图像，如图 4-60 所示。

图 4-60　在 Photoshop 中载入树叶图像

鼠标双击"背景"图层,将背景图层激活以便于进行修改。选择 ⊠ 魔术棒工具单击图片中白色区域并建立选区,如图 4-61 所示。

图 4-61   使用魔术棒工具建立选区

按"Ctrl+Shift+I"组合键将选区反向,选择浮动菜单中的通道面板,单击面板上的"将选区存储为通道"按钮,为当前的树叶图片创建一个 Alpha 通道,如图 4-62 所示。

图 4-62   创建 Alpha 通道

按"Ctrl+Shift+S"组合键打开"存储"面板将当前的文件进行存储,选择 TIFF 格式并勾选 Alpha 通道选项，如图 4-63 所示。设置好后将文件存储在电脑的特定文件夹中，具体的文件目录大家根据自己的要求自行安排。

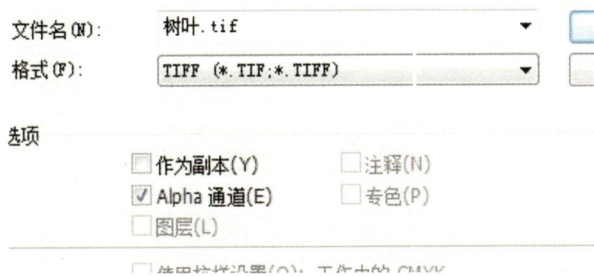

图 4-63　设置存储参数

步骤三：切换到 Maya 软件界面中，选择前面创建好的 Plane 平面物体，选择"Particles→Emit from Object"命令为 Plane 平面创建发射器。将时间长度改为 200 帧，播放动画，这时看到 Plane 平面发射粒子了，如图 4-64 所示。

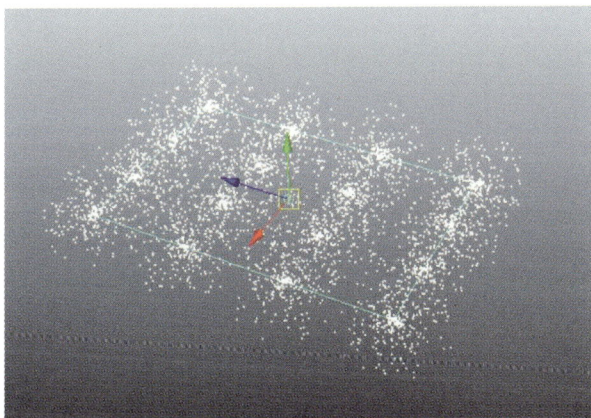

图 4-64　从 Plane 平面发射粒子

通过播放动画看到粒子的发射方式不正确。下面就来修改粒子的发射方式和为粒子添加重力场。

选择发射的粒子，按"Ctrl＋A"组合键打开"属性编辑"面板，如图 4-65 所示。选择"emitter1"选项卡，将"Basic Emitter Attributes"选项栏中的"Emitter Type"发射类型修改为"Surface"，"Rate(Particles/sec)"修改为 6。

重新播放观看效果，如图 4-66 所示。这时粒子并没有向下运动，因此需要添加重力场来控制粒子的运动方向。

选择发射的粒子，选择"Fields→

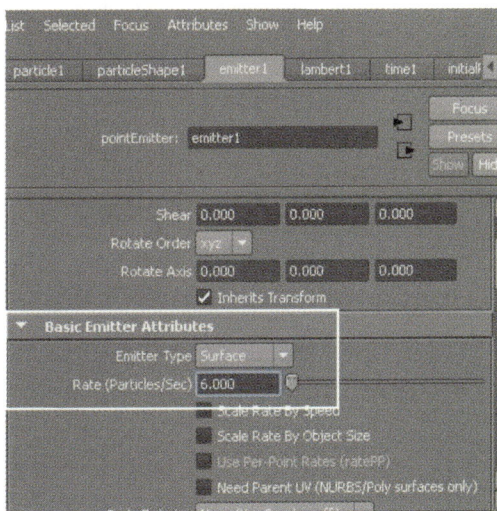

图 4-65　粒子属性编辑面板

151

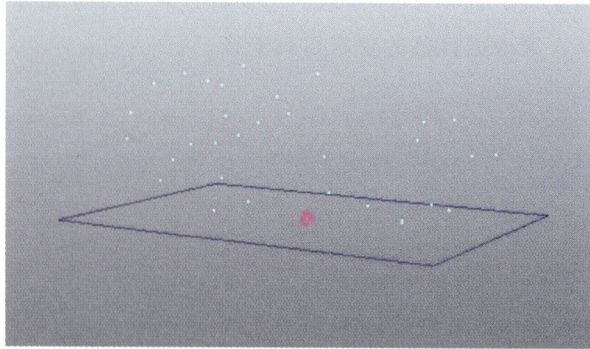

图 4-66　修改后的发射效果

Gravity"命令为粒子添加重力场控制其运动效果。再次播放时看到粒子向下运动了，如图 4-67 所示。

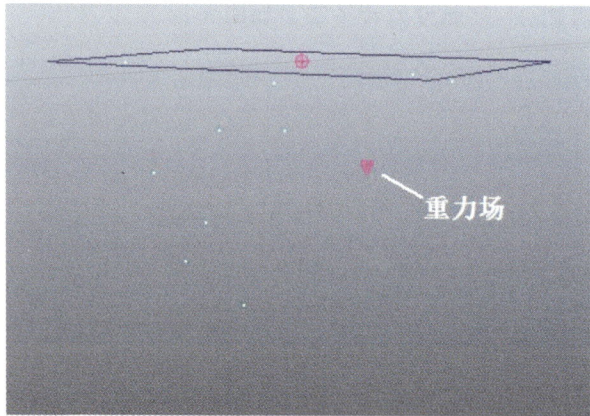

图 4-67　添加重力场

　　步骤四：下面使用替代方式将制作树叶飘落的效果。在场景中创建一个 Plane 平面物体，如图 4-68 所示将物体大小形态修改为树叶的比例大小状态。

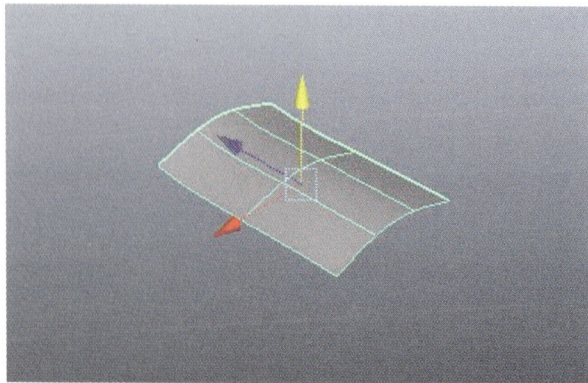

图 4-68　调整后的 Plane 平面

打开"Window→Rendering Editors→Hypershade 材质"编辑器。建立 Lambert 材质并按住鼠标中键拖动将表面材质赋予 Plane 平面。双击"Lambert"表面材质球打开"Lambert"材质属性编辑面板如图 4-69 所示，单击"Color"属性后面的黑白格按钮，在弹出的菜单中选择"File"命令节点，如图 4-70 所示。

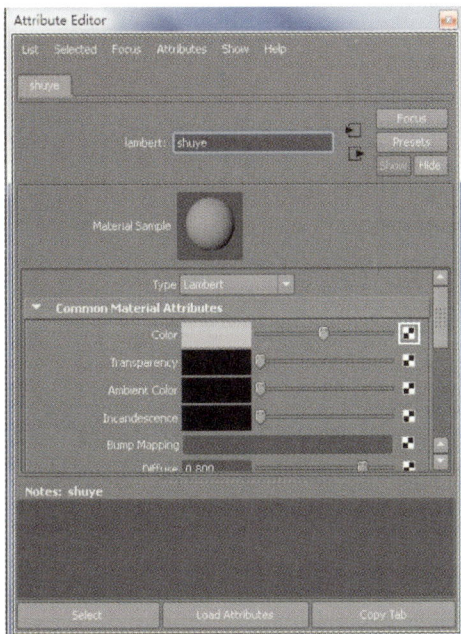

图 4-69　Lambert 属性编辑面板

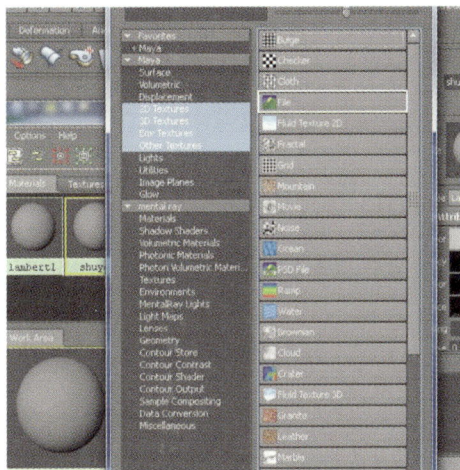

图 4-70　File 节点

在"File Attributes"选项中，将前面制作好的树叶文件添加到"Image Name"选项框中，如图 4-71 所示。这样就为 Plane 平面赋予了材质效果，如图 4 72 所示。

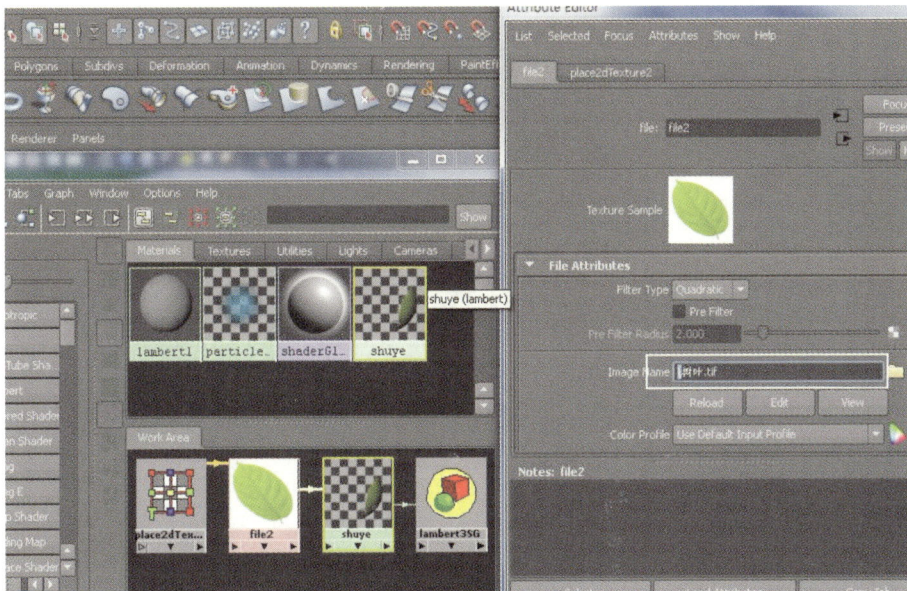

图 4-71　添加树叶文件

153

选择制作好的 Plane 平面，再选择粒子，选择"Particles→Instancer"命令创建粒子替代效果。这时重新播放就会看到粒子全部被树叶所替代，如图 4-73 所示。

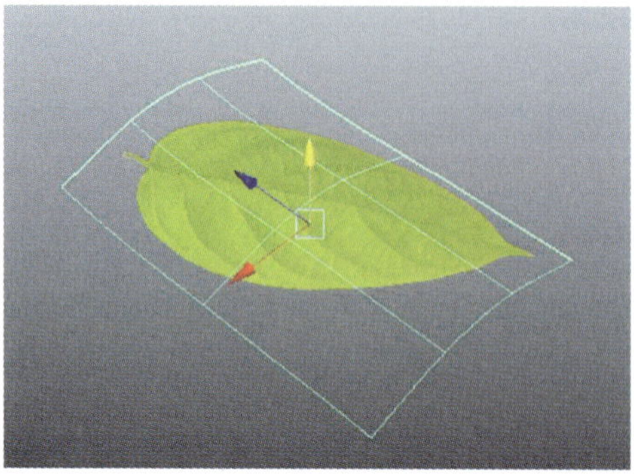

图 4-72　树叶材质效果

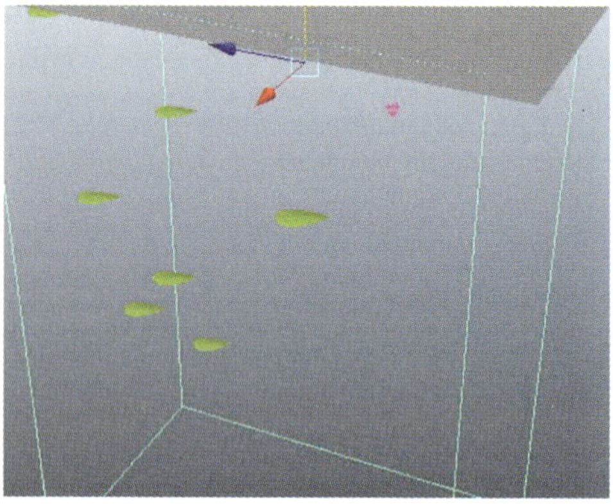

图 4-73　粒子替代

步骤五：接下来需要将替代后的粒子运动效果进行修改。通过图 4-73 可以看到树叶的下落状态和树叶的大小都是一样的，这在现实中是不可能存在的。选择树叶按下"Ctrl＋A"组合键打开"粒子属性编辑"面板，在"particleShape1"选项卡中单击"Add Dynamic Attributes"选项栏中的"General"按钮，打开如图 4-74 所示添加属性面板。

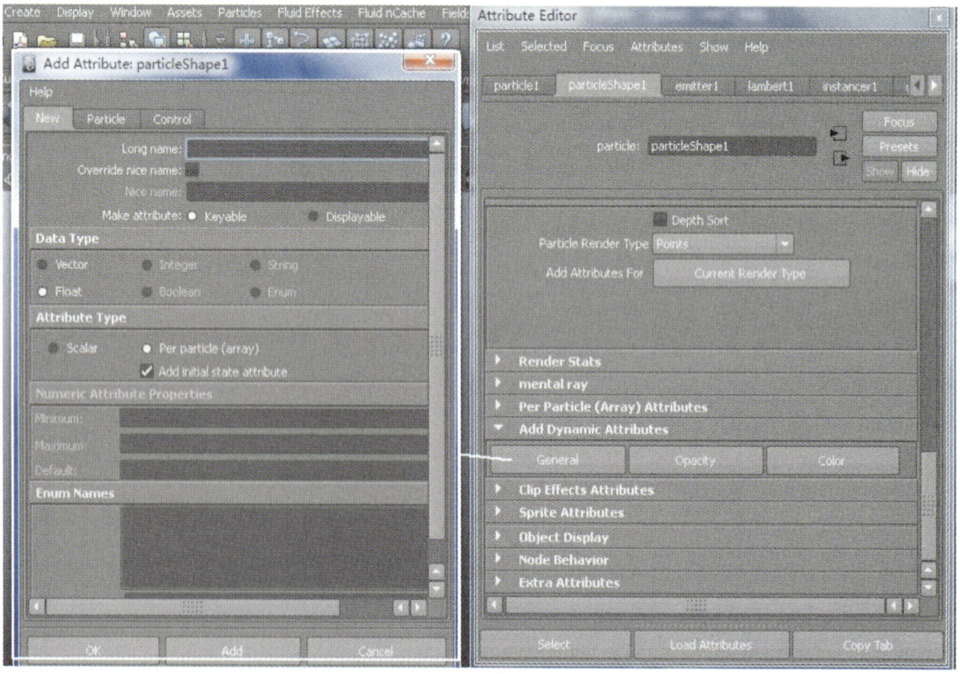

图 4-74　打开"添加属性"面板

在 Long name 中输入要添加的名称，这里将名称设置为"Daxiao"。在"Attribute Type"选项栏中单击选择"Per particle(array)"选项。设置好后单击"OK"按钮完成创建，在"Per particle(array)Attributes"选项栏中会多出个"Daxiao"属性。同样的设置方式完成"Xuanzhuan"属性的创建，如图 4-75 所示。

　　将右击鼠标放在"Daxiao"属性栏中或"Xuanzhuan"属性栏中弹出如图 4-76 所示面板。选择"Creation Expression"命令打开"创建表达式"面板，如图 4-77 所示。在面板中添加以下语句：

particleShape1. xuanzhuan＝rand(0，360)；

particleShape1. daxiao＝rand(0.5，2)；

　　创建完语句后单击面板上的"Edit"按钮完成表达式的添加。

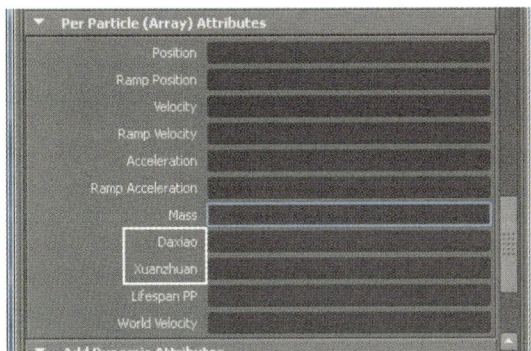

图 4-75　创建属性

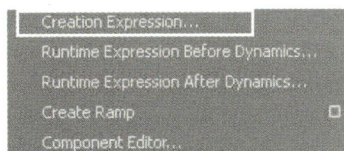

图 4-76　创建表达式面板

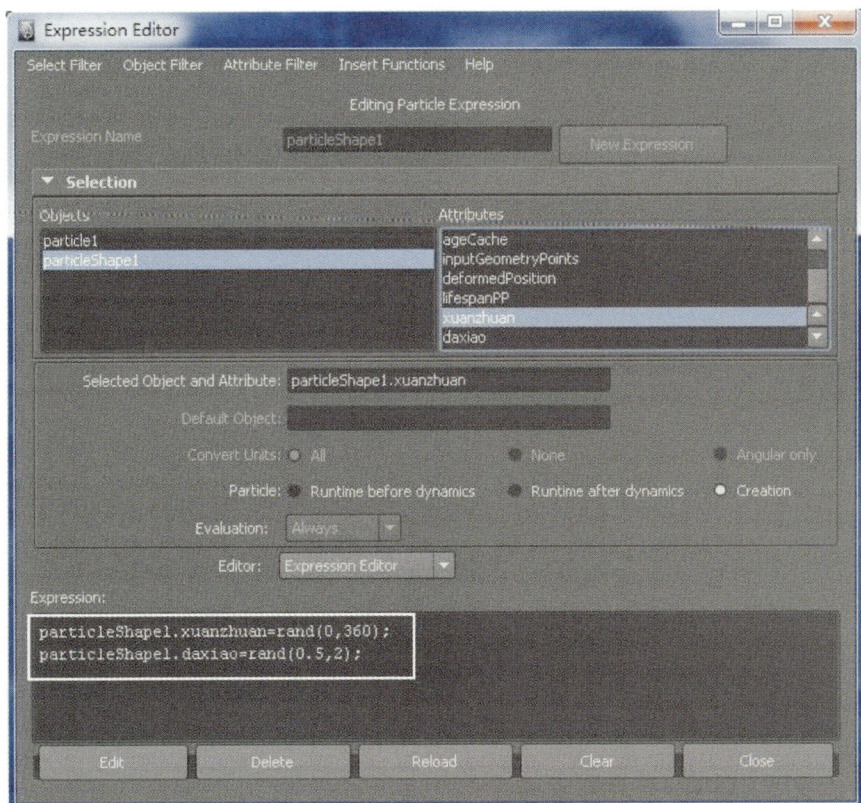

图 4-77　创建表达式语句

展开"Instancer(Geometry Replacement)"选项栏，按照如图 4-78 所示进行设置。

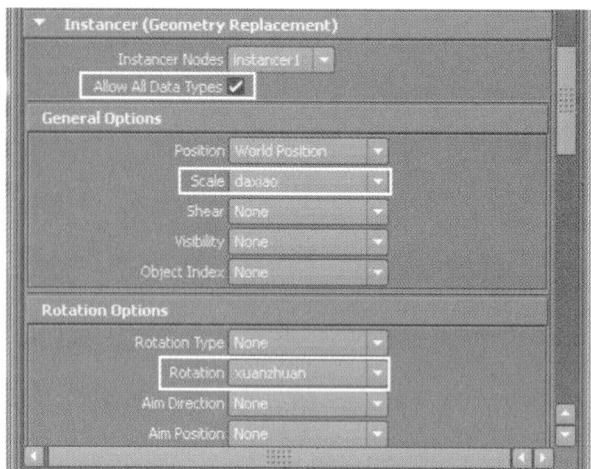

图 4-78　Instancer(Geometry Replacement)设置

设置好各项属性后再次播放动画，这时看到树叶产生了随机翻滚和大小的变化，如图 4-57 所示效果。

4.3.2　下雨

1. 项目分析

本项目中主要完成下雨效果的制作，如图 4-79 所示。

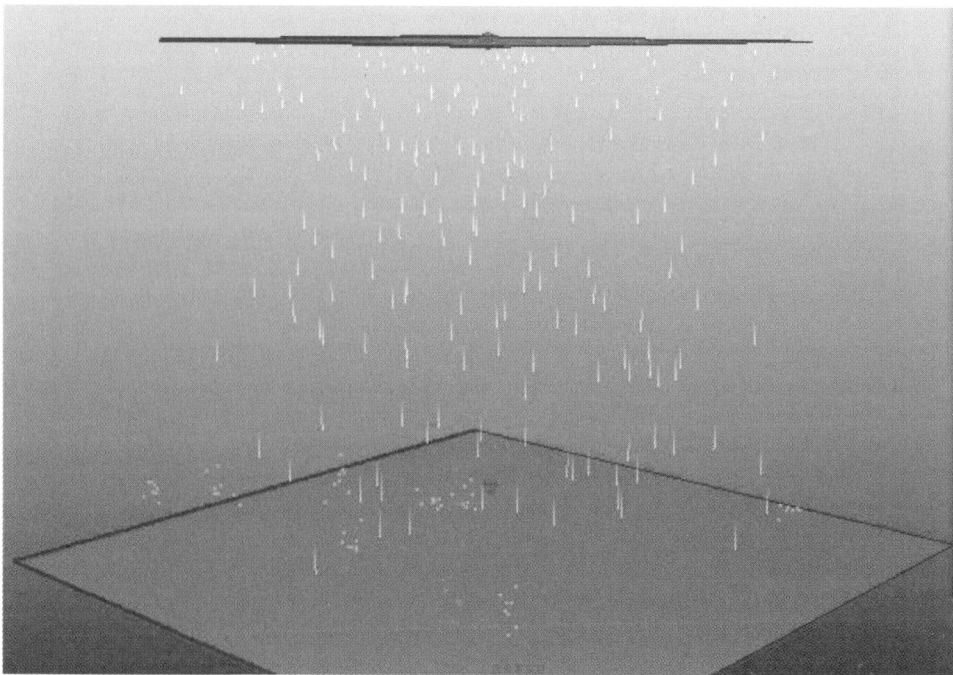

图 4-79　下雨

下雨的制作有很多种方式，这里主要是通过粒子碰撞的相关概念来完成下雨效果的制作。

2. 项目实战

步骤一：创建两个 Plane 平面物体，如图 4-80 所示场景模型，其中包括天空、地面。

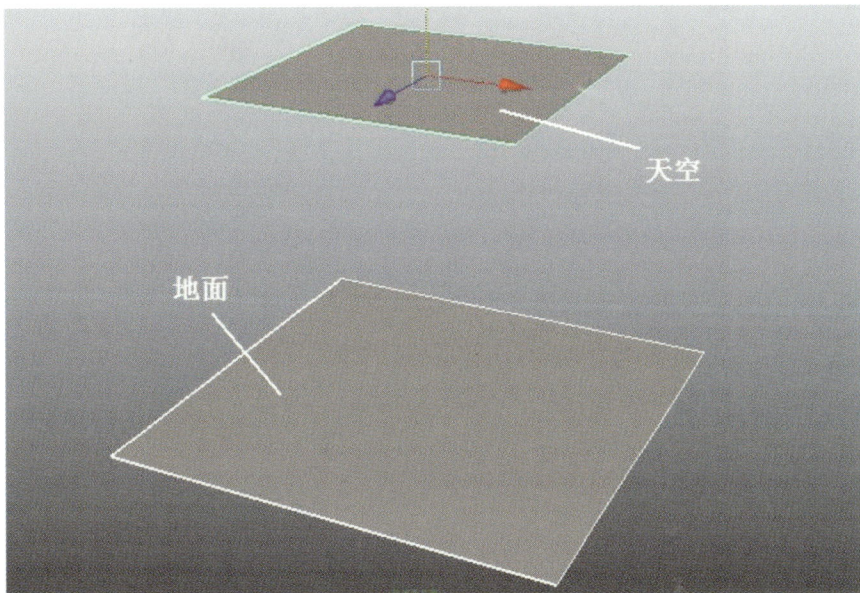

天空

地面

图 4-80　场景效果

选择天空物体，选择"Particles→Emit from Object"命令为 Plane 平面创建发射器。将时间长度改为 300 帧，播放动画时看到 Plane 平面发射粒子效果，如图 4-81 所示。

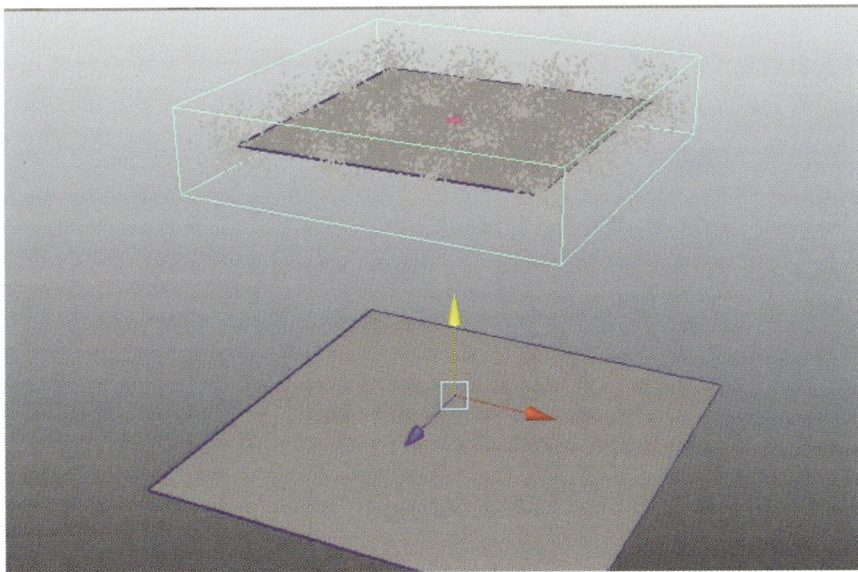

图 4-81　从天空的 Plane 平面发射粒子

播放动画，看到粒子的发射方式不正确。下面修改粒子的发射方式和为粒子添加重力场。

选择发射的粒子，按下"Ctrl＋A"组合键打开"属性编辑"面板，如图 4-82 所示。选择命令"emitter1"选项卡，将"Basic Emitter Attributes"选项栏中的"Emitter Type"发射类型修改为"Surface，Rate(Particles/sec)"修改为 100。

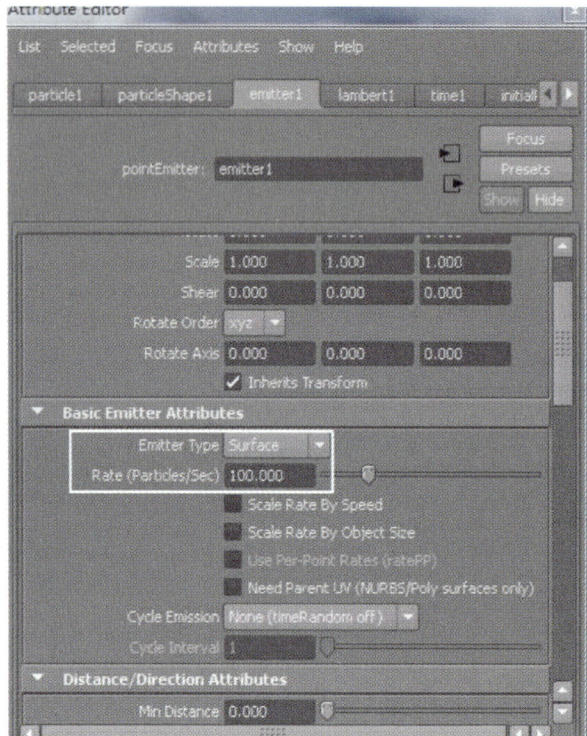

图 4-82　粒子属性编辑面板

选择发射的粒子，选择"Fields→Gravity"命令为粒子添加重力场控制其运动效果。再次播放时看到粒子向下运动了，如图 4-83 所示。

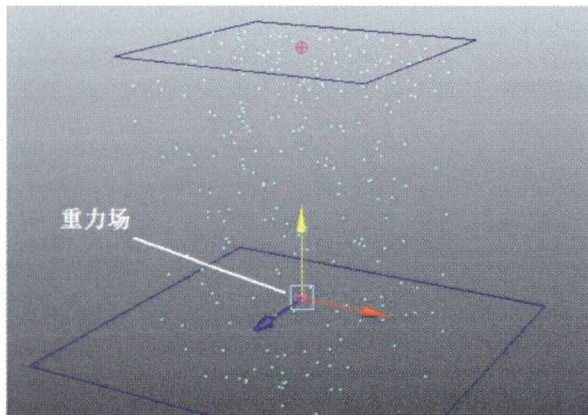

图 4-83　添加重力场后的粒子效果

选择粒子，按下"Ctrl＋A"组合键打开"属性编辑"面板。在"ParticleShape1"命令选项卡中展开"RenderAttributes"选项栏，修改"Particle Render Type 为 streak"类型并勾选"Color Accum"选项，将 Tail Size 修改为 2，如图 4-84 所示。

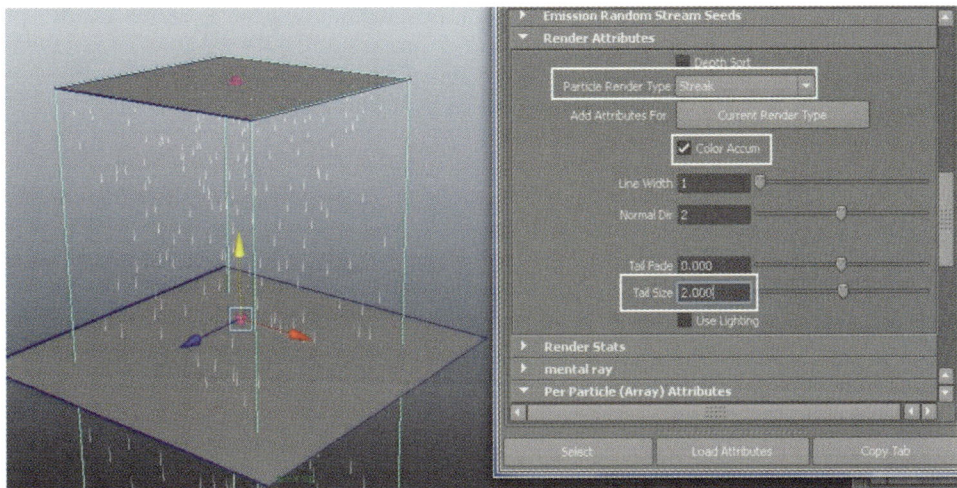

图 4-84　设置粒子效果

这时，播放动画看到粒子虽然有了雨水下落的感觉，但是当和地面接近时粒子穿透地面继续下落。

步骤二：下面为粒子和地面创建碰撞效果。

先选择粒子，再选择地面物体，然后选择"Particles→Make Collide"命令为粒子与地面创建碰撞关系。播放动画观察效果，这时粒子与地面形成了碰撞效果，如图 4-85 所示。

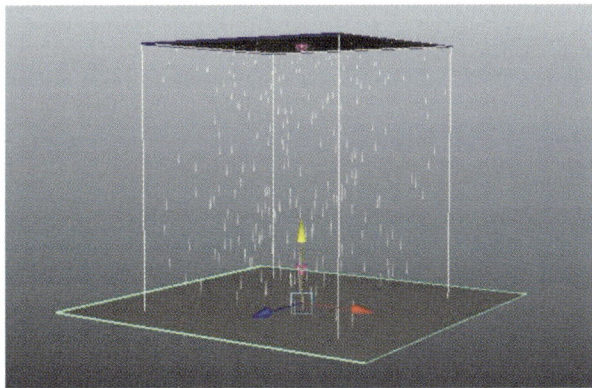

图 4-85　粒子与地面碰撞

但碰撞效果并不理想，一方面雨水与地面碰撞后应该是散射的效果，而这里粒子碰撞地面后直接反弹上去；另一方面粒子应该只有很短的寿命。因此，通过粒子的碰撞事件进行雨水效果的修改。

步骤三：粒子碰撞事件的创建。选中粒子，打开"Particle→Particle Collision Event

Editor 粒子碰撞事件"编辑器，勾选"Emit 以及 Original particle dies"选项后单击"Cre-ate Event"创建粒子碰撞事件，如图 4-86 所示。再次播放动画，粒子与地面产生碰撞时产生新的粒子，原始粒子消亡。

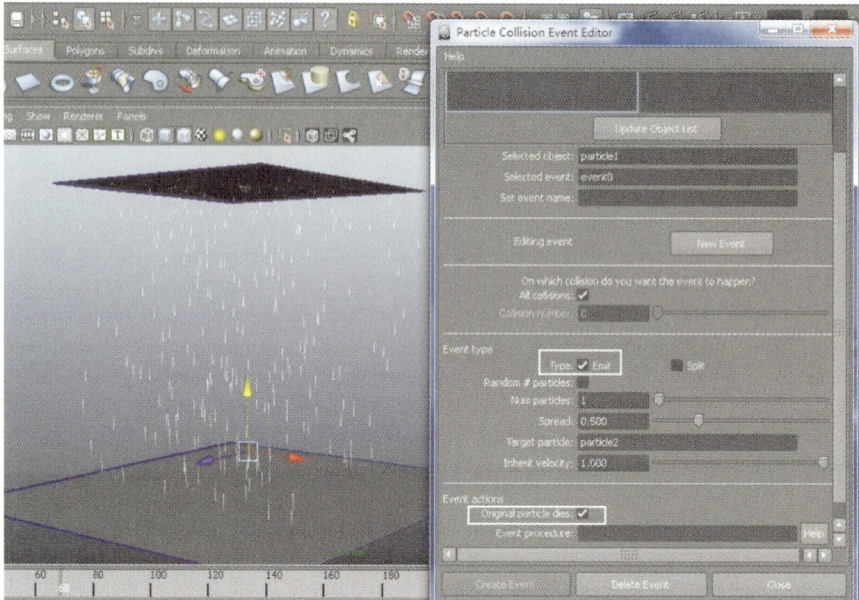

图 4-86　粒子碰撞事件

步骤四：最后调整碰撞后产生的粒子的形态、寿命等属性。打开"Outliner"大纲列表，选择"particle2"命令碰撞后产生的新粒子，如图 4-87 所示。

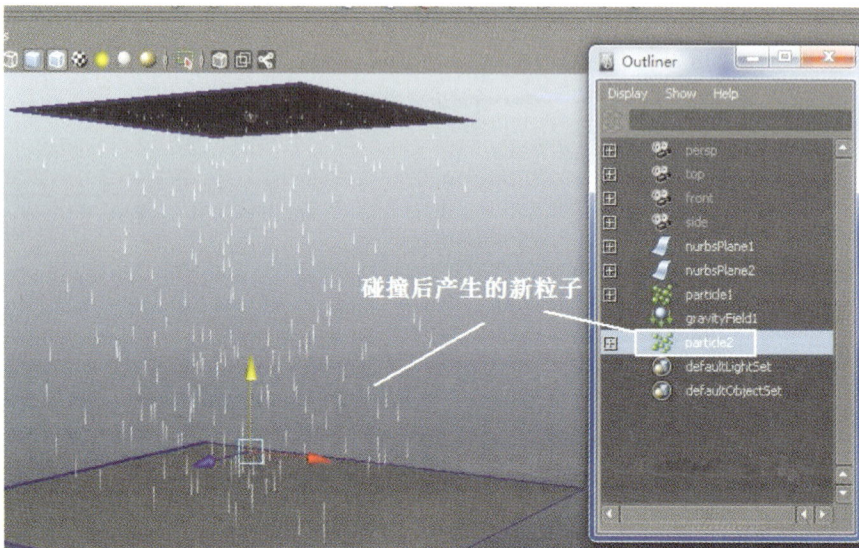

图 4-87　碰撞后的新粒子

打开"属性编辑"面板，选择"particleShape2"命令选项卡。在"Lifespan Attributes"选项栏中将"Lifespan Mode"修改为"Random range"并将"Lifespan"和"Lifespan Random"数值修改为 0.05 和 0.2；在"Render Attributes"选项栏中将"Particle Render Type"修改为"Multpoint"类型并勾选"Color Accum"选项，将"Multi Radius"修改为 1.2，如图 4-88 所示。

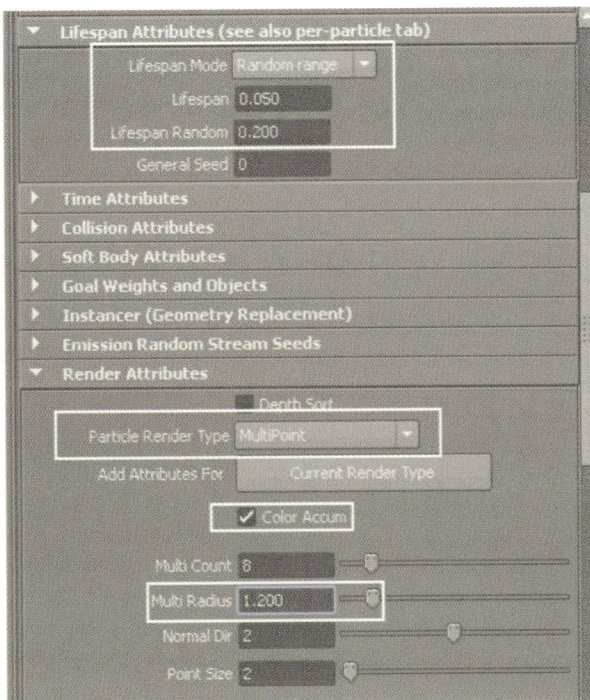

图 4-88　修改粒子属性

播放动画，可以看到粒子的效果模拟出雨水下落到地面的效果了，如图 4-79 所示。

本 章 小 结

　　本章节主要介绍粒子的创建和编辑方式。通过本章节的学习使大家能够使用粒子的各种功能进行粒子动画特效的制作。粒子的使用是非常广泛的，广泛地应用在影视特效、视频栏目包装、游戏特效等诸多领域。

>>>　实训练习

1. 实训项目一

实训项目内容：制作一段包含粒子特效内容的动画。

制作要求：

(1)场景大家自行设计制作，但要求能够表现粒子效果的模型，如喷泉、树木等模型。

(2)粒子动画效果大家自行设计制作，但要求至少包含粒子替代、粒子碰撞等效果。

（3）要求场景和动画效果制作合理，具有一定的故事情节。时间控制在 15～30 s 之间。

2. 实训项目二

实训项目内容：以战争为题材进行动画效果的制作。

制作要求：

（1）场景大家自行设计制作，但要求能够表现战争场面的模型，如坦克、枪械等模型。

（2）粒子动画效果大家根据自己的故事构思自行设计制作。

（3）要求场景和动画效果制作合理，具有一定的故事情节。时间控制在 15～30 s 之间

>>> **课后思考**

1. 粒子的创建方式有哪些？

2. 粒子的有哪些渲染类型？

3. 什么是粒子碰撞事件？它的作用是什么？

4. Maya 中有多少种场？它们的作用分别是什么？

5. 简述粒子在影视制作中的应用。

第 5 章　刚体和柔体动画

第 5 章　刚体和柔体动画

>>> **学习目的**

了解刚体和柔体的基本概念，掌握 Maya 中刚体和柔体的创建方法，具备基本的刚体和柔体动画制作能力。

>>> **学习目标**

通过本章的学习，熟练掌握刚体和柔体的创建方式，能够制作简单的刚体和柔体动画。

>>> **学习内容**

1. 了解刚体和柔体的基本概念；
2. 掌握 Maya 中刚体和柔体的基本制作原理；
3. 掌握刚体和柔体的属性控制方式；
4. 掌握 Maya 中各种刚体约束的基本属性及应用方法。

▶ 5.1　刚体和柔体基础要点

5.1.1　刚体概念

在 Maya 中刚体分为两种，主动刚体和被动刚体。主动刚体又称为动态刚体，可以受动力场的影响产生运动，也可以与其他主动刚体产生碰撞效果；被动刚体可以让主动刚体与其产生碰撞，并起到阻挡主动刚体的作用。被动刚体不会产生运动，所以被动刚体又称为静态刚体。

例如，一个篮球接触地面的动画。首先，需要将篮球设置成主动刚体，因为它需要在重力场的影响下下落，并且在碰撞地面后回弹。其次，需要将地面作为被动物体，因为地面不需对篮球的碰撞作出反应。刚体的动力学动画受刚体解算器的控制。刚体动力学动画是由场和碰撞共同作用产生的动画效果。

5.1.2　柔体概念

创建几何体对象，使其成为柔软的对象，称它为柔体。当制作柔体时，Maya 会创建一个相应的粒子物体。在 Outliner 大纲列表中，粒子物体属于几何体的子物体。几何体和粒子的结合物是柔体。

几何体中每个 CVs 或顶点都会产生一个对应的粒子。多边形物体对应的粒子在顶点上，NURBS 物体对应的粒子在 CVs 控制点上。当场、碰撞或表达式移动粒子时，则对应的 CVs 或顶点做相应的运动达到柔化物体的目的。

由于柔体包含粒子物体，因此它和粒子有相同的静态属性和动态属性。其属性的

设置和其他的粒子物体相同。可以为柔体创建弹簧，改变它的变形和弹力。当创建弹簧时，如果仅选择了柔体，则弹簧位于它的粒子之间；也可以在柔体粒子和其他粒子物体之间创建弹簧，或在柔体粒子和几何体之间创建弹簧。具体的创建方式将在后面的内容中讲述。

▶ 5.2　Maya 刚体和柔体的创建

5.2.1　刚体

在刚体的创建过程中，可以将 Maya 场景中的物体或物体的层级创建为主动刚体或被动刚体；也可以通过将物体连接到动力场来创建主动刚体。

1. 刚体创建

创建方法：

◆ 选择场景中要创建为刚体的物体。如果物体是组物体，那么必须选择该组的组节点。

◆ 选择"Soft/Rigid Bodies→Create Active Rigid Body"命令，物体被创建成主动刚体；或选择"Soft/Rigid Bodies→Create Passive Rigid Body"命令，物体被创建成被动刚体。

选择"Soft/Rigid Bodies→Create Active Rigid Body"命令打开"创建主动刚体"的参数面板，如图 5-1 所示。

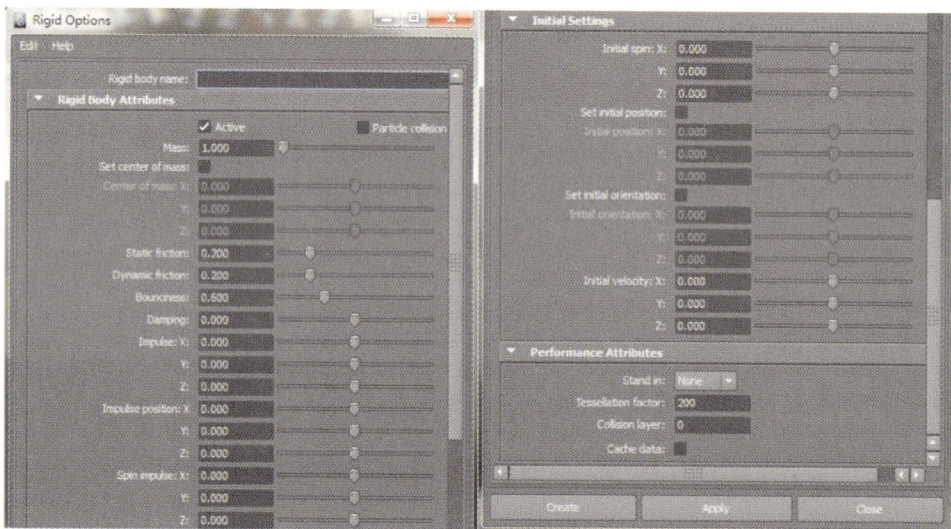

图 5-1　主动刚体参数面板

创建主动刚体的视窗参数如下。

Rigid Body Attributes：

Rigid Body name：为刚体命名，以便于识别。

Active：勾选该项，将设置为主动刚体。如果不勾选，物体被设置为被动刚体。

Particle Collision：Particle Collision 打开或关闭，决定了当粒子和刚体物体产生碰

撞时，设置刚体是否反应碰撞力。

Mass：设置主动刚体的质量。质量越大，它对碰撞物体的影响就越大。

Set Center of Mass：勾选该项，可以设置刚体质量中心的位置。仅用于主动刚体。

Center of Mass X，Y，Z：指定在局部坐标系中主动刚体质量中心的位置。X 形图标代表质量的中心。

Static Friction：当刚体和其他刚体静止接触时，设置刚体静态摩擦力。

Dynamic Friction：设置刚体运动与刚体表面相接触时相对的动态摩擦力。

Bounciness：设置刚体的弹力。

Damping：设置刚体运动时受到的阻力大小。正值为减小运动，负值为增加运动。

Impulse X、Y、Z：创建瞬间力，并且设置的力大小和方向。数值越高，力的数量越大。

Initial Position：X，Y，Z：设置刚体在直角坐标中的初始位置。

Spin Impulse X、Y、Z：这三项可以在刚体的重心上实施旋转推动力，即物理上的扭矩。

Initial Settings：

Initial Spin X，Y，Z：这三项设置刚体在创建后初始的角速度。这可以旋转刚体。

Set Initial Position X，Y，Z：设置刚体在直角坐标中的初始位置。

Set Initial Orientation X，Y，Z：设置刚体最初局部空间方向。例如，如果 Initial Orientation X 值为 360°，这意味着物体已经绕它的 X 轴旋转了 360°。

Initial Velocity X，Y，Z：设置刚体最初的速度和方向。

Performance Attributes：

Stand In：在 Stand In 下拉式菜单中可选择立方体或球体作为替换几何体，当选择"none"命令项时，不使用替换几何体。

Tessellation Factor：在创建刚体时，NURBS 物体首先要转化为多边形物体。此项确定了在转换过程中，多边形的近似数目。低数目创建粗糙的几何体，并减少了动画计算，但是增加了播放速度。

Collision Layer：可以使用碰撞层来创建互相碰撞物体的专用组。碰撞层可以容纳两个或多个碰撞刚体，在同一层中的两个刚体才能发生碰撞。

Collisions：当关闭此项时，刚体不碰撞场景中的任何物体。

Cache Data：勾选该项，将记录缓存数据。

◆ 设置相关参数后单击"Create"按钮将物体创建为刚体。

2. 刚体解算器

刚体动力学动画是由 Maya 的解算器进行控制的。刚体的动力学动画是指由场和碰撞创建的动画。可以改变刚体解算器的属性，调整动力学动画的外观。因此，对于刚体解算器的控制可以优化刚体动力学动画的计算速度。

编辑刚体计算器属性：

◆ 选择"Solvers→Create Rigid Body Solver"命令，可以为刚体创建解算器。如果已经创建了多个解算器，可以在"Solvers→Current Rigid Body Solver"命令的列表中选择解算器。

◆可以按住"Ctrl＋A"组合键打开刚体的属性编辑器，选择"rigidSolve"命令选项卡，如图 5-2 所示为刚体解算器的属性面板。

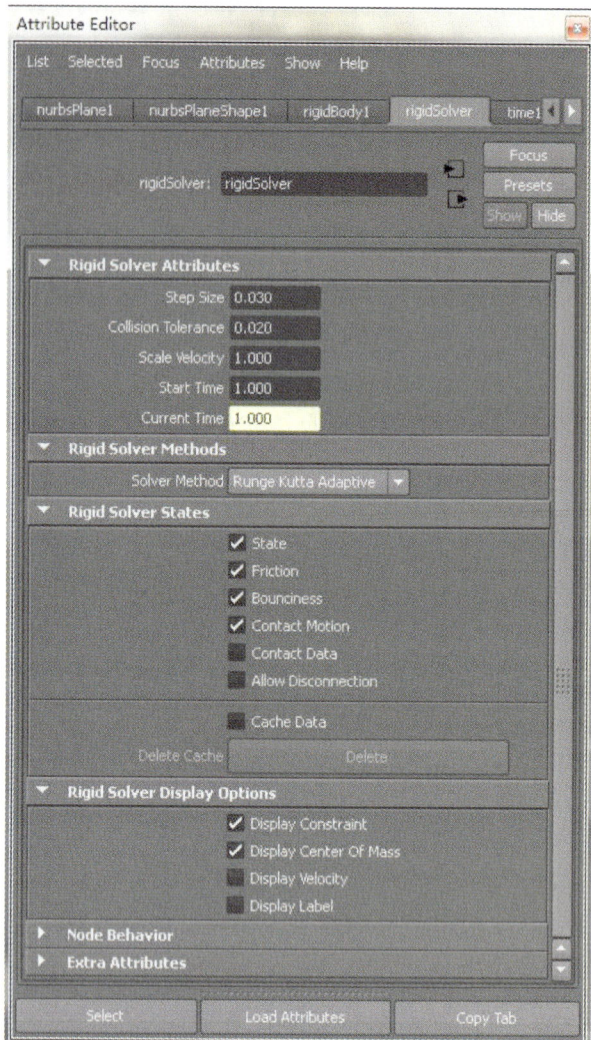

图 5-2 刚体解算器属性面板

刚体解算器的参数如下。

Rigid Solver Attributes：

Step Size：设置刚体计算在一帧之内出现的频率。例如，如果动画的每帧是 0.1 s，并且 Step Size 是 0.033 s，则解算器在每帧计算刚体动画 3 次。一般情况下，增加 Step Size 值可以改善刚体动画的精确度，但会减慢场景的播放。如果有快速移动的刚体没如所预料的碰撞，那么可以通过减少 Step Size 数值来改善。

Collision Tolerance：设置刚体解算器检测碰撞的速度和精确度。值越小，则计算时间越长，碰撞精度越高。

Scale Velocity：该项用于"Display Velocity"属性。如果打开"Display Velocity"，运动刚体显示速度箭头图标，代表刚体运动的大小和方向。

Start Time：设置解算器开始动画刚体动力的滑块时间帧。

Current Time：允许加速或减速连接到解算器的所有刚体的动力学动画。

Rigid Solver Methods：

Solver Method：计算方式，可以在弹出菜单选择刚体计算的精确度和速度。Midpoint 计算速度快但精度低；Runge-Kutta 以中等速度和精度计算；Runge-Kutta Adaptive 计算速度慢但精度高。

Rigid Solver States：

State：该项决定打开或关闭场、碰撞和刚体约束的作用。不勾选该项，可以加速播放动画的速度，但刚体的效果较差。

Friction：设置刚体在碰撞后是被粘贴还是滑动。勾选该项，刚体被粘贴；不勾选改项，刚体将滑动。如果刚体之间的接触被限制到瞬间的碰撞，Friction 设置影响不大。关闭 Friction 可加速播放。

Bounciness：该项决定了是否关闭或打开弹跳。不勾选该项，物体相互接触时不会弹跳，但刚体动画播放加快。

Contact Motion：勾选该项时，Maya 的刚体动力学模拟牛顿物理学。不勾选时，Maya 模拟没有惯性的阻力环境。像弹力和摩擦力这样的碰撞力不影响刚体。场影响刚体，但不影响最初旋转、最初速度或推力。

Contact Data：记录场景中刚体运算的数据。

Allow Disconnection：勾选该项，可以打断刚体和刚体解算器之间的连接。

Cache Data：勾选该项，Maya 缓存所有连接到解算器刚体的动力学状态。

Delete Cache：删除连接到解算器的所有刚体的缓存动力学状态。

Rigid Solver Display Options：

Display Constraint：显示刚体约束图标。

Display Center of Mass：显示每个刚体质量中心的图标。

Display Velocity：显示箭头图标，箭头代表刚体速度的大小和方向。

Display Label：表明刚体是主动刚体还是被动刚体。

5.2.2　刚体约束

刚体约束可以限制刚体物体的运动。刚体约束主要有钉、销、屏障、铰链和弹簧等方式。在"Soft/Rigid Bodies"菜单中可以选择需要使用的刚体约束，如图 5-3 所示。

1. Nail 钉约束

钉约束将单个主动刚体钉到场景中某个需要的位置。它的作用好像一个固体棒，将刚体连接到约束位置，如图 5-4 所示球体被钉约束所控制。

提示：被动刚体不能使用钉约束。

创建方法如下。

◆ 创建要进行约束的物体。

图 5-3　刚体约束命令

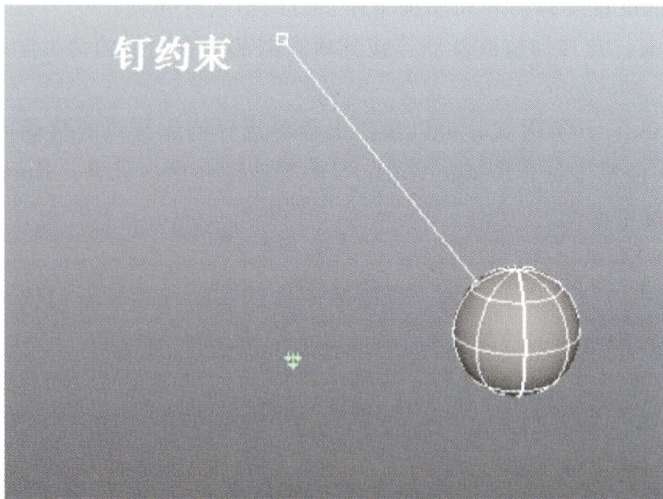

图 5-4　Nail 钉约束

◆ 选择"Soft/Rigid Bodies→Create Nail Constraint"命令打开"钉约束"的参数面板，如图 5-5 所示。

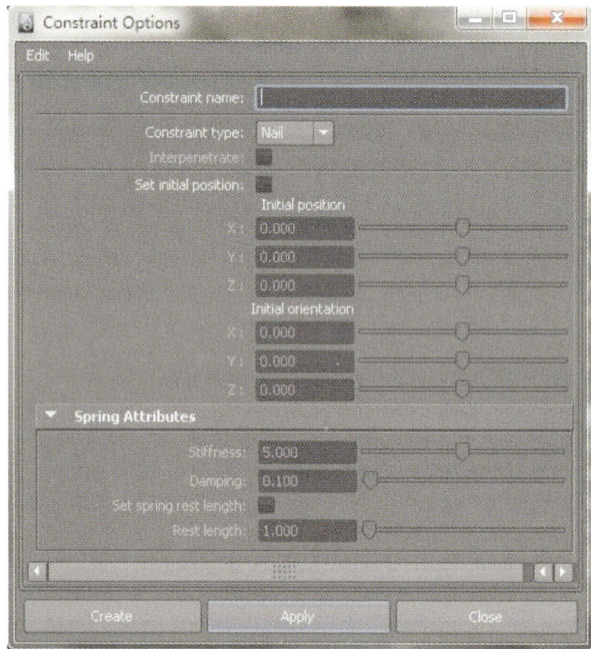

图 5-5　钉约束参数面板

◆ 参数面板中"Set Initial Position"决定了刚体约束建立后将约束点放在什么位置。如果没有勾选"Set Initial Position"，Maya 将约束放在刚体的质量中心。也可以通过鼠标移动改变约束点的位置。

刚体约束有如下参数。

Constraint name：为刚体约束命名。

Constraint type：约束的类型。

Interpenetrate：当刚体之间产生碰撞时，勾选该项可使刚体之间相互穿透。

Set Initial Position：勾选该项后容许设置刚体初始属性。

Initial Position：设置约束在场景中的位置。

Initial Orientation：设置约束的初始方向。

Stiffness：设置弹簧约束的弹力，在同样距离的情况下，该数值越大，弹簧的弹力越大。

Damping：设置弹簧约束的阻力大小。

Rest Length：重新设置弹簧约束在静止时的长度。

提示：刚体约束的参数面板都基本一致。因此，在后面的学习中将不再重复讲述。

◆ 设置好后单击"Create"按钮完成钉约束的创建。

2. Pin 销约束

销约束在特定的位置连接刚体。它的作用好像一个金属销将两个物体在末端用球关节连接起来。使用销约束将两个主动刚体或主动刚体和被动刚体连接在一起，如图 5-6 所示在两个物体间创建了销约束。因此，可以使用销约束创建类似于吊桥的动画效果。

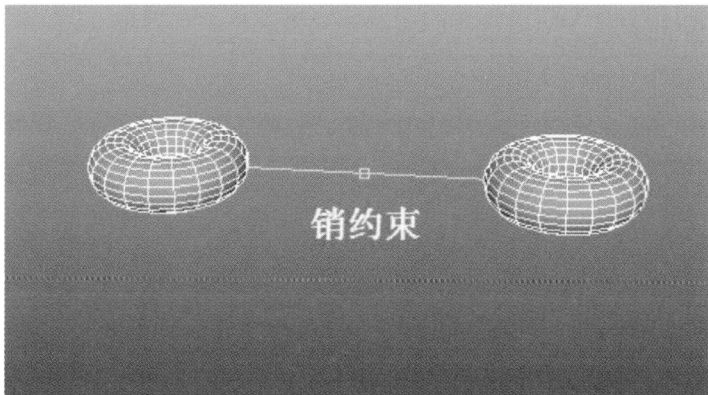

图 5-6　Pin 销约束

创建方法如下。

◆ 选择用户要约束的两个物体。

◆ 选择"Soft/Rigid Bodies→Create Pin Constraint"命令打开"销约束"的参数面板。

◆ 如果想让刚体去互相穿透，而不是接触碰撞，打开"Interpenetrate"。如果打开"Interpenetrate"，动画播放速度将变得非常流畅。

◆ 如果想去指定约束最初位置，打开"Set Initial Position"并输入 X、Y 和 Z 位置值。如果不想打开"Set Initial Position"，销约束在两个刚体的中间位置被创建。它从一个刚体的质量中心延伸到另一个刚体的质量的中心。

◆ 调整完后单击"Create"按钮。

3. Hinge 铰链约束

铰链约束可以限制刚体绕铰链指定的轴进行旋转，如图 5-7 所示的齿轮中心位置创

建了铰链约束。可使用铰链约束创建门绕轴旋转或时钟钟摆的摆动效果。可在下列物体之间创建铰链约束：

（1）一个主动刚体或被动刚体和场景中某位置之间。

（2）两个主动刚体之间。

（3）一个主动刚体和一个被动刚体。

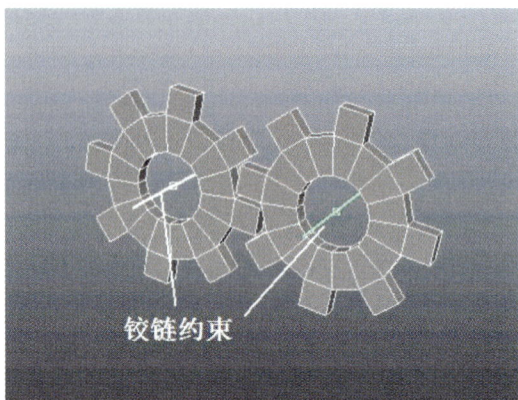

图 5-7　Hinge 铰链约束

创建方法如下：

◆ 选择要约束的一个或两个物体。

◆ 选择"Soft/Rigid Bodies→Create Hinge Constraint"命令打开"铰链约束"的参数面板。

◆ 如果想让刚体去互相穿透，而不是接触碰撞，打开"Interpenetrate"。如果打开"Interpenetrate"，动画播放速度将变得非常流畅。

◆ 打开"Set Initial Position"，并为位置输入 X、Y 和 Z 值。如果没打开"Set Initial Position"，当单个刚体约束到某个位置时，铰链约束在刚体的质量中心创建。当约束一对刚体时，如果没打开"Set Initial Position"，铰链在两个质量中心的中间被创建。

◆ 为设置约束轴的最初方向，为最初方向的 X、Y 和 Z 值输入角度数值。默认设置，铰链约束和直角空间坐标系的 Z 轴平行。

◆ 调整完后单击"Create"按钮。

4. Spring 弹簧约束

弹簧约束模拟一个弹性的束缚，就好比给物体添加了一个弹簧，图 5-8 所示为两个球体间建立了弹簧约束。可在下列物体之间创建弹簧约束：

（1）主动刚体或被动刚体和工作区某位置之间。

（2）两个主动刚体之间。

（3）主动刚体和被动刚体之间。

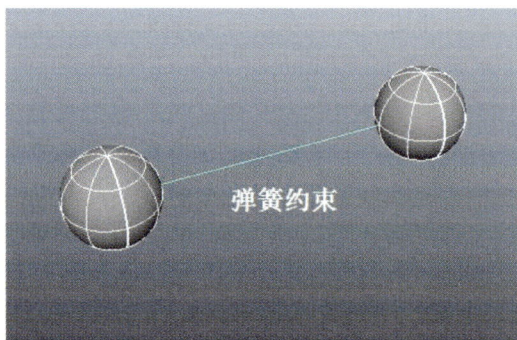

图 5-8　Spring 弹簧约束

创建方法如下：

◆ 选择用户要约束的一个或两个刚体。

◆ 选择"Soft/Rigid Bodies→Create Spring Constraint"命令打开"弹簧约束"的参数面板。

◆ 如果想让刚体去互相穿透，而不是接触碰撞，打开"Interpenetrate"。如果打开"Interpenetrate"，动画播放速度将变得非常流畅。

◆ 如果正在将弹簧约束应用到单个刚体，打开"Set Initial Position"，输入约束位置的 X、Y 和 Z 值。

◆ 在约束参数面板打开"Spring Attributes"部分设置弹簧的属性。

◆ 调整完后单击"Create"按钮。

5. Barrier 屏障约束

屏障约束创建了一个无穷大阻挡平面，使刚体的质量中心不超过阻挡平面。可使用屏障约束去阻挡刚体的运动，图 5-9 所示球体被两个屏障约束阻挡。这种约束仅应用于单个主动刚体，它不约束被动刚体。

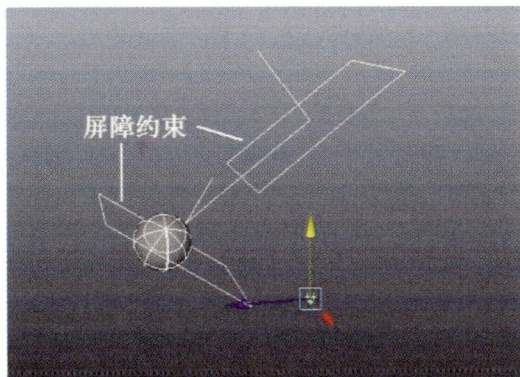

图 5-9　Barrier 屏障约束

创建方法如下：

◆ 选择要约束的物体。

◆ 选择"Soft/Rigid Bodies→Create Barrier Constraint"命令打开"屏障约束"的参数面板。

◆ 打开"Set Initial Position"，为平面上的任意位置的"Initial Position"输入 X、Y 和 Z 值。在 Maya 中屏障是无穷大的平面。如果没打开"Set Initial Position"项，屏障平面在原点被创建，并被连接到选择刚体的质量中心。

◆ 如果想去设置屏障的最初方向，为最初方向输入 X、Y 和 Z 的角度值。

◆ 调整完后单击"Create"按钮。

5.2.3　柔体

柔体可以把 Maya 中几何体转化成自然界中柔软的物体或可变形的物体，例如旗帜、波纹、海绵等。

1. 柔体创建

创建方法如下：

◆ 选择要制作为柔体的物体。

提示：用作创建柔体的物体有：多边形物体、NURBS 物体和晶格物体等。

◆ 选择"Soft/Rigid Bodies→Create Soft Body"命令，物体被创建成柔体。

选择"Soft/Rigid Bodies→Create Soft Body"命令打开"创建柔体"的参数面板，如图 5-10 所示。

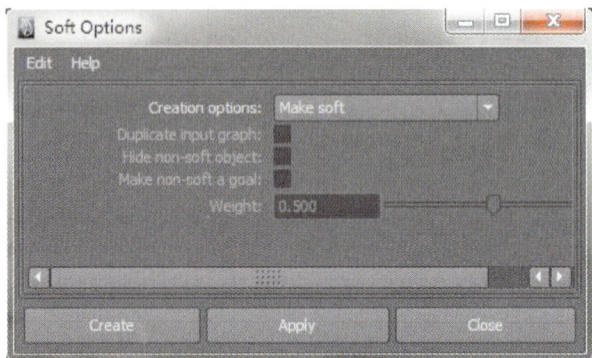

图 5-10　柔体参数面板

柔体的视窗参数如下：

Creation Options：创建柔体的三种方式。

Make Soft：直接将物体转化为柔体；Duplicate，Make Copy Soft：在不改变原始物体的情况下，以复制出的副本作为柔体；Duplicate，Make Original Soft：直接将物体转换成柔体，并且另外复制一份原始物体。

Duplicate Upstream Graph：勾选该项，系统会自动复制原始几何体，并且把复制的几何体转换为柔体。

Hide Non-Soft Object：勾选该项，系统会自动将原始几何体隐藏起来。

Make Non-Soft a Goal：勾选该项，可以使柔体跟踪或向目标物体移动，目标物体就是原始几何体或复制几何体。

Weight：设置柔体跟随几何体的紧密程度。值为 0 时，使柔体弯曲和自由变形。

2. 为柔体创建弹簧

因为 Maya 的柔体内部是由粒子构成，所以仅仅通过权重来控制是不够的。因此可以通过为柔体创建弹簧来解决柔体控制的问题。

创建方法如下：

◆ 选择添加弹簧的柔体物体。

提示：可以添加的弹簧的柔体物体有：柔体的 CVs 控制点或顶点、曲线或曲面的 CVs 控制点、多边形物体的顶点、晶格点或其他粒子等。

◆ 选择"Soft/Rigid Bodies→Create Springs"命令打开"创建弹簧"的参数面板，如图 5-11 所示。

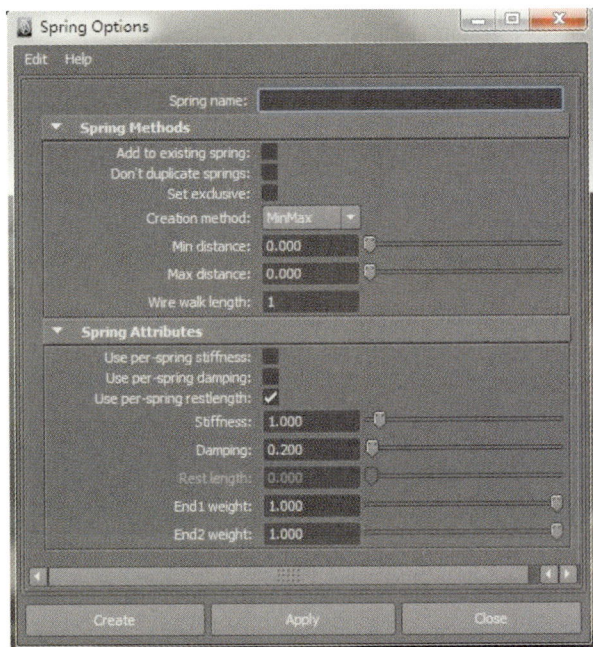

图 5-11　弹簧参数面板

弹簧的视窗参数如下：

Spring Name：为弹簧物体的命名。

Spring Methods 参数：

Add to Existing Spring：在带有弹簧的柔体上添加新的弹簧。

Don't Duplicate Springs：勾选该项，避免在带有弹簧的两个粒子之间创建新的弹簧。

Set Exclusive：当多个物体被选择时，物体中所有点都会被弹簧连接起来。

Creation Method：弹簧的创建方式。MinMax：仅在 Min Distance 和 Max Distance 选项确定的范围内创建弹簧；All：在被选择物体所有点之间创建弹簧；Wireframe：在柔体的外部边缘所有粒子间创建弹簧，如图 5-12 所示。

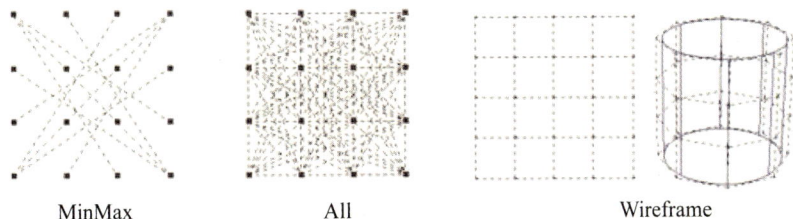

MinMax　　　　　　　　　All　　　　　　　　　Wireframe

图 5-12　Creation Method

Min Distance 和 Max Distance：在 MinMax 模式下，用于确定柔体距离范围的最小和最大距离。

Wire walk length：在 Wireframe 模式下，用于设置物体边缘粒子之间有多少弹簧被创建，如图 5-13 所示。

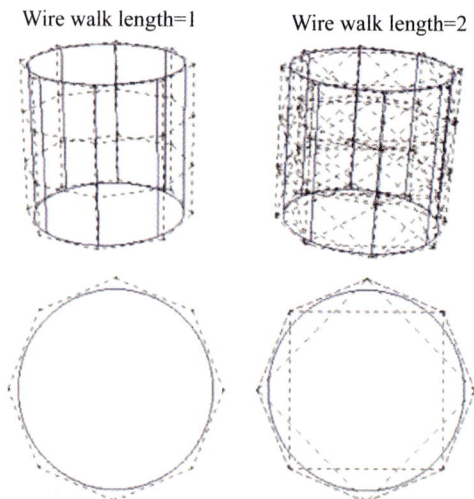

图 5-13　Wire walk length

Spring Attributes 参数：

Use per-spring stiffness：勾选该项。

Use per-spring damping：勾选该项。

Use per-spring restlength：勾选该项。

Stiffness：设置弹簧的坚硬程度。

Damping：设置弹簧在运动过程中受到的阻力大小。

Rest length：设置弹簧静止时的长度。

End1 weight 和 End2 weight：设置分别应用到弹簧开始点和结束点上弹力的大小。

◆ 设置相关参数后单击"Create"按钮为柔体创建弹簧。

▶ 5.3　刚体柔体动画项目实战

5.3.1　多米诺骨牌

1. 项目分析

本项目主要是通过多米诺骨牌动画的制作使大家熟悉刚体动画的制作过程，如图 5-14所示。

多米诺骨牌是一种用木制、骨制或塑料制成的长方形骨牌。多米诺骨牌的游戏规则非常简单，将骨牌按一定间距的尺寸排成单行，或分行排成一串。推倒第一块骨牌，其余发生连锁反应依次倒下，或形成一条长龙，或形成一幅图案，骨牌撞击之声，清脆悦耳。除了可摆放单线、多线、文字等各式各样的多米诺造型外，还可充做积木，搭房子、盖牌楼、制成各种各样的拼图，如图 5-15 所示。

本项目主要通过多米诺骨牌的动画表现方式使大家熟悉如何使用刚体进行动画的创建。在具体的制作过程中，将多米诺骨牌创建为主动刚体，并注意控制刚体质量中心、刚体的弹性、刚体摩擦力和刚体阻力等物理属性。

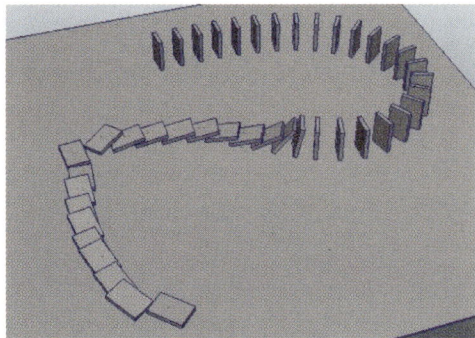

图 5-14　多米诺骨牌动画

图 5-15　点数多米诺骨牌

2. 项目实战

步骤一：创建多米诺骨牌场景。首先在场景内创建一个地面、一块多米诺骨牌和一条 NURBS 曲线，如图 5-16 所示。

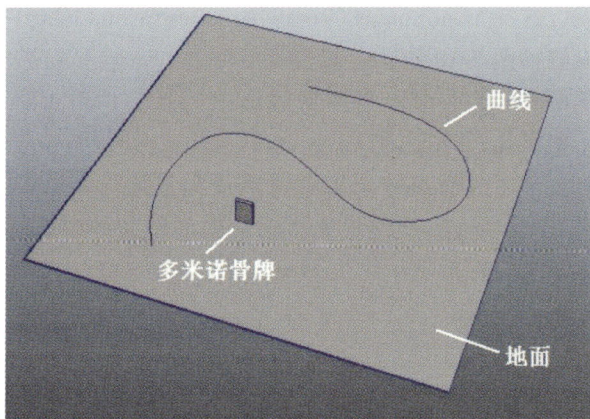

图 5-16　创建场景

将时间栏的时间长度调节到300 帧。选择多米诺骨牌，再选择 NURBS 曲线，选择"Animate → Motion Paths → Attach to Motion Path"命令创建路径动画，如图 5-17 所示，看到多米诺骨牌的方向不对。按下"Ctrl＋A"组合键打开"路径动画属性编辑"面板，如图 5-18 所示。选择命令"MotionPath1"选项卡，将"Front Axis"修改为 Z。

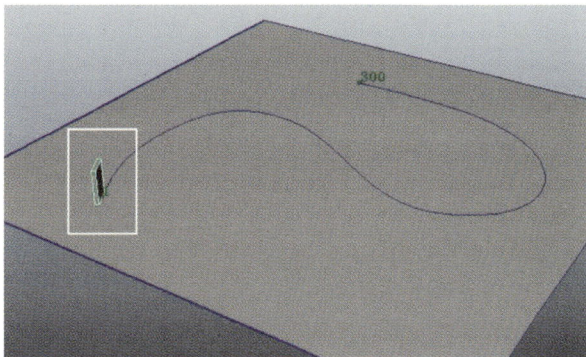

图 5-17　创建路径动画

175

这时多米诺骨牌的方向被调整正确了。

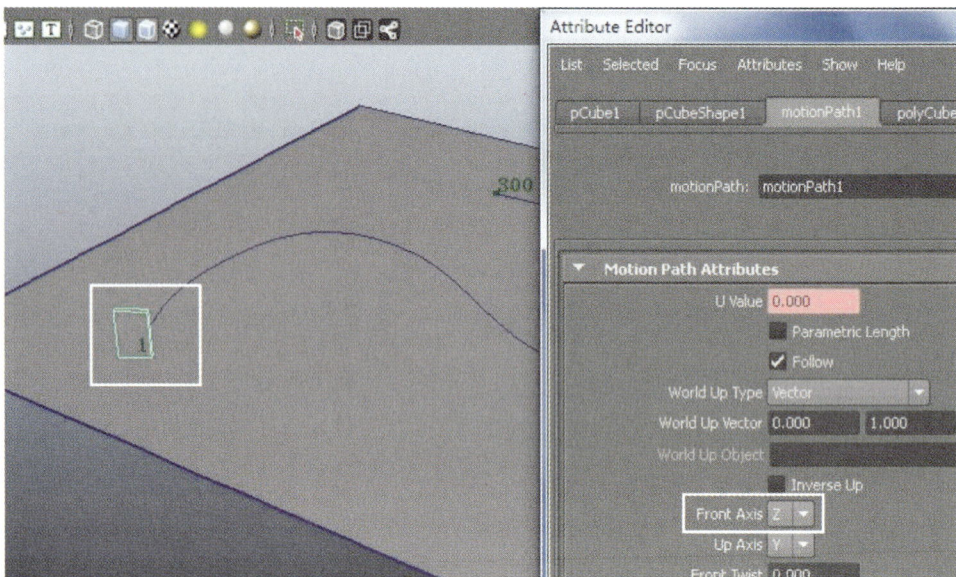

图 5-18　路径动画的属性编辑面板

选择多米诺骨牌，选择"Animate→Create Animation Snapshot"命令为当前动画创建动画快照，参数设置如图 5-19 所示。设置完后单击"Snapshot"按钮就得到如图 5-20 所示效果。选择全部的多米诺骨牌，选择清除历史记录，并删除路径曲线。最后将多米诺骨牌向上移动，略微超过地面。

提示：要注意将多米诺骨牌整体向上移动略微超过地面，这样在后面为多米诺骨牌添加刚体属性后并进行动画设置时避免错误发生。因为如果刚体嵌入地面物体时，在进行动画演算时导致刚体穿插从而产生死机现象。

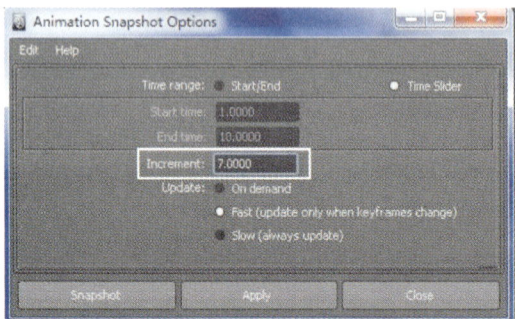

图 5-19　创建动画快照参数面板

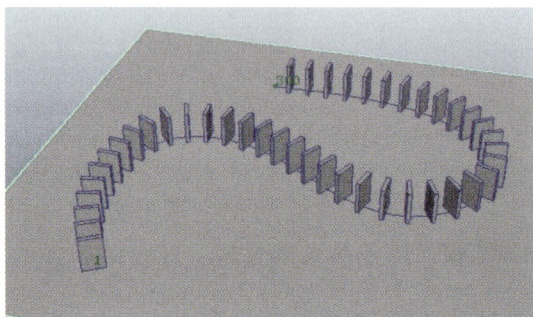

图 5-20　创建快照后的模型效果

步骤二：下面为模型添加刚体属性来制作多米诺骨牌动画效果。选择地面模型，选择"Soft/Rigid Bodies→Create Passive Rigid Body"命令为地面物体添加被动刚体属性。选择全部的多米诺骨牌，选择"Soft/Rigid Bodies→Create Active Rigid Body"命令为多米诺骨牌添加主动刚体属性，如图 5-21 所示。

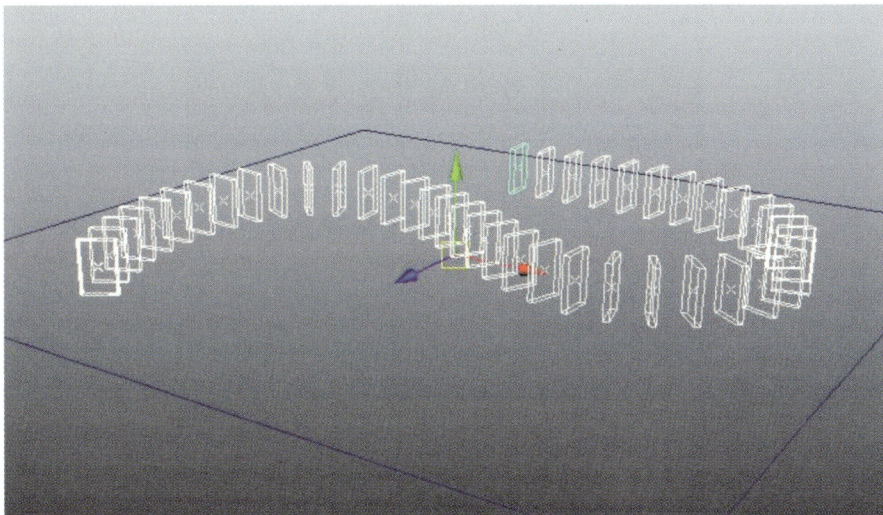

图 5-21　添加刚体属性

选择"Fields→Gravity"命令为场景添加重力场。下面选择命令"Window→Relationship Editors→Dynamic Relationships",打开"动力学关系"编辑器,如图 5-22 所示。选择左侧要添加的物体,然后勾选右侧"Fields"命令选项并在下方的表中单击想要关联的场。

这样就为所有的多米诺骨牌关联了重力场。播放动画观看效果,这时看到多米诺骨牌下落到地面上。停止播放,拖动时间滑块选择到多米诺骨牌下落到地面上的一帧,选择"Solvers→Initial State→set for All Dynamic"命令,将当前状态设置为初始状态,如图 5-23 所示。

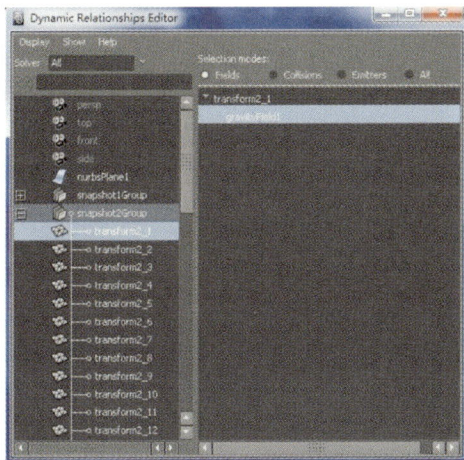

图 5-22　动力学关系编辑器

图 5-23　设置初始状态

步骤三:调整第一块多米诺骨牌的位置制作多米诺骨牌的动画效果。将第一块多米诺骨牌选择一定的角度制作出倾斜的效果,如图 5-24 所示。

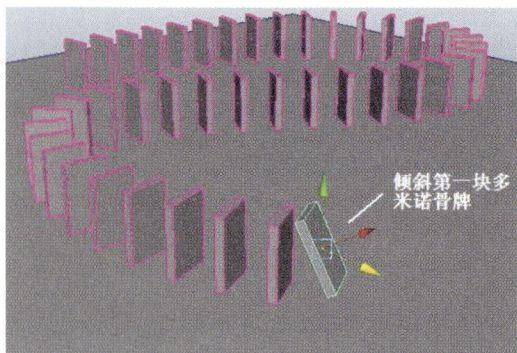

图 5-24　倾斜第一块多米诺骨牌

选择重力场，将重力场的作用力强度增加到 20，如图 5-25 所示。

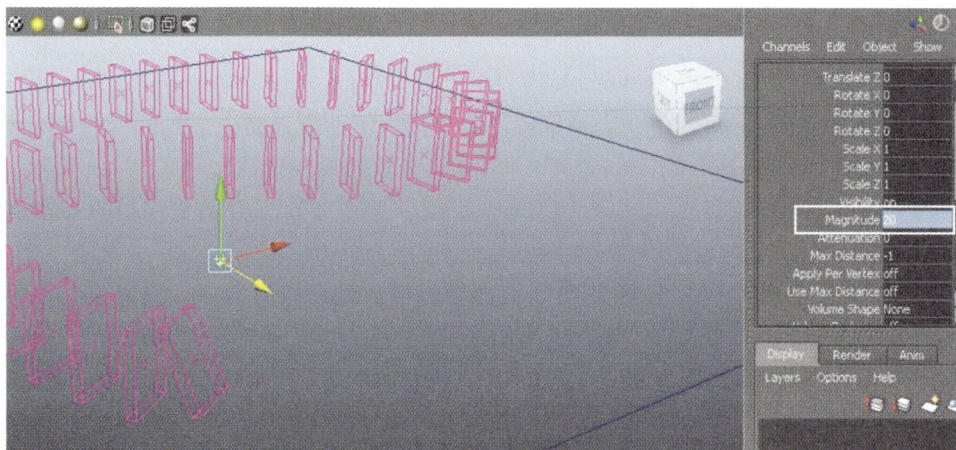

图 5-25　增加重力场强度

将时间长度修改为 600，播放动画，这时看到如图 5-26 所示效果。多米诺骨牌的动画效果就制作完成。大家可以通过大量的练习来掌握刚体动画的制作方式。

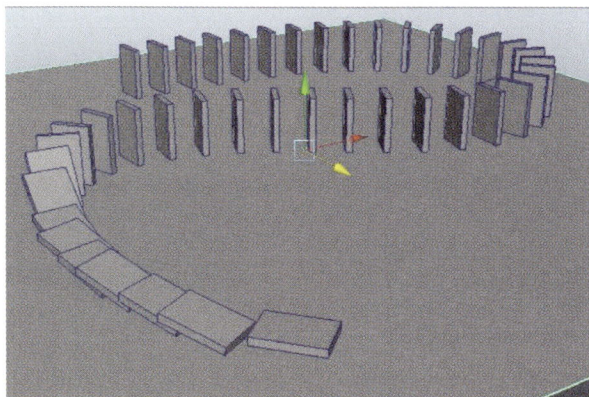

图 5-26　动画效果

5.3.2　吊桥

1. 项目分析

本项目主要是制作吊桥的动画效果，如图 5-27 所示。

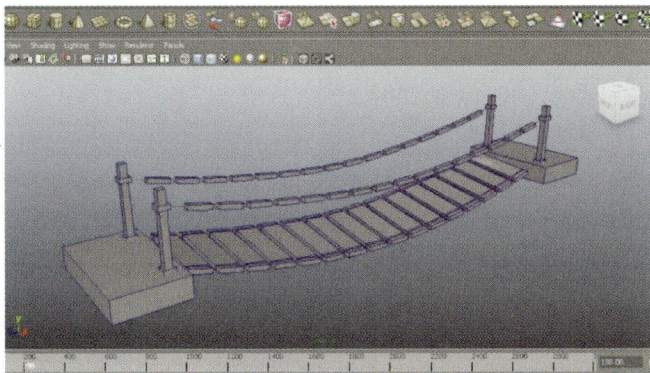

图 5-27　吊桥动画

本项目中主要是通过动画约束和刚体约束来实现柔性吊桥的动画效果。本项目中的吊桥又称绳索桥，主要由绳索和木板搭建而成。吊桥动画的制作过程中主要难点在于对木板运动方向的控制。为了解决这一难点，本项目中使用了父子关联和 Aim 目标约束。

2. 项目实战

步骤一：打开制作好的吊桥场景，如图 5-28 所示。为了减少计算量，本场景只制作了主要的结构用来模拟吊桥。

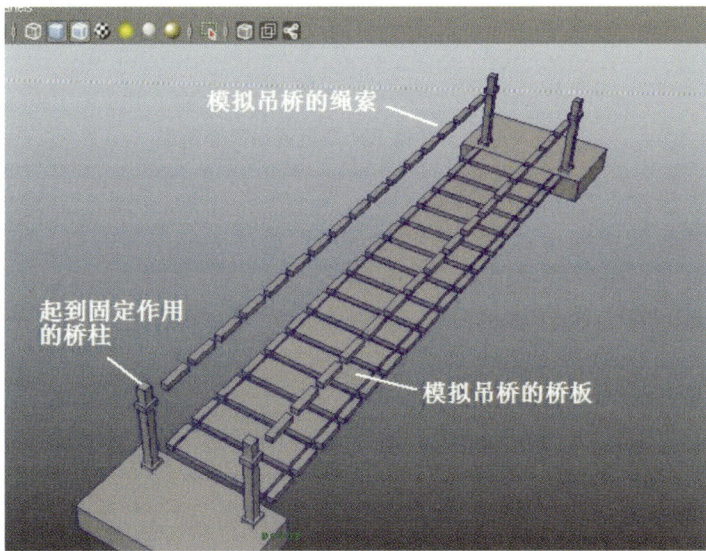

图 5-28　吊桥场景

步骤二：如图 5-29 所示，选择桥柱的固定点和第一节绳索，并选择 "Soft/Rigid Bodies→Create Spring Constraint" 命令创建弹簧约束，如图 5-30 所示，在桥柱的固定点和第一节绳索之间创建了一根弹簧。

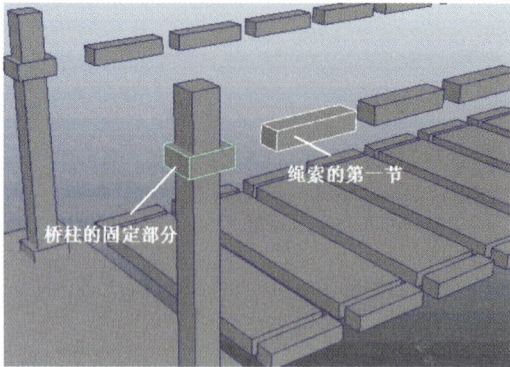

图 5-29　桥柱的固定点和第一节绳索

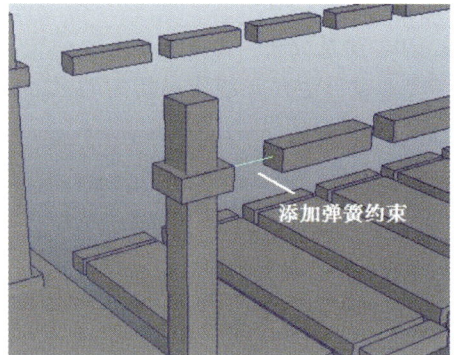

图 5-30　添加弹簧约束

按照相同的方法给其他三个相同的位置添加弹簧约束，如图 5-31 所示。

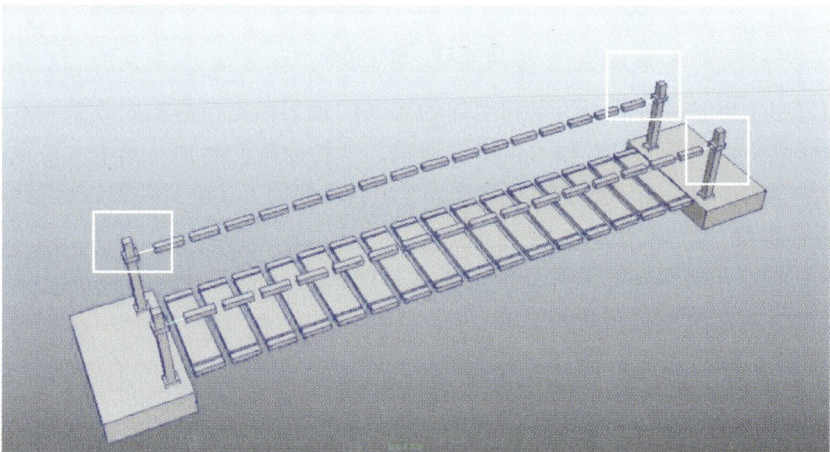

图 5-31　为其他三个位置添加弹簧约束

选择柱子上的矩形多边形物体，如图 5-32 所示。按下"Ctrl＋A"组合键打开如图 5-33所示刚体属性面板。选择命令"rigidBody"选项卡，取消勾选"Active"选项。采用相同的方式将四个矩形物体都取消勾选"Active"选项，这样就将它们修改为被动刚体，起到固定绳索的作用。

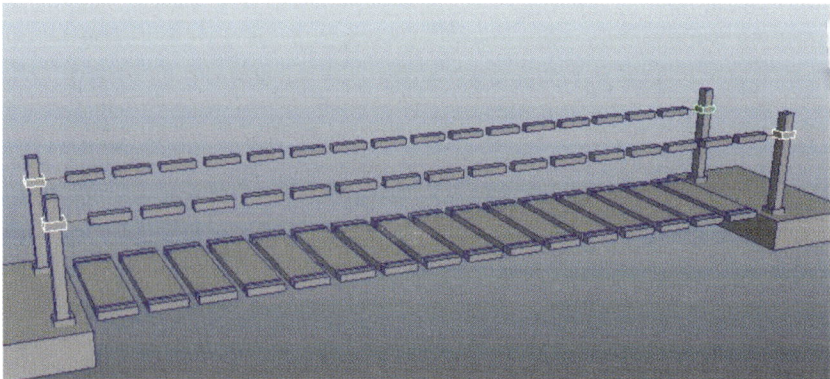

图 5-32　选择矩形

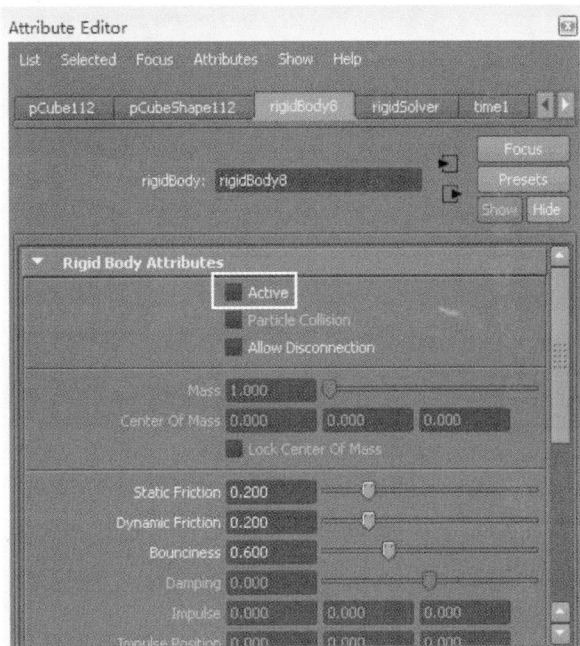

图 5-33　刚体属性面板

使用同样的方式将吊桥下面的绳索结构也进行弹簧约束，如图 5-34 所示。

图 5-34　添加弹簧约束

步骤三：使用 Pin 销约束将剩下的绳索连接起来，如图 5-35 所示选择两节绳索，再选择"Soft/Rigid Bodies→Create Pin Constraint"命令为两节绳索之间创建销约束，如图 5-36 所示。按照同样的方法依次给所有的绳索间都创建销约束，如图 5-37 所示。

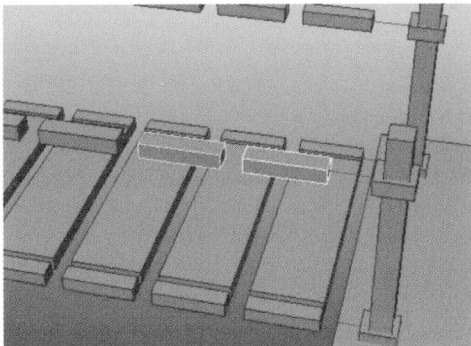

图 5-35　选择两节绳索结构

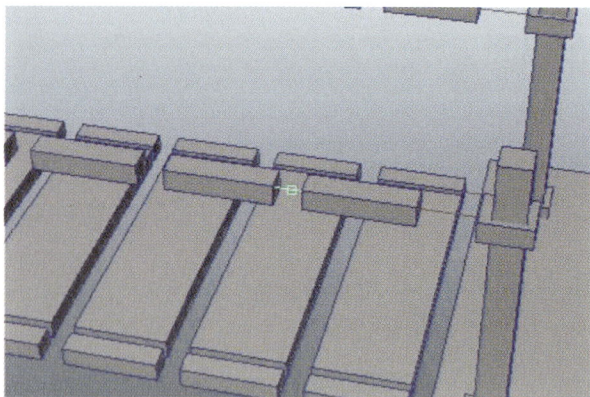

图 5-36　创建销约束

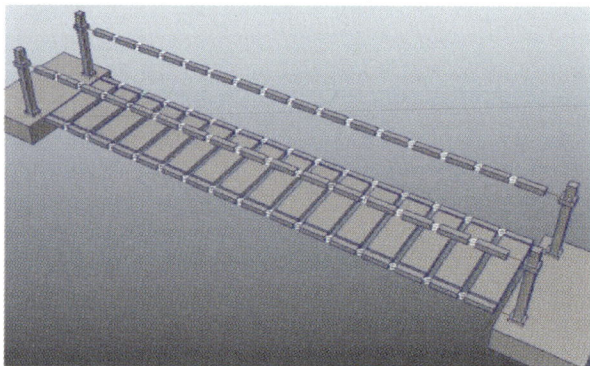

图 5-37　为所有的绳索创建销约束

　　下面，将为全部的绳索添加动力场中的重力场。选择全部的绳索，再选择"Fields →Gravity"命令为绳索添加重力场，如图 5-38 所示。

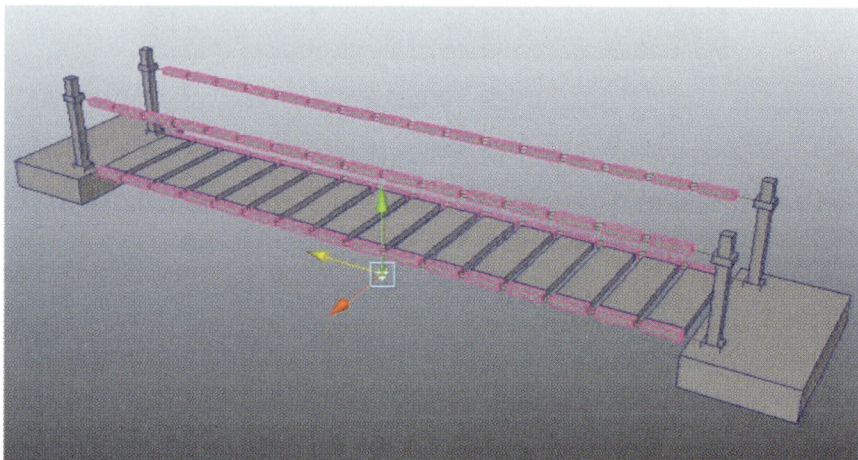

图 5-38　创建重力场

　　将时间设置为 1 000 帧并播放动画，看到绳索下落。但绳索下落的状态过于松散并且拉伸的长度太多。因此，需要修改弹簧约束和重力场的参数来改善这种状况。选择创建的任意弹簧约束，按下"Ctrl＋A"组合键打开"属性"编辑器，将弹簧约束的属性数值修改为图 5-39 所示内容。当然具体的数值需要大家根据自己的场景进行不断的测试得到。

再次播放动画，这时看到吊桥绳索的下落效果基本符合要求，如图 5-40 所示。

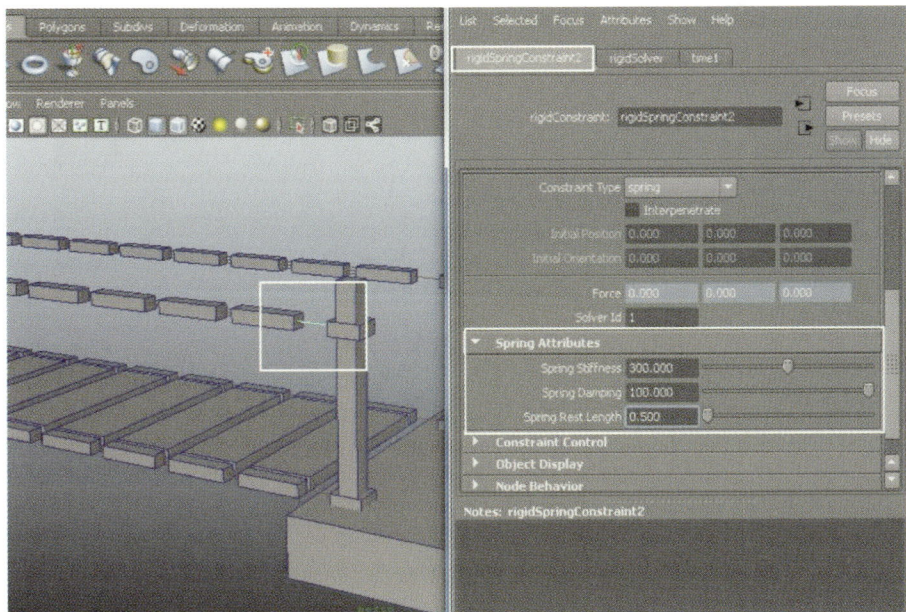

图 5-39　修改弹簧约束属性数值

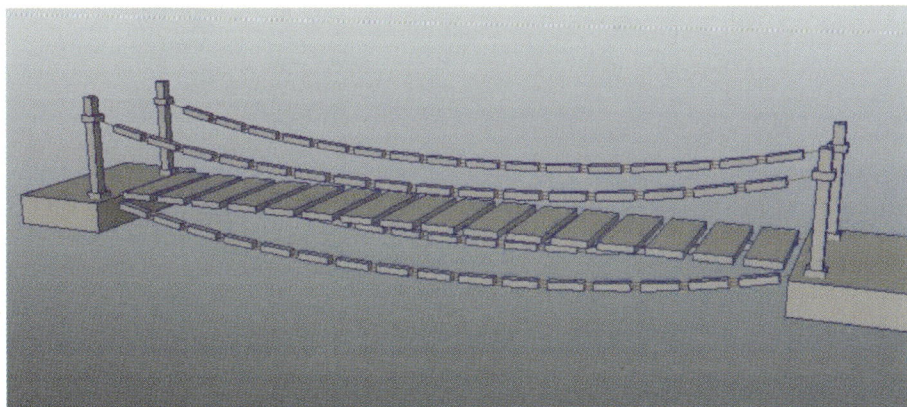

图 5-40　吊桥绳索下落效果

步骤四：看到吊桥的木板并没有跟随绳索一起运动。将时间滑块放置到第一帧，选择木板，按下"Insert"键将坐标轴激活并移动到木板的边缘，如图 5-41 所示。调整好坐标轴位置后再次按下"Insert"键恢复坐标轴。使用同样的方式将所有的木板的坐标轴都移到同一侧的最边缘位置。

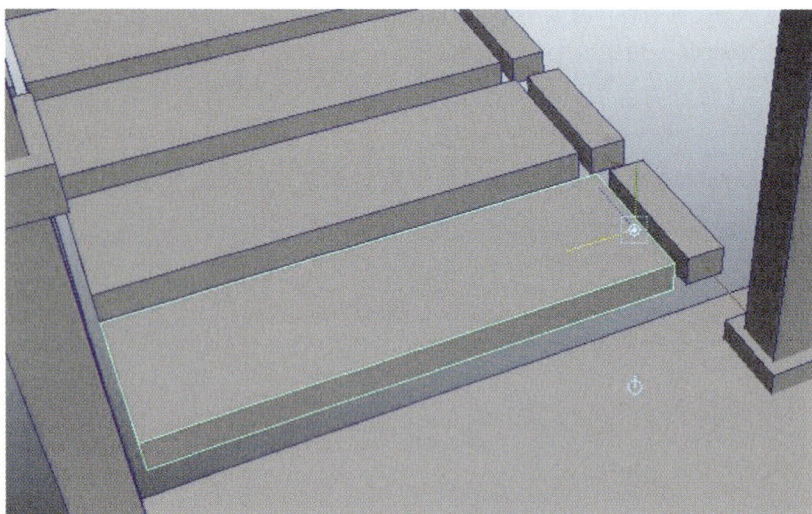

图 5-41　移动木板坐标轴

　　先选择木板，再选择靠近木板坐标轴一侧的绳索，按"P"键建立父子关联，如图 5-42 所示。使用同样的方法为所有的模板建立父子关联。播放动画时看到木板跟随旁边的绳索一起运动了，如图 5-43 所示。

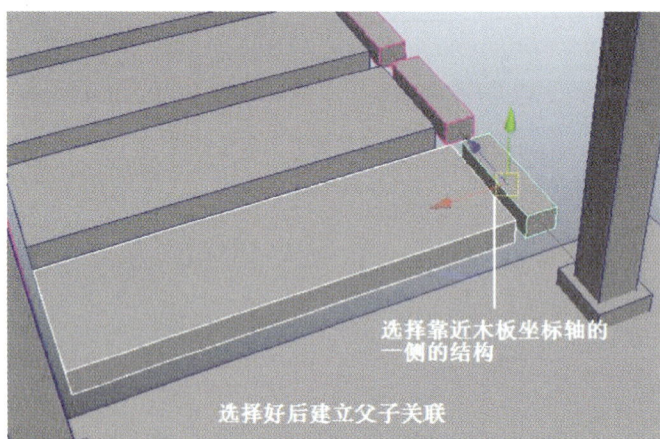

选择靠近木板坐标轴的
一侧的结构

选择好后建立父子关联

图 5-42　建立父子关联

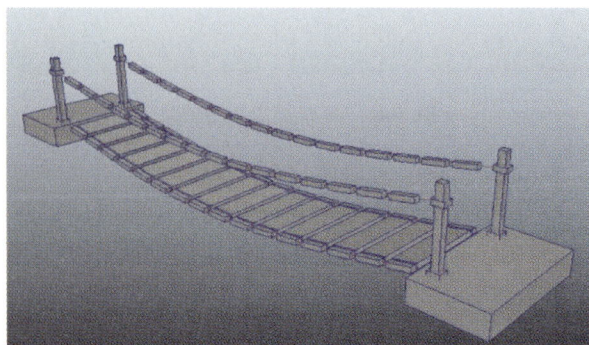

　　　　　　　　　　　　　图 5-43　木板运动

　　步骤五：由于木板两侧的绳索所受到的弹簧约束的控制力是一致的，因此还看不出问题。任意将弹簧的控制程度改变就会发现木板出现如图 5-44 所示问题。问题显示木板并没有受到另一侧绳索的控制。为了解决这个问题使用动画约束中的 Aim 目标约束。

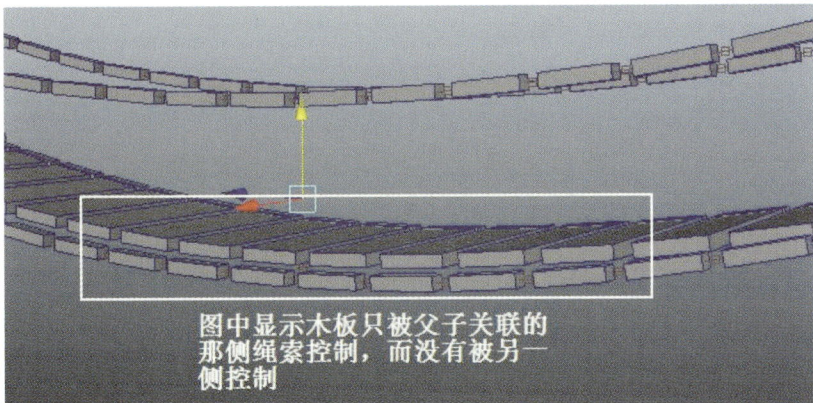

图 5-44　修改弹簧约束的控制程度后的效果

　　选择木板和没有父子关联的绳索，如图 5-45 所示。当使用 Aim 目标约束时，应该先选择一侧的绳索再选择木板，这与创建父子关联的选择顺序刚好相反。

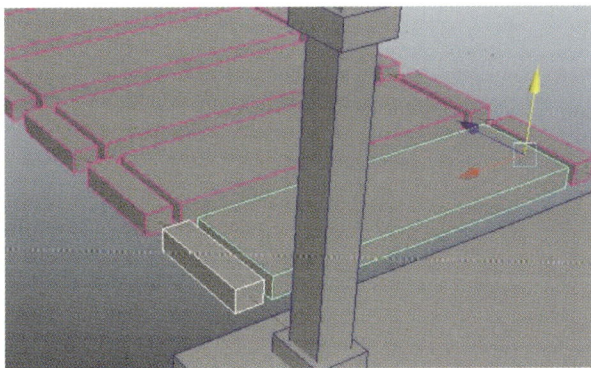

图 5-45　选择要进行 Aim 目标约束的物体

　　按"F2"键进入动画模块，选择"Constrain→Aim"命令打开"参数设置"面板，设置参数如图 5-46 所示。按下"Enter"键为所选物体间创建目标约束。

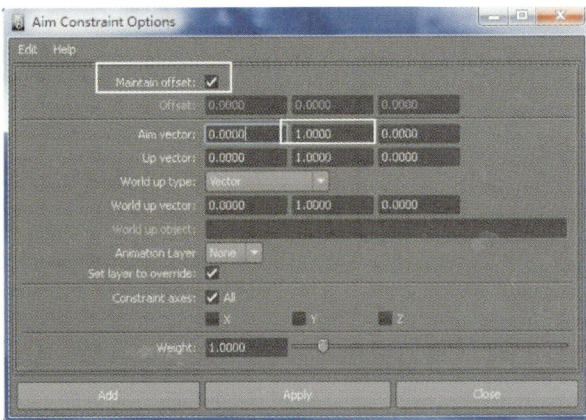

图 5-46　目标约束参数面板

播放动画，现在看到木板的运动就正确了，如图 5-47 所示。这样就完成了吊桥的
动画制作。当然，大家可以根据自己的构思详细调整每个可以影响动画效果的参数。

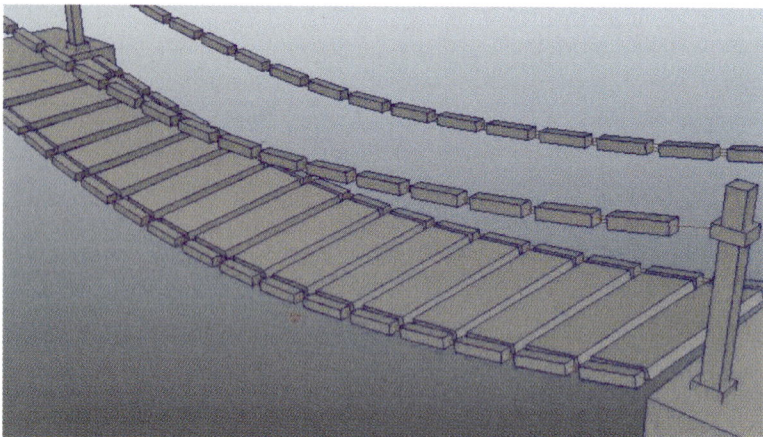

图 5-47　约束后的效果

5.3.3　飘扬的旗帜

1. 项目分析

本项目主要制作一面飘扬的旗帜，如图 5-48 所示。

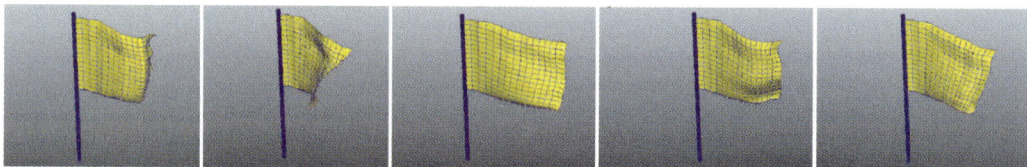

图 5-48　飘扬的旗帜

本项目主要通过使用 Maya 柔体编辑方式制作飘扬的旗帜。在制作的过程中使用柔体
改变物体的柔软性，使用弹簧控制柔体的拉伸。整个旗帜的动画效果还会受到动力场的
影响，常见的动力场有：空气场、重力场、扰乱场等。本项目中就使用了空气场和扰
乱场。

2. 项目实战

步骤一：创建一个如图 5-49 所示场景。内容包括旗杆和旗帜。

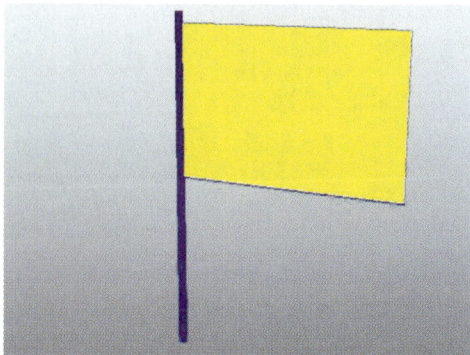

图 5-49　柔体场景

将旗帜的 UV 片段的划分设置高一点，Patches U 和 Patches V 分别设置为 15，如图 5-50 所示。这样可以得到更多的旗帜被褶皱的细节。

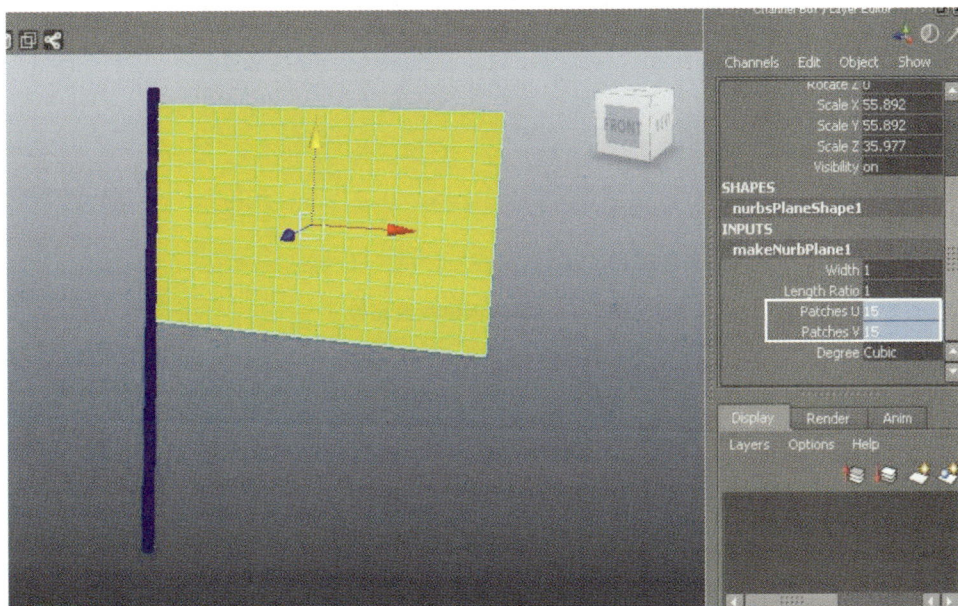

图 5-50　设置旗帜的 UV 面片数

选择旗帜，按"F9"键切换到点元素编辑状态。分别选择相邻的 CV 控制点进行编辑，产生波纹的效果，如图 5-51 所示。

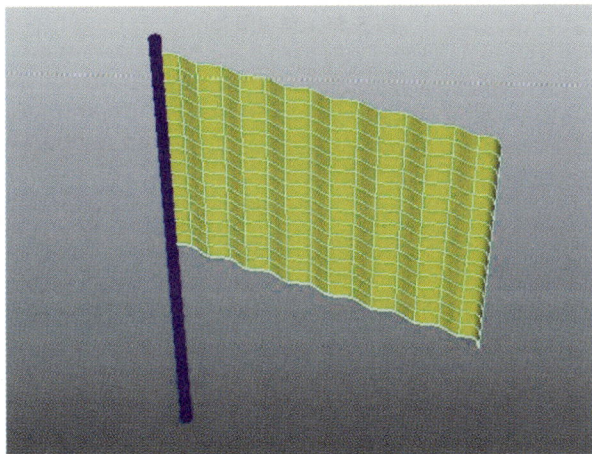

图 5-51　旗帜波纹状效果

步骤二：选择旗帜，选择"Soft/Rigid Bodies→Create Soft Body"命令打开"柔体创建参数"面板，柔体创建面板参数设置如图 5-52 所示内容。设置完后单击"Create"按钮将旗帜物体设置为柔体，如图 5-53 所示。

步骤三：选择柔体物体，分别为柔体物体添加 Air 空气场和 Turbulence 扰乱场，用于控制旗帜的运动，并且调整到合适的位置，如图 5-54 所示。

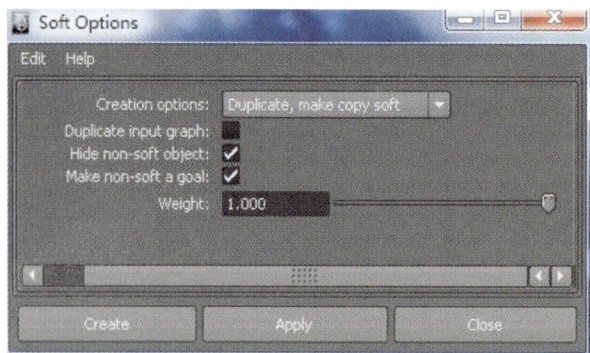

图 5-52　柔体创建参数面板

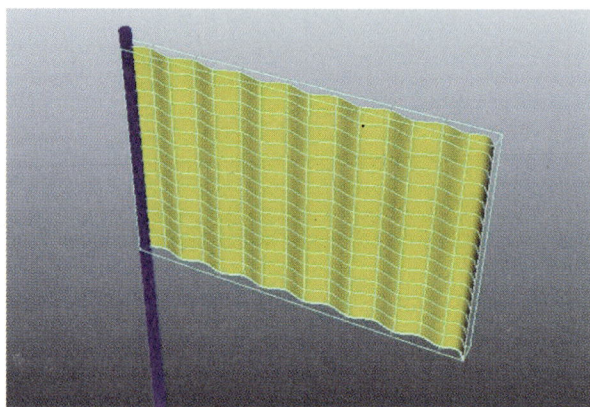

图 5-53　创建柔体

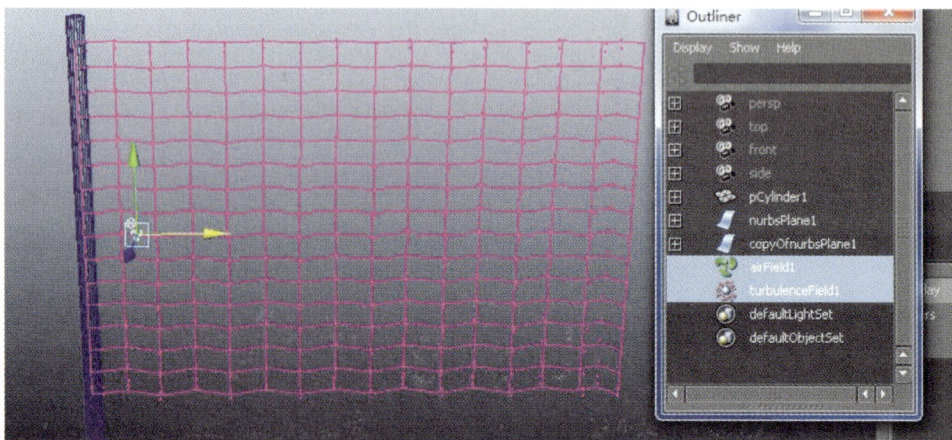

图 5-54　添加 Air 空气场和 Turbulence 扰乱场

　　将时间调整到 500 帧，播放动画观察效果。这时看到旗帜没有任何的变化。这是因为在开始为旗帜创建柔体时将 Weight 权重控制设置为 1。在后面会进行权重的绘制来调整旗帜的效果。

步骤四：选择柔体物体，选择"Soft/Rigid Bodies→Create Springs"命令打开"弹簧参数"面板并将参数调整为图 5-55 所示内容。设置完后单击"Create"按钮为柔体物体创建弹簧，如图 5-56 所示。

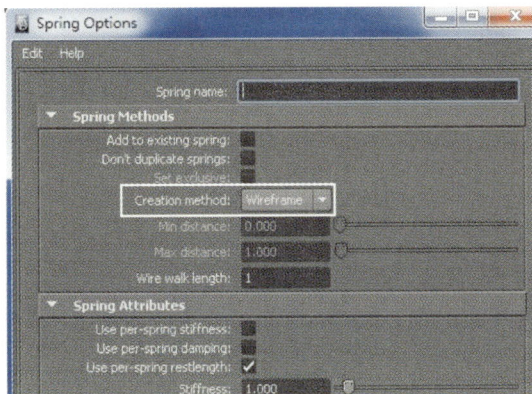

图 5-55　弹簧参数面板

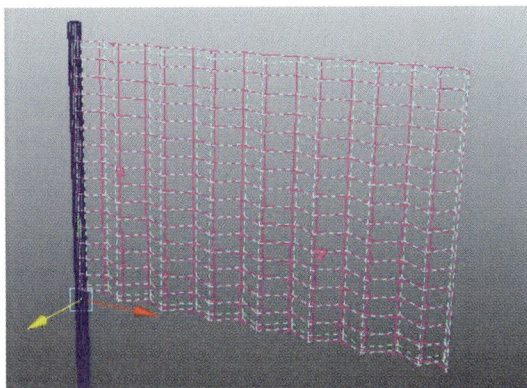

图 5-56　添加弹簧

选择柔体物体并选择命令"Soft/Rigid Bodies→Paint Soft Body Weights Tool"工具为柔体物体绘画目标权重，如图 5-57 所示。

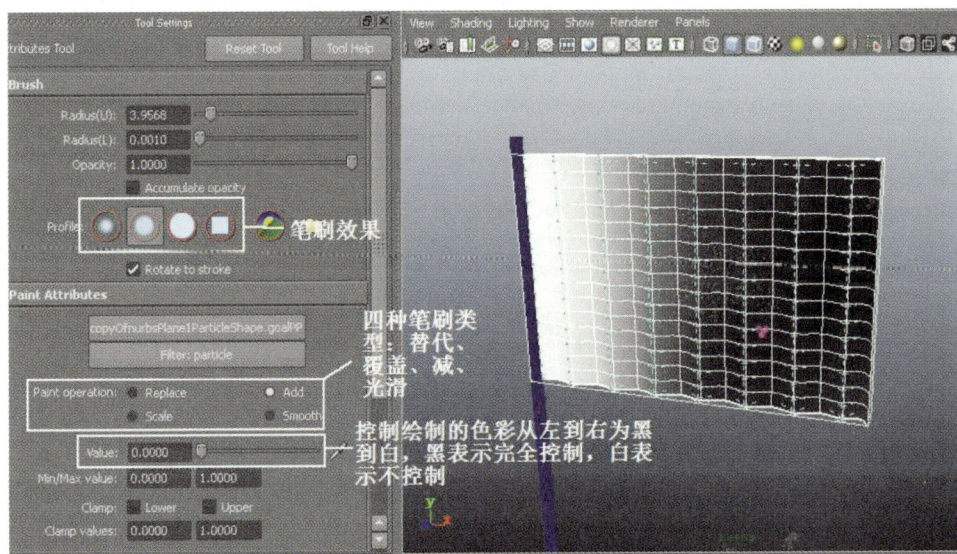

图 5-57　绘制目标权重

步骤五：播放动画观察效果。这时看到旗帜飘扬的效果很不理想，需要不断的测试来调整 Air 空气场及弹簧的参数。本项目中 Air 空气场和弹簧的属性编辑面板参数设置如图 5-58 和图 5-59 所示。这里的 Turbulence 扰乱场使用默认参数即可。

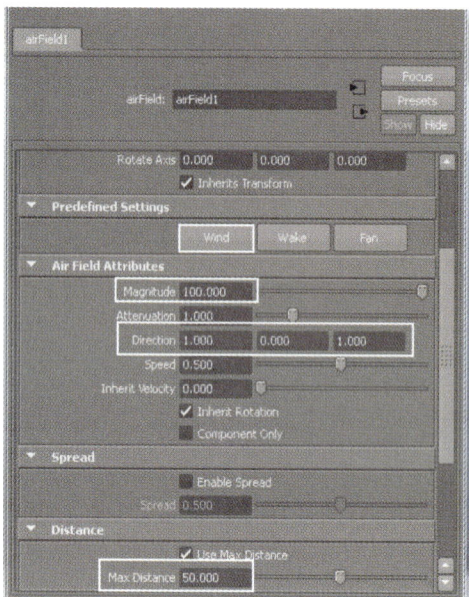

图 5-58　空气场参数

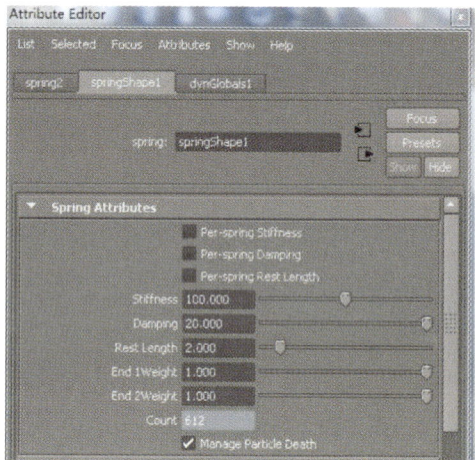

图 5-59　弹簧参数

　　再次播放动画可以看到旗帜在随风飘扬,如图 5-60 所示。如果想要得到更为丰富的效果,可以通过添加更多的动力场。希望大家多加练习来熟悉和掌握旗帜飘扬的制作方法。

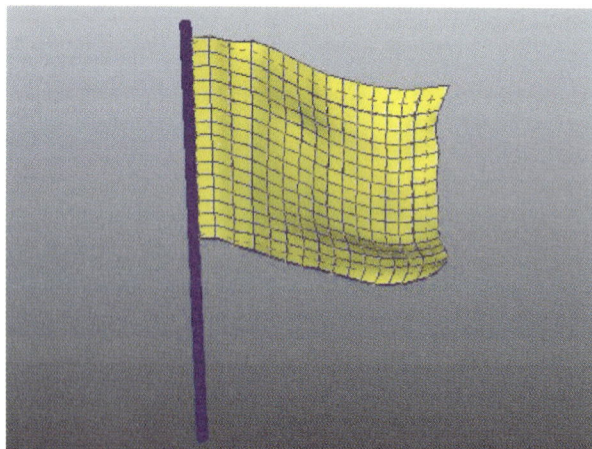

图 5-60　飘扬的旗帜

本 章 小 结

　　本章节主要讲述了刚体和柔体的动画制作方法。通过本章节的学习使大家掌握如何运用刚体技术或柔体技术制作动画。刚体和柔体在现实生活中的应用非常广泛,比如汽车撞到墙面的效果、保龄球的碰撞效果等。

>>> **实训练习**

1. 实训项目一

实训项目内容：制作一段保龄球的动画效果。

制作要求：

(1)制作合理的场景模型。

(2)使用刚体和场的作用制作完成保龄球动画运动效果。

2. 实训项目二

实训项目内容：制作一段小球通过吊桥的动画效果。

制作要求：

(1)模型制作内容必须至少包含完整的吊桥模型和一个用于进行动画的球体。

(2)使用刚体和刚体约束完成小球通过吊桥的动画效果。

(3)动画的具体内容大家可以自行设计。

3. 实训项目三

实训项目内容：制作一段古代战争场面的动画效果。

制作要求：

(1)场景模型在制作时，要求在保证完整结构的前提下尽量简化模型结构。场景要求至少包括一面或多面旗帜、一辆投石车。

(2)要求动画内容必须包括刚体和柔体动画效果。例如：飘扬的旗帜、投石车投石的刚体运动效果等。

(3)自创动作一段，动作的难易程度大家根据自己的能力自行确定。但要求动作具备完整的开始动作和结束动作。

>>> **课后思考**

1. 刚体和柔体的作用是什么？

2. 有几种刚体约束？它们的作用是什么？

3. 结合现实生活中的物理现象，说说哪些可以用刚体和柔体表现。